유아교육연구법

문 태 형

대구대학교출판부

유아교육연구법

국립중앙도서관 출판시도서목록(CIP)

유아교육연구법 / 지은이: 문태형. -- 경산 : 대구대학교 출판부, 2006
p. ; cm

참고문헌과 색인수록
ISBN 8977943922 93370

375.107-KDC4
372.07-DDC21 CIP2006002092

머 리 말

교육연구법에 대한 관심은 교육내용학에 대한 관심만큼 중요하다. 교육 현상을 과학적으로 설명하기 위해서는 체계적인 기술 체계가 필요한데 교육연구법이 중요한 역할을 담당하고 있다고 하겠다.

많은 학생들이 교육연구법의 중요성을 인지하면서도 실제 교육연구를 행함에 있어 많은 어려움을 느낀다고 호소하고 있다. 나는 이러한 어려움을 조금이라도 해소할 수 있기를 바라면서 이 책을 쓰기 시작하였다.

본서는 크게 5부로 구성되어 있다. 제1부는 연구의 기초이다. 이에는 유아교육연구의 기초적인 지식과 표집절차, 측정 및 검사에 관한 다양한 영역을 다루었다. 제2부는 자료수집방법에 관한 것이다. 자료수집 방법으로 관찰법, 질문지법, 면접법에 대한 세부적인 시행절차가 기술되어 있다. 제3부는 연구설계에 관한 것이다. 이에는 특히 실험설계에 있어서 통제의 중요성과 실험설계의 타당성에 대해 자세히 진술하였다. 아울러 각 실험설계의 유형도 기술하였다.

제4부는 자료분석의 실제이다. SPSS를 이용하여 실제 자료의 분석절차를 자세히 설명하였다. 여기서는 통계에 대한 이해를 돕기 위해 기초적인 통계지식을 소개하였다. 또한 기술통계치를 구하는 것에서부터 t-검증. 변량분석, 상관분석, 중다회귀분석 및 신뢰도분석에 이르기까지 다양한 통계 방법을 적용하여 실제자료를 분석하였다. 제5부는 연구보고서 작성법에 관한 것이다. 여기서는 실제로 학위 논문을 작성할 때 서론에서부터 참고문헌 작성에 이르기까지의 방법적 절차를 자세히 기술하였다.

본서가 출판되기까지 도움을 주신 분들이 많다. 그 분들께 진심으로 감사드린다. 펜을 놓고 보니 본래의 의도에 미치지 못한 점이 많다고 여겨진다. 계속해서 수정, 보완해나갈 생각이니 여러분의 많은 지적을 바란다.

차 례

제 1 부 연구의 기초

제2부 자료수집방법

제3부 연구설계

제4부 자료분석의 실제

제5부 연구보고서 작성법

제 1 부 연구의 기초

제1장 유아교육연구의 기초

1. 연구의 정의

과학의 목적은 이 세계에서 일어나는 현상들을 이해하고 예측하며 또한 통제할 수 있도록 도와주는 데 있다고 볼 때 연구란 과학자나 연구자들이 이러한 목적에 이르기 위해 지식을 검증하고 확산시키기 위한 노력이라고 말할 수 있다(홍순정, 1993).

연구에 대한 정의는 다양하다. 연구란 증거가 없는 상식을 체계적·구체적·논리적인 방법으로 증거를 확인하여 정리해주는 작업으로 문제해결을 위해 체계적이고 과학적인 방법을 이용하며, 그러한 방법에 의하여 도출된 결과를 이론이라 한다(성태제, 1998). 교육학용어사전(1981)에 의하면 연구란 문제를 명백히 하거나 해결하기 위하여 여러 가지 방법을 사용하는 조심성 있고 비판적인 학문적 탐색을 말하며, 크게 문헌연구와 관찰연구로 나누어진다.

김재은(1992)은 연구의 개념을 다음과 같이 정의하고 있다.

(1) 연구란 제1차적인 자료원천(source)에서 얻어진 자료로부터 새로운 지식을 얻는 것을 말한다.

(2) 연구란 전문적이고 체계적이고 정확한 탐구활동이다.

(3) 연구란 자료와 절차를 논리적으로 또 객관적으로 검증하는 것을 말한다.

(4) 연구란 자료수집과 평가의 모든 단계마다 주의 깊은 계획을 세우는 활동이다.

(5) 연구란 자료를 수량적으로 조직하는 활동을 말한다.

(6) 연구란 자료를 체계적으로 조직하고 요약하는 일이다.

(7) 연구란 이와 같은 노력의 결과를 신중히 기록하고 보고하는 것을 말한다.

(8) 그 보고서에는 반드시 방법론과 자료의 원천에 관한 정보를 제시하여야 한다.

2. 과학적 연구의 목적

과학적 탐구의 목적은 현상을 기술, 설명, 예측, 통제하려는데 있다. 이와 같은 목적을 위하여 과학자들은 경험의 세계에서 각각의 사실을 주의 깊게 관찰·분석하고, 그 배후에 숨어 있는 질서를 파악하여 일반적인 법칙을 찾아낸다.

과학적 탐구의 일차적인 목표인 기술(description)이란 어떤 사건이나 현상에 대하여 관찰한 사실들을 있는 그대로 기록하는 것이다. 기술이란 '무엇'이라고 하는 내용과 사실에 초점을 둠으로써, 무슨 사건이 언제 어떻게 발생하였으며, 어떠한 사실이 있는 지 등에 관한 정보를 제공한다. 이와 달리 설명(explanation)이란 '왜'라는 의문에 대답하는 것으로서, 어느 특정한 사건발생의 인과분석이나 사실의 근거를 밝히는 것이다. 또한 과학자들은 각각의 현상을 개별적으로 분리시켜 설명하기보다는 더 많은 현상을 한꺼번에 설명할 수 있는 일반적인 법칙과 이론을 추구한다.

한편 과학자들은 발견된 법칙을 이용하여 미래의 사상을 예측(prediction)할 수 있기를 바란다. 통제(control)란 어떤 현상의 원인 또는 필수적인 조건을 조작함으로써 인간의 힘으로 그 현상을 일어나게 하기도 하고 혹은 일어나지 않게도 하는 것을 말한다. 즉, 통제는 그러한 작용이 반드시 그러한 결과를 이끌어 내는 지를 확인하기 위하여 사용된다(강병재, 2005).

연구가 과학적인 절차를 무시하고 진행된다면 연구의 가치는 크게 저하되므로 연구에 있어서의 과학성이란 매우 중요하다. Best(1981)는 이런 점을 고려하여 연구의 특성을 다음과 같이 10가지로 나열하였다(전경원,

1999).

① 문제해결과 연관되어야 한다.
② 원리와 이론의 정립으로 현상과 사실을 예측하여야 한다.
③ 실증적인 증거에 기초하여야 한다.
④ 정확한 관찰력과 서술에 의한다.
⑤ 조직적이고 체계적이어야 한다.
⑥ 전문적인 지식이나 경험을 보유하여야 한다.
⑦ 객관성이나 논리성을 유지하여야 한다.
⑧ 문제 지향적이어야 한다.
⑨ 지속적이어야 한다.
⑩ 연구결과가 왜곡되지 않아야 한다.

3. 유아연구의 필요성

유아연구는 과학적 방법을 사용하는 연구로서, 그 목적은 유아와 관련된 현상에 대해 기술·예측·설명·통제하려는 데 있다. 유아 연구자들은 과학적인 방법을 통하여 유아와 관련된 현상을 수집하고, 분석함으로써 유아의 행동을 기술하고 분석하며, 이를 통하여 미래의 행동을 예측하고자 하는 것이다(강병재, 2005).

유아연구의 필요성을 전경원(1999)은 다음의 5가지로 정리하고 있다.

(1) 유아연구는 아동에 대한 문제들을 해결하고자 하는 과학적인 활동으로 아동에 대한 이해의 증진을 통해 바람직한 교육 및 성장 환경의 제공 등 **유아의 복지증진에 도움을 준다.**

(2) 유아 연구의 결과는 부모들에게 자녀양육에 대한 안내 및 지도의 역할을 하는 등 **부모에게 도움을 준다.**

(3) 유아 연구의 결과는 유아 교육 현장에 적용될 수 있기 때문에 **교사 및 교육행정가들에게 도움을 준다.**

(4) 유아 연구의 결과는 유아에 대한 견해의 변화를 가져올 수 있기 때

문에 유아와 관련된 학문분야에 변화를 가져오게 된다.

(5) 약물 중독, 청소년 문제나 입시 제도와 같은 중요한 사회 문제는 유아 연구와 밀접한 관련을 맺고 있으므로 사회에 이익을 준다.

4. 유아연구의 제한점

유아연구는 유아를 대상으로 하는 연구이기에 실제적인 문제에 직면하기 쉽다(이은해, 1985; 전경원, 1999). 유아 연구의 수행에 있어서의 실제적인 문제점으로는 우선 유아의 의사소통능력의 부족을 들 수 있다. 유아들이 지니는 언어능력의 한계를 고려하여 연구자들이 유아들에게 사용하는 언어수준에 대한 고려가 반드시 필요하다. 지시문을 잘 이해할 수 있는지, 또한 유아의 언어적 반응의 본질적인 의미는 무엇인지, 즉 언어 반응에 대한 해석의 신중성이 기해져야 한다.

둘째, 유아의 특성상 주의 집중을 할 수 있는 시간의 폭이 짧다는 점을 고려하여야 한다. 그러므로 유아의 주의집중 시간 폭을 넘어서는 검사나 관찰들에서 얻어진 반응은 그 결과의 타당성 확보에 많은 어려움을 가질 수 있게 된다. 또한 나이가 어린 유아를 대상으로 연구할 때 편파성을 피하기 어렵다는 것도 유아연구의 제한점이다.

한편 유아 연구에 있어서의 연구방법론적인 측면에서의 문제점으로 자료수집의 시기적인 문제의 발생가능성을 들 수 있다. 실험연구나 장기적인 연구에서는 연구대상의 발달 문제가 발생함으로써 수집된 자료의 신뢰성에 의문이 제기될 수 있다. 즉, 최초 관찰 이후 일정한 시간이 지남에 따라 연구대상의 신체적 발달이나 심리적 변화가 연구에 영향을 미칠 수 있게 되는 것이다(강병재, 2005).

5. 유아연구의 윤리적 문제

일반적인 연구이든 유아를 대상으로 한 연구이든 연구에 관련된 윤리적인 문제는 아무리 강조해도 지나치지 않다. 특히 연구의 대상이 스스로 판단할 능력이 아직 준비되어 있지 않은 유아를 대상으로 한 연구일 때는 연구와 관련된 윤리적 문제는 보다 엄격하게 다루어져야 한다. 연구참여의 결정이라든지 연구와 관련된 여러 개인적인 정보에 대한 비밀보장이라든지 혹은 연구의 과정에서 있을 수도 있는 심신의 상해 문제 등은 유아연구에서 아주 중요하게 다루어져야 하는 주제들이다.

일반적으로 연구와 관련된 윤리적인 문제를 비밀보장(confidentiality), 연구 참여 사전 동의(informed consent), 심신 상해 문제, 사회적 책임문제를 중심으로 기술하면 다음과 같다.

(1) 비밀보장

연구자는 연구에 참여한 유아로부터 수집된 정보나 자료는 비밀을 보장하고 익명이 유지될 수 있도록 하여야 한다. 수집된 자료에 접근할 수 있는 사람의 범위를 연구자와 전문적 훈련을 받은 사람으로 제한하는 등을 통하여 연구 참여 유아의 사생활을 침해하는 것을 최대한 방지할 수 있도록 하여야 한다.

(2) 연구 참여 사전 동의

연구자는 연구가 시행되기 전에 유아나 유아의 보호자로부터 연구에 참여를 할 것인지에 대해 문서화된 허락을 받아야 한다. 연구자는 유아가 참여할 연구 과정 전체의 절차와 유아의 연구 참여로 인해 생길 수 있는 여러 가지 위험이나 이익을 상세히 설명할 의무가 있다. 또한 연구가 진행되는 도중 언제라도 유아가 원하면 유아의 연구 참여를 중단할 수 있다는 것을 분명히 알려주어야 한다.

(3) 심신 상해 문제

유아들은 어른에 비해 상대적으로 판단능력이 낮기 때문에 긴장이나 좌절로 인해 심신의 상해를 입을 수 있으므로 연구자는 유아를 대상으로 연구할 때에 유아들이 신체적으로나 심리적으로 상해를 받지 않도록 각별히 유의하여야 한다.

(4) 사회적 책임문제

연구자는 연구의 결과를 발표함에 있어 그 연구결과가 사회에 어떠한 영향을 미칠 것인가를 고려해 볼 필요가 있다. 과학이 객관성을 추구하고 가치중립적일지라도 과학적 탐구활동은 언제나 사회적·정치적 상황 속에서 이루어지므로, 지식추구의 과정에서 과학자가 발견한 연구결과가 어떤 사회적·정치적 영향을 지닐 것인지에 대해서도 관심을 두어야 할 것이다.

미국의 아동발달연구회(Society for Research in Child development)에서는 <표 1-1>과 같이 아동을 대상으로 한 연구를 위한 윤리적 지침 22가지를 제시하였다(전경원, 1999).

〈표 1-1〉 아동연구의 윤리적 지침

(1) 연령이 아주 낮은 아동일지라도 자신의 행동에 관한 권리는 연구자의 권리보다 우선적이다. 연구자는 아동의 권리를 존중하는 입장에서 연구절차를 평가해야 하며 연구를 진행시키기 전에 동료 전문가들로 구성된 심사 위원회의 동의를 얻어야 한다. 또한 아동을 연구의 대상으로 하는 상황에서는 반드시 소속 기관의 동료 전문가들에 의해 심사 위원회가 조직되어야 한다.
(2) 연구자는 연구 수행 도중 생기는 모든 윤리적 문제에 대한 최종적인 책임자이다. 따라서 연구자는 연구에 참여하는 공동 연구자, 연구 보조자, 학생 및 연구를 위한 고용인 등 모든 사람의 윤리적 문제에 관해 자문을 구해야 한다.
(3) 연구자는 연구 대상의 권리를 보호하기 위해 다음에 제시되는 원칙에서 조금이라도 벗어나는 경우 윤리적 문제에 관해 자문을 구해야 한다.

(4) 연구자는 아동이 연구에 참여함으로써 받을 수 있는 모든 측면의 영향에 대해 사전에 알려 주어야 하며, 아동의 질문에 대해서는 그의 이해 수준에 적합한 답변을 해 주어야 한다.
(5) 연구자는 연구에의 참여여부를 아동이 스스로 선택할 수 있도록 자유를 보장해 줄 뿐만 아니라 **언제든지 참여를 거부할 수 있는 자유도 보장해 주어야 하는 연구자의 의무도 커진다.**
(6) 아동을 연구에 참가시킬 때 연구자는 부모나 보호자(교사, 기관장 등)로부터 허락을 받아야 하며 가능한 한 서면상의 동의를 받아야 한다. 연구자가 이러한 동의를 얻기 위해서는 부모나 보호자에게 연구의 소속 및 직업을 알려주고 아동이 연구에 참여함으로써 받게 될지 모르는 모든 영향에 대해 충분히 설명해 주어야 한다. 이 때 부모나 보호자에게 아동의 참여를 거부할 권리 및 기회가 주어져야 한다.
(7) 아동과 다른 사람과의 상호작용을 연구에 포함시킨다면 연구자는 그 사람에게도 사전에 연구의 제 측면에 대해 설명하고 의문시되는 점에 관해 답변해줌으로써 연구 참여에 대한 동의를 얻어야 한다. 연구 대상과 마찬가지로 그 사람에게도 참여 여부를 선택할 수 있는 권리와 자유가 언제나 보장되어야 한다.
(8) 연구가 시작되기 전에 연구자와 연구 대상은 각자의 책임 한계에 대해 서로 분명히 동의해야하며, 이 때 동의된 모든 사항과 약속은 반드시 지켜져야 한다.
(9) 연구에 사용되는 연구 조작이 대상 아동에게 신체적으로나 심리적으로 피해를 주게 된다면, 연구자는 이 같은 조작을 사용할 수 없다. 심리적 피해를 분명히 정의하기는 어려우나 이에 대해 정의를 분명하게 하는 것은 연구자의 책임이다. 또한 연구 진행 도중 어떤 절차가 대상에게 해를 끼칠지도 모른다는 의심이 생기면 언제든지 동료 전문가로부터 자문을 구해야 한다. 만약 그 절차가 나쁜 영향을 줄 것이라고 판단되면 다른 방법을 사용하거나 그 연구를 포기해야만 한다.
(10) 연구 대상에게 연구에 관한 모든 정보를 숨김없이 알려주어야 하는 것이 원칙이나 특별한 연구에서는 내용의 일부를 속이거나 숨길 필요가 생길지도 모른다. 이런 경우 연구자는 동료 연구자들로 구성된 위원회에서 자기의 판단이 옳다는 동의를 얻어야 한다. 그리고 만일 연구 과정에서 대상을 속이거나 숨긴 사실이 있었다면 연구가 끝난 후 대상이 이해할 수 있는 적절한 방법으로 그 이유를 알려주어야 한다.

(11) 연구자는 대상으로부터 얻은 모든 정보에 대해 비밀을 지켜야 하며, 연구 대상의 이름은 연구 보고서나 구두 발표회에서 익명으로 취급되어야 한다. 따라서 대상의 이름은 동료들이나 학생들과의 비공식 석상에서도 언급되지 말아야 한다. 만일 연구 대상에 관한 정보가 다른 사람에게 알려질 가능성이 있다면, 비밀을 유지하기 위한 모든 방법을 강구함과 동시에 대상이 연구의 참여 여부를 결정하기 전에 이와 같은 가능성에 대해서 설명해 주어야 한다.
(12) 연구자가 어떤 기관의 자료를 사용해야 할 경우, 해당 기관장의 허가를 받아야 하며, 얻어진 자료는 익명으로 보유하고, 허락받은 것 외의 다른 정보를 사용해서는 안 된다. 또한 연구자는 자료 입수과정에서 해당 기관장의 자료에 대한 권한과 책임의 한계를 인정해 주어야 한다.
(13) 연구 대상에게 연구 진행 중 어떤 오해가 생긴다면 연구자는 이를 해결하기 위해 자료를 수집한 후 곧 연구 대상에게 명확히 설명해 주어야 하며, 연구의 일반적 결과에 대해서도 대상이 이해할 수 있는 수준으로 알려 주어야 한다. 연구자가 자료를 보호하는 것이 여러 면에서 필요하지만, 이 것 때문에 연구 대상에게 해를 끼치지 않도록 주의하여야 한다.
(14) 연구자의 연구과정이나 결과에 대한 언급은 부모나 아동에게 어떤 부담을 줄 수 있으므로 연구자는 결과를 보고하고 결론을 내리고, 제언을 할 때 특히 세심한 주의를 기울여야 한다.
(15) 연구자는 연구 도중 대상 아동의 복리에 심각한 영향을 미칠 수 있는 어떤 경보를 발견한다면 이를 부모나 보호자에게 알려줌과 동시에 그 분야 전문가와 함께 대상을 도울 수 있는 방법을 모색해야 한다.
(16) 연구 절차상 예견할 수 없었던 바람직하지 못한 결과가 연구 대상자에게 생긴다면 연구자는 곧 이를 수정할 수 있는 적절한 방법을 취하고 연구절차를 다시 설계해야 한다.
(17) 연구자는 자신의 연구가 사회적, 정치적, 인간적 측면에서 갖는 의미를 고려해야 하며, 연구결과를 보고할 때 특히 이 점에 유의하여야 한다. 그러나 이 점 때문에 과학적 기준에 어긋난 보고를 하거나 연구 분야를 제한하는 일은 없어야 한다.
(18) 연구의 실험 처치가 대상 아동에게 유익하다고 생각될 때에는 통제 집단에게도 가능한 한 비처치 대신 다른 유익한 처치를 재제공해 주어야 한다.

(19) 아동에 관련된 내용을 강의하는 교수는 수강 학생들에게 이 윤리 강령을 알려 주고 연구 대상의 권리를 존중하는 태도를 갖도록 지도해야 한다. 그렇게 함으로써 학생들에게 훈련 과정에서부터 연구 대상의 권리가 연구 결과나 실험 설계만큼 중요하다는 것을 인식 시킬 수 있을 것이다.
(20) 모든 연구자는 자신의 윤리적 기준 뿐만 아니라 동료 전문가들의 윤리적 기준도 준수해야 할 책임이 있다.
(21) 아동에 관한 연구 논문이 실리는 학술지의 편집자는 논문의 저자가 자신의 연구 절차를 정당화하고 절차상의 주의점을 보고할 수 있도록 지면을 충분히 할애해야 한다. 또한 편집자가 연구 절차에 대해 의문이 생길 때 이에 관한 정보를 요구하고 의문을 제기해야 한다.
(22) 아동 발달연구회와 소속 회원들은 이 윤리 강령에 대해 계속해서 의문을 제기하며 개정할 의무가 있다.

6. 유아연구의 분류

1) 기초연구와 응용연구

연구의 목적 및 기능에 의해 연구를 분류하면 기초연구(basic research)와 응용연구(applied research), 실행연구(현장연구, action research), 평가연구(evaluation research)로 구분된다. 기초연구는 지식의 탐구 자체 또는 이론체계의 확장에 목적이 있는 반면, 응용연구는 현장에서의 실질적인 문제에 대한 해결책을 찾는 것이 주목적이다(김병선, 이윤옥, 김청송, 2000). 즉, 기초연구란 실제적인 문제에 대해 연구의 결과를 적용한다는 의도 없이 현상을 이해하기 위해 현상 사이의 관계를 연구하거나 혹은 이론을 검증하기 위해 행한 연구이다(Kerlinger, 1986). 이와 달리 응용연구는 어떤 일반적인 문제에 대해 해결책이 되는 지식을 내놓는데 관심이 있으며 과학적 이론의 유용성을 검증하며 주어진 분야 내에서 경험적·분석적 관계를 밝힌다.

실행연구는 교사나 교육행정가 혹은 현장 교육전문가들에 의하여 공동으로 진행되며, 지역단위 학교에서 발생하는 교육문제에 대한 해결방안을 제시하거나 의사결정을 하기 위하여 실시하는 연구로써 이론의 전개나 이론의 일반적인 응용이 아니라 학급상황에의 즉각적인 적용에 관심을 두고 있다. 또한 평가연구는 교육결과의 성취여부를 분석하기 위한 연구로서 교육목표에 도달한 정도를 측정하여 교육에 대한 의사결정(예, 교육과정의 개선, 교재개발, 교수법 개선 등)을 하기위하여 실시된다(성태제, 1998).

2) 횡단적 연구와 종단적 연구

(1) 횡단적 연구

횡단적 연구(cross-sectional research)란 다른 연령의 여러 유아집단을 동시에 표집하여 연구를 실시하고 이들 집단들로부터 얻은 자료의 차이를 발달적 변화의 지표로 간주하는 연구법이다. 횡단적 연구는 여러 다른 유아집단을 대상으로 동시에 자료가 수집되므로 비용과 시간에 있어서 절약을 할 수 있다는 장점이 있다. 그러나 발달적 변화의 해석이 동일한 집단에 있어서의 변화를 나타내는 것이 아닌 다른 집단간의 비교이므로 엄격히 말해서 발달적 변화과정을 정확히 파악할 수 없다는 단점이 있다(김병선, 이윤옥, 김청송, 2000).

(2) 종단적 연구

종단적 연구(longitudinal research)란 동일한 연령의 유아집단을 장기간에 걸쳐 관찰하여 자료를 수집하고 이를 바탕으로 실제적인 발달의 변화과정을 분석하는 연구이다. 그러나 종단적 연구에서는 연구가 장기간 계속되기 때문에 시간과 비용의 부담이 크며, 시간이 경과함에 따라 연구 대상자의 손실이 커지며, 연구 대상자가 성장과정에 있으므로 동일한 측정도구를 반복해서 사용하기가 힘들다는 단점을 지니고 있다(장휘숙, 1998).

종단적 연구의 하위유형으로는 경향연구(trend studies), 코호르트연구(cohort studies), 패널연구(panel studies)가 있다. 경향연구는 매 자료수집 시기마다 모집단에서 다른 표본을 표집하여 연구의 대상이 되는 현상이나 사건에 대한 태도나 인식의 변화과정을 기술하는 것이다. 물론 이 때 매번 자료수집을 위한 모집단은 다른 구성원들로 이루어진다. 예를 들어 최근 5년간 고등학교 3학년생의 영재교육에 대한 인식이 어떻게 변하는지를 알고 싶다면 해마다 고등학생 3학년을 대상으로 적절한 수의 표본을 선정하여 이들로부터 설문지나 면접을 통하여 자료를 수집한다. 이 경우 해마다 고3을 대상으로 하지만 실제 고3의 모집단은 해마다 달라진다.

코호르트 연구는 경향연구와는 달리 매번 자료수집 시기마다 동일한 모집단을 사용한다는 것이다. 그러나 동일한 모집단일지라도 자료수집 시기마다 표집되는 표본은 다르다. 예를 들어 베트남 전쟁에 참가한 군인들의 정서상태의 변화를 알아보기 위해 특정 시기마다 자료를 수집할 때 동일한 모집단이 사용되지만 실제 연구에 참여하게 되는 표본은 매번 자료수집에 사용되는 표집은 동일한 모집단으로부터 추출된 다른 사람들로 구성되게 된다.

패널연구는 경향연구와 코호르트연구와 달리 연구의 시작에서부터 연구의 종료 시까지 연구를 위한 자료수집에 사용되는 구성원이 매번 동일하다는 것이다, 즉, 동일한 특정인들을 대상으로 하여 계속하여 여러 번 자료를 수집하여 변화과정을 분석하는 것이다. 패널연구에서는 특정연구대상을 여러 번 조사하므로 그 특정인의 변화과정과 변화의 이유를 탐색할 수도 있다.

이상의 종단적 연구의 세 하위 연구 중에서 엄밀하게 말하여 패널연구가 진정한 종단적 연구라 볼 수 있다. 경향분석은 매번 표본이 추출되는 모집단이 다르며, 코호르트 연구는 동일한 모집단이지만 추출되는 표본이 달라 엄밀하게 변화과정을 분석하는 것은 가능하지 못하다.

7. 유아연구의 일반적 절차

유아연구를 포함한 교육연구(이 경우 양적 연구를 의미함)는 일반적으로 다음과 같은 절차를 거친다(이종승, 1989; 전경원, 1999).

1) 문제의 발견

연구는 연구자의 마음속에 일상생활을 접하면서 경험하게 되는 여러 가지 지적 호기심으로부터 출발한다. 연구문제는 연구의 핵심부분이다. 그러나 연구문제를 발견하기란 쉬운 일이 아니다. 연구자가 교육현장에서 발생하는 다양한 현실 문제들에 관심을 가지고 이를 주의 깊게 관찰함으로써 발견하게 된다. 새롭고도 연구의 수행이 가능한 연구문제를 발견하기 위해서는 통찰력과 해당 연구 분야에 대한 박학한 지식을 겸비하고 있어야 한다. 가설이 생성되는 시점이 바로 연구문제이기 때문에 연구문제는 적절한 구체성을 지녀야 한다.

2) 문헌고찰

연구하려는 문제가 어느 정도 구체화되면 그 문제와 관련된 이론이나 선행연구를 고찰한다. 문헌고찰의 목적은 가설형성의 근거를 찾고, 연구방법이나 결과해석에 도움이 될 만한 자료를 얻기 위한 것이다.

3) 연구문제 및 가설형성

가설이란 실증단계 이전에 변인들간의 관계에 대해 연구자가 생성하는 잠정적인 결론으로 경험적으로 입증할 수 있는 것이어야 한다. 가설은 연구자가 아무 근거도 없이 형성하는 것이 아니라 관련 문헌고찰을 통하여 이미 밝혀진 사실이나 이론을 검토하고, 관련된 선행연구의 결과를 자세히 분석하여 이에서 획득한 지식을 토대로 이루어진다.

4) 연구설계

연구설계란 연구문제의 해결방안과 가설을 검증할 수 있는 계획과 절차를 짜 놓은 것이다. 이 때 연구자가 고려해야 할 사항으로는 연구 대상의 표집, 자료의 수집과 분석방법, 연구설계의 실행방안, 연구의 제한점 등이다.

5) 도구제작

기존의 측정도구를 사용하거나 혹은 연구자가 직접 측정도구를 만들 필요가 있을 경우에는 그 도구의 심리측정학적 특성들-신뢰도, 타당도, 객관도-을 충분히 고려하여 연구의 목적에 가장 적합한 도구를 제작하거나 선정하여야 한다. 연구의 목적과 어긋난 도구를 사용하여 얻어진 결과를 아무리 잘 해석하였다고 해도 그것은 연구의 목적과 관련되지 않은 부적절한 정보에 지나지 않기 때문이다.

6) 자료수집

이 단계에서는 조사, 관찰, 실험 등을 통하여 연구설계의 방법에 따라 다양한 방법으로 자료를 수집하게 된다. 이 때 유의할 점은 조건통제를 잘하여 연구의 타당성을 높이는 일이다. 일반적으로 자연과학연구보다는 사회과학연구에서 조건을 통제하기가 훨씬 어렵다. 조건통제를 어느 정도 잘하였느냐와 연구결과의 타당성과는 밀접하게 관련이 되어 있으므로, 연구자는 연구의 전 과정에 걸쳐 조건 통제를 위해 많은 주의를 기울여야 한다.

7) 자료분석

자료수집을 통해 얻어진 원자료는 무질서하게 되어 있으므로 연구문제에 대한 답을 구하기 위해서는 연구자는 우선 이 원자료들을 체계적이고 의미 있게 정리하고 재조직하여 분석해야 한다. 자료분석은 연구설계 시에 이미 이루어진 적절한 통계 방법을 이용하여 실시한다.

8) 결과 해석

결과 해석은 자료 분석을 통하여 발견한 사실을 근거로 가설의 진위를 판단하고, 결과에 대한 논의 및 결론을 도출하는 과정이다. 연구의 결과가 연구자가 기대했던 바대로 나오지 않았더라도 연구자는 결과를 있는 그대로 소개하고 선행연구와의 관련성을 논하여야 한다. 또한 연구결과의 해석과 결론도출의 과정에서 지나친 일반화를 말아야 한다.

9) 결과보고

연구가 완수되면 연구 수행의 결과를 다른 사람에게 알려주기 위한 연구보고서를 작성한다. 이 때 연구보고서는 관심 있는 독자들이 연구의 전 과정을 이해할 수 있도록 명확히 그리고 쉽게 작성하여야 한다.

최종보고서의 체제는 학교나 전공에 따라 다소 차이가 있으나, 보고서 작성을 위한 일반적인 유의 사항은 다음과 같다(백순근, 2004).

① 정확성 : 가능한 한 전달하고자 하는 내용을 정확하게 기술하여야 한다. 보고서는 소설이나 수필이 아니기 때문에 독자의 상상이나 판단에 맡겨서는 안된다.

② 일관성 : 처음부터 끝까지 언급하는 내용이나 사용하는 용어가 일관성 있고 체계적이며 논리적이어야 한다.

③ 간결성 : 필요 없는 부언이나 중첩, 또는 유사어의 반복을 피하고 전달하고자 하는 내용의 요점만 간결하게 표현해야 한다.

④ 평이성 : 내용을 이해하기 쉽도록, 난잡하고 까다로운 어휘보다는 내용을 정확하고 간결하게 전달할 수 있는 어휘를 사용하는 것이 좋다.

이상의 연구의 과정을 개괄한다면 문제의 선정, 가설설정, 연구절차의 계획, 자료의 수집 · 분석, 결과 해석 및 결론의 도출, 보고서의 작성으로 구분할 수 있다. 이를 그림으로 요약하면 다음과 같다(이종승, 1989).

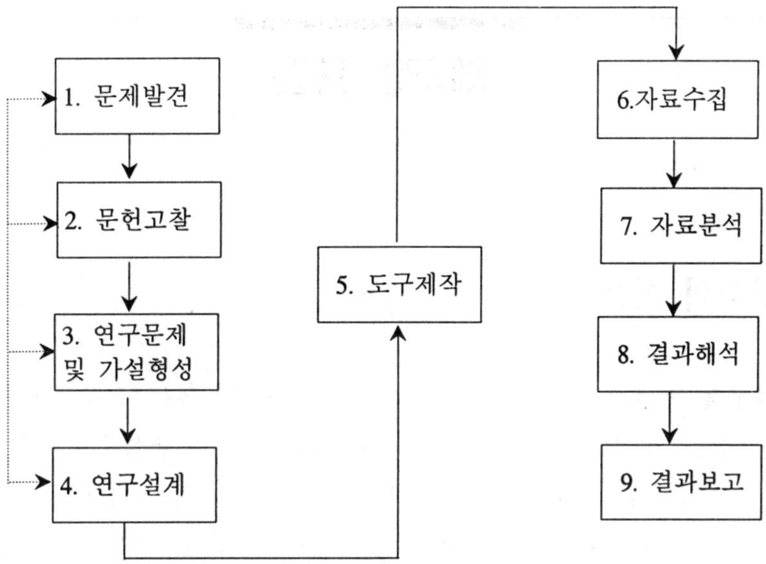

〈그림 1-1 : 연구의 일반적인 과정〉

제2장 표집

1. 표집의 기초

교육연구를 행하는 연구자들은 경제적 시간적 혹은 기타 연유로 해서 그들이 관심을 갖고 있는 모집단(population) 전체의 구성원을 대상으로 연구를 행할 수는 없다. 대신에 연구자들은 관심 속의 모집단을 잘 대표한다고 간주되는 표본(sample)을 대상으로 하여 연구를 행한 다음 얻어진 결과를 일반화시킴으로써 전체 모집단의 특성을 알아본다.

양적인 교육연구에서는 전통적으로 연구에 참여한 개인을 '피험자'로 불러왔으나 최근 미국심리학회 출판지침서에서는 비인격체(impersonal)의 의미를 지닌 피험자라는 용어 대신에 가능한 한 참여자, 아동, 반응자 등과 같은 기술적인(descriptive) 용어로 대체할 것을 권장하고 있다.

모집단이란 최소한 하나 이상의 일정한 특성을 공유하는 모든 개체들의 집합으로서 연구자의 관심 대상이 되는 집합을 말한다. 그러나 실제로 대부분의 연구에서는 모집단을 대상으로 연구를 하지 못하는 관계로 모집단을 적절히 대표하는 표본집단을 선정하여 연구를 하여야한다는 것은 모집단 타당도(population validity)와 관련된 문제이다. 모집단 타당도란 표본집단을 대상으로 실시한 실험(혹은 기타 다른 유형의 양적연구)에서 도출된 결과를 표본집단이 선정된 원래의 모집단에게 어느 만큼이나 일반화시킬 수 있느냐에 관한 것이다(Bracht & Glass, 1968). 모집단 타당도를 확보하기 위해서는 연구결과를 일반화시키고자 하는 모집단으로부터 표본을 무선적으로(randomly) 선정하여야한다. 표본의 크기도 모집단 타당도와 관련이 있으므로 충분한 크기의 표본이 선정되어야 한다. 무선적으로 표집을 한다는 것은 모집단의 구성원들이 선정될 확률이 모두에게 똑같다는 것을 의미하며 이러한 절차를 통해 구성된 표본집단은 무선표집을 통하지 않은 표본에 비해 모집단의 특성을 반영할 가능성이 훨씬 높다.

또한 충분한 수의 사례가 필요한 이유는 비록 무선표집이 되었다 하더라도 소수의 표본을 선정할 시에는 모집단 속의 일부 한정된 특성을 지닌 하위 집단만 선정될 가능성이 있기 때문이다. 다시 말해 표본집단의 보편적 특성(통계적으로 이야기하면 특정 특성에 대한 표본의 평균)과 모집단의 보편적 특성(모집단의 평균)에 차이가 있을 수 있다. 이러한 편차를 표집의 오차(sampling error)라고 한다. 표집의 오차는 사례수가 많을수록 적어지는데 이는 많은 사례수를 선정하면 그만큼 모집단을 대표할 수 있는 여러 다양한 특성들이 충분히 반영될 수 있기 때문이다.

그러나 질적연구에서는 사례수가 소수집단 혹은 한두명에 한정되는 수가 있어, 이 경우에는 의도적 표집(purposeful sampling)이 사용되기도 한다. 의도적 표집에서는 연구와 관련된 정보를 풍부하게(information-rich) 지니고 있는 대상을 의도적으로 선택한다. 예를 들어 초등학교의 교육과정에 새로운 교수법의 도입 효과를 알아보기 위해 연구자들은 질적연구를 시행하고자 하면 집중적인 특정 소수의 교사를 대상으로 새로운 교수법을 수업에 도입하게 한다음 집중적으로 관찰을 하여 새로운 교수법과 기존의 교수법의 장단점을 비교하는 경우이다.

2. 표집의 장점과 단점

1) 표집의 장점

일반적으로 각종 연구에서는 다음과 같은 장점 때문에 표집을 대상으로 연구를 수행하게 된다(강병재, 2005; 이종승, 1989).

첫째, 표집을 하면 전집조사에 비하여 연구에 필요한 노력과 경비를 절약할 수 있다. 표본조사는 전집조사에 비하여 조사대상이 많지 않기 때문에, 자료의 수집과 분석에 드는 노력이나 경비가 그만큼 줄어든다.

둘째, 표집을 하게 되면 연구를 좀 더 신속하게 수행할 수 있다. 전체를 대상으로 하는 것보다 전체의 일부만을 대상으로 연구하게 되면 필요한 자료를 신속하게 수집하고 분석·정리할 수 있다.

셋째, 표집을 하게 되면 조사의 정밀도를 높일 수 있다. 표본조사에서는 비교적 대상이 적으므로, 잘 훈련된 조사원을 통하여 정확하고 심층적인 정보를 수집할 수 있다.

넷째, 때로는 전집조사가 불가능한 경우도 있다. 전집의 크기가 매우 적거나 특정한 집단을 대상으로 하는 연구에서는 전집을 연구하는 것이 가능하지만, 많은 경우 전집을 대상으로 연구를 수행하는 것이 불가능한 경우가 많다.

2) 표집의 단점

표본 연구의 문제점을 제시하면 다음과 같다(강병재, 2005; 김병성, 1996).

첫째, 조사·연구하고자 하는 주제내용이 실제적인 사회적 과정의 역학이나 사회관계의 구조적 성격이라면, 표본조사는 사회현상의 외면적인 이해에 그치며 깊이를 파악하는데 도움이 되지 않는다.

둘째, 표집된 대상자들이 표집된 사실 때문에 평상시와는 달리 행동하고 반응할 수 있는 가능성이 있다. 이는 이론적·방법적 문제점으로 이른바 반작용 효과가 클 수 있다는 것이다.

셋째, 개인에게 질문하여 응답을 얻어야 하는 연구에서는, 표집된 사람들이 충분한 동기와 이울러 주제에 관한 지식도 가지고 있어야 한다. 결국 관심 없는 이들과 대답을 잘 하지 못하는 이들을 잠재적인 응답자의 표본에서 제외하여야 한다.

넷째, 위와 관련하여 표본을 통한 연구는 상당한 정도로 개인의 기억에 의존해야 하는 종류의 자료를 필요로 하는 경우가 많은데, 각자의 견해나 관점은 쉽사리 편의(偏倚)를 일으킬 소지를 안고 있다.

다섯째, 응답자뿐만 아니라 연구자 스스로가 상당한 지식과 기법에 대한 이해를 필요로 한다. 충분한 지식을 지니고 기법에 정통하지 않고서는 표집조사에서의 성공은 기대할 수 없다.

여섯째, 표집오차의 문제로서, 모집단에서 하나의 표본을 추출할 때에는 항상 표집상의 오차가 따른다. 표집에서 얻어진 통계치와 전집의 모수치 사이는 반드시 일치한다고 볼 수 없는데 이러한 차이를 표집의 오차라고 하며 표집에 있어서의 결정적인 단점이다.

3. 표집방법

표집의 방법을 이해하기 앞서 표집과 관련된 용어들을 간략히 소개한다. 표집단위(sampling unit)란 모집단으로부터 추출되는 표본의 단위를 말하며, 개인이 될 수도 있고, 학교나 학급이 될 수도 있다. 예를 들어 초등학교 교사의 직무만족도를 조사할 때 교사가 표집단위가 될 수도 있고 단위 초등학교가 표집단위가 될 수도 있다. 표집틀(sampling frame)은 표집단위의 목록으로 표집목록이라고도 한다. 표집틀의 일반적인 형태는 전화번호부, 학교명부, 특정 모임의 회원 명부 등 출간된 목록들이 해당된다. 표집비율(sampling fraction)은 모집단에서 표본집단으로 추출된 성원이 얼마만큼인가에 관한 것으로 표본의 크기를 모집단의 크기로 나눈 것이다. 표집오차(sampling error)란 표집의 과정에서 발생하는 오차로서, 표본 평균과 모집단의 평균의 차이를 말한다. 만약 표본평균이 모집단의 평균과 같다면 이는 표집이 완벽하게 이루어졌다는 것을 의미하며, 표본 평균이 모집단의 평균과 차이가 크면 이는 표집이 잘못되었음을 의미하며 표집오차가 크게 된다(성태제, 1998).

양적 연구를 하는 연구자들은 소수의 집단의 연구를 통해 그 소수의 집단의 구성원이 원래 속해 있는 보다 큰 규모의 집단의 특성을 알아보고자 한다. 이 때 연구자가 알아보기를 원하는 큰 규모의 집단을 모집단이라고 하며 실제의 연구가 행하여진 집단을 표본이라고 한다. 그리고 표본을 추출하는 과정을 표집(sampling)이라고 한다. 표본집단을 사용하여 모집단을 연구하는 이유는 전체 모집단을 연구할 때 발생하는 과다한 시간과 비용의 낭비를 막을 수 있기 때문이며, 실제로 적절히 표집이 이루어지면 표집의 오차가 허용하는 범위 내에서 모집단의 특성에 대해 올바른 추론을 할 수 있다.

모집단은 목표모집단(target population)과 접근가능모집단(accessible population)의 2가지 유형으로 나뉠 수 있다. 목표모집단이란 연구자가 연구결과를 일반화하고 싶어하는 사람, 사건, 혹은 대상물의 모든 구성원이 포함된 집단을 말한다. 그러나 현실적으로 연구자가 목표모집단을 이용하여 표집을 하는 것은 거의 불가능하다. 예를 들어 초등학교 교사의 인지양식이 아동의 학업성적에 어떤 영향을 미치는가를 연구하고자 할 때 전국의 모든 초등학교 교사를 대상으로 한다는 것은 정말 어려운 일이며 아마 거의 이런 형태의 절차를 밟지 않으리라 생각된다. 대신에 연구자들은 실제로 연구에 이용 가능한 표본들이 포함되어 있는 접근가능모집단으로부터 표본을 추출하여 연구를 행하는 것이 상례이다.

그러나 연구의 궁극적인 목적은 목표모집단으로의 일반화이므로 접근가능모집단을 사용하여 얻어진 연구 결과는 2단계의 추론과정, 즉 표본집단에서 접근가능모집단에로의 결과의 일반화를 위한 추론과 접근가능모집단으로부터 목표모집단에로의 결과 일반화를 위한 추론이 요구된다. 우선 표본집단에서 접근가능모집단에로의 추론에서는 표본이 무선표집을 통해 이루어졌다면 별 문제가 되지 않는다. 그러나 만약 무선표집이 이루어지지 않았다면 연구자는 모든 변인에 대해서는 어렵겠지만, 중요한 연구변인에 대해서는 접근가능모집단의 특성과 표본집단의 특성이 비슷한가를 확인하여야 한다. 만약 접근가능모집단과 표본집단 사이에 차이가 있다면 연구결과를 일반화하는 것은 상당한 신중을 기하여야 한다. 접근가능모집단으로부터 목표모집단으로의 일반화를 위해서는 두 모집단이 연구의 중요변인에 있어 얼마나 유사한가를 파악하여야 한다. 만약 특별히 연구와 관련된 몇 가지의 중요변인에 관해 두 집단에 별 차이가 없다면 연구결과를 일반화 시켜도 별 무리가 없다.

한편 연구자는 표집과정에 있어서 표집방법과 표본의 대표성과의 관계의 역설적인 측면을 기억하여야 한다. 전술한 바와 같이 표집이란 모집단(접근가능모집단 혹은 목표모집단)으로부터 표본을 추출하는 과정을 의미한다. 표본을 이용하여 행해진 연구 결과를 추론하는 경우, 연구자들은 소위 '표집의 역설(paradox of sampling)'이라는 딜레마에 봉착하게 된다(Kaplan, 1964). 표본의 결과를 근거로 모집단의 특성을 추론할 때, 대표성을 띤 표본을 사용하지 않았다면 그러한 표본에서 얻어진 결과를 모집단에 일반화시킨다는 것은 의미가 없는 일이다. 이를 방지하기 위해 우리는 대표적인 표본을 추출하여야 한다. 선정된 표본이 모집단을 잘 대표하는지 아닌지를 알기 위해서는 연구자는 모집단의 특성을 잘 알고 있어야 한다. 그러나 문제는 여기에 있다. 만약 연구자가 모집단의 특성을 잘 알고 있다면 구태여 표본을 이용하여 얻어진 결과를 추론하여 모집단의 특성을 알아볼 이유가 없는 것이다. 이처럼 대표적 표본을 이용하여야만 모집단의 특성을 잘 추론할 수 있고, 반면에 모집단의 특성을 알고 있어야만 표본이 대표적인 것인지 아닌지를 확실히 판단할 수 있게 되는 역설적인 문제 상황에 직면하게 된다. 이러한 연고로 연구자들은 표본의 특성을 통해 모집단을 잘 대표하는지를 판단하는 대신에, 표집의 절차를 통해 표본의 대표성을 가늠하고 있다. 즉, 대표성을 가장 잘 이룰 수 있게 하는 표집의 방법과 절차를 통하여 얻은 표본은 모집단의 특성을 잘 반영하고 있다고 가정하고 연구를 행하고 있다. 표본이 모집단을 얼마나 잘 대표하는가는 표집의 오차가 얼마나 작은가와도 상통하는 것이며, 이러한 표집의 오차의 크기는 표집의 방법이 어느 것을 사용하였는가와 직접적으로 관련되어 있기에, 연구자는 표집의 방법과 절차에 세심한 주의를 두어 표본의 대표성이 잘 이루어지도록 노력을 해야한다.

이처럼 중요한 표집절차에 대한 평가연구(Permut, Michel & Joseph, 1976)에서 표집의 정확성을 판단하는 기준으로 다음의 4가지의 준거가 제시되었다. 첫째, 연구자는 결과가 일반화될 모집단을 정확하게 기술하여야 한다. 둘째, 표집절차에 대한 설명은 아주 상세히 기술되어 후속 연구자나 다른 연구자가 표집의 절차를 그대로 반복할 수 있어야 한다. 표집의 유형(단순무선표집, 유층표집, 군집표집 등), 표본의 크기, 지역과 같은 변인은 물론이고 연구에 따라서는, 성별, 연령, 학년, 사회경제적 지위와 같은 인구통계학적 변인도 기술하여야 한다. 셋째, 표본이 선정된 표집틀을 꼭 밝혀야 한다. 네째, 연구절차를 모두 마친 표본의 수인 완성비율(completion rate)를 반드시 명시해야한다.

그러므로 표집과정에는 연구자들은 다음과 같은 몇 가지의 주의 사항을 항상 기억하여야 한다(김종서, 1980, 강병재, 2005).

첫째, 모집단에서의 표집방법은 같아야 한다. 집단을 표집할 때 서로 다른 방법으로 하나의 모집단에서 표집하여서는 안 된다. 실험집단은 무선표집, 통제집단은 임의표집 등 서로 다른 방법으로 표집하게 되면 집단의 대표성을 보장 할 수 없다.

둘째, 표본이 모집단의 대표가 될 수 있도록 고의적으로 표집하는 방법은 지양하여야 한다. 연구자가 의도적으로 전집을 대표한다고 생각하는 집단을 임의로 추출하는 일이 발생해서는 안 된다. 특정한 사례를 표집하기 위하여 새로운 방법을 적용하는 경우, 전집을 대표하기 보다는 새로운 전집의 특성성이 만들어질 수 있다.

셋째, 표본을 추출하는 모집단의 자료는 간접적인 자료가 되어서는 안 된다. 표집을 위한 모집단의 정보는 연구자가 직접 접하고 분석하여야 한다. 특히 시간이 지난 자료나 신뢰할 수 없는 정보에 의하여 모집단을 추측하여서는 안 된다.

넷째, 표본추출에 있어서 대치나 누락을 시켜서는 안 된다. 특히 사례수가 부족한 경우 다른 집단에서 임의로 표집(대치)하거나 또는 부족한 사례수(누락)로 연구를 수행하는 경우이다. 특히 이러한 문제가 연구자의 고의로 발생하는 경우에는 연구결과의 일반화에 문제가 발생할 수 있다.

4. 표집의 종류

표본추출방법은 크게 확률표본추출법(probability sampling)과 비확률표본추출법(non-probability sampling)으로 구분된다. 전자는 모집단을 구성하고 있는 각 단위가 표본으로 추출될 확률이 얼마인지를 알 수 있는 방법으로, 일정한 확률에 의하여 표본을 추출하므로 모집단의 특성치에 대한 통계적 추론이 가능하며 추정의 표본오차를 계산할 수 있다. 후자는 수학적 확률에 의하지 않고 표본을 추출하는 방법으로, 모집단의 구성요소들이 표본으로 추출될 확률을 알 수 없으며 확률적인 통계처리가 가능하지 못하기 때문에 조사결과를 모집단에 일반화하는데 한계가 있다(김현철, 2000.)

1) 확률적 표집

(1) 단순무선표집(simple random sampling)

단순무선표집이란 모집단에 속해있는 구성원들이 표본에 추출될 확률이 동일하며, 하나의 구성원이 추출되는 사건이 다른 구성원이 추출되는데 영향을 주지 않는 독립적인 표집방법을 뜻한다. 단순무선표집을 위한 방법은 전집의 전체 사례 하나하나에 일련의 번호를 붙여 놓고 추첨기를 사용하거나 혹은 모든 숫자가 동등하게 나타날 확률을 갖는 조건화에서 기계적인 절차를 만든 것으로서, 숫자들 간에 별다른 규칙성이나 체계성이 없는 난수표를 이용하는 것이 보통이다.

단순무선표집은 전집을 구성하고 있는 표본들이 모두 독립적으로 동등하게 뽑힐 확률을 갖고 있어 대표적인 표집이 될 가능성이 높으며, 전집에 대한 사전지식이 많이 필요하지 않고, 자료의 분석도 용이하다는 장점을 지닌다. 그러나 모집단이 대단히 클 경우에는 모든 구성원이 포함된 원장(master list)을 구하기 힘들고, 또한 동일한 크기의 표본일 경우 유층표집에서보다 표집의 오차가 클 가능성을 배제할 수 없다는 것이 단점이다.

(2) 체계적 표집(systematic sampling)

단순무선표집에서는 모집단에서 표본을 추출하는 과정에서 소수의 하위집단의 특성이 배제될 가능성이 있다. 이러한 단점을 보충할 수 있는 표집방법 중의 하나가 체계적 표집이다.

체계적표집이란 모집단의 구성이 특별한 순서 없이 배열되어 있다는 것을 전제로 해서 일정한 간격을 두고 표집하는 방법이다. 즉, 모집단의 표집목록에서 K번째의 요소를 체계적으로, 즉 일정한 간격으로 추출하는 것이다. 모집단이 5000명인 목록에서 100명의 표본을 추출한다면 매 50번째 사례를 추출하면 된다. 즉, 처음 50명 내에서 무선적으로 한명을 추출하였다고 하자. 만약 그가 7번째 사람이었다면 다음에는 57번, 107번, 157번 · · · 등으로 뽑아 100명을 추출하는 것이다. 이때 추출간격은 모집단의 크기를 표본수로 나눈 것인데 이러한 일정한 간격을 표집간격(sampling interval)이라고 한다. 물론 첫 번째 표집간격에서의 K번째 요소의 표집은 무선적으로 이루어진다.

체계적표집은 단순무선표집보다 실제적으로 더 유용하게 사용될 수 있으나 주기성(Periodicity)의 문제가 심각할 수 있다. 이는 각 표집간격 내의 표본들의 특성이 거의 동일한 형태로 배열되어 있을 경우에 발생하며 이로 인해 추출된 표본들이 모집단을 대표할 가능성이 희박해질 수도 있다.

(3) 유층표집(stratified sampling)

유층표집은 모집단이 지니고 있는 중요한 특성을 기준으로 여러 개의 하위집단으로 구분해 놓고, 분류된 각 집단으로부터 무선표집하는 절차이다. 즉, 모집단을 특정 속성에 따라 유층(strata)으로 구분하고 각 유층에서 단순무선표집을 한다.

모집단을 유층으로 구분할 때 어떤 속성에 의해 분류할 것인가는 이론적 혹은 경험적 배경에 근거해야 한다. 유층표집을 하는 이유는 모집단이 어떤 특성에 의하여 분명히 구분될 때, 그러한 특성을 고려하여 골고루 표집함으로써 보다 더 대표적인 표집이 되도록 하기 위함이다. 그러므로 유층표집을 하기 위해서는 먼저 모집단에 대해서 적절한 정보를 보유하고 있어야 한다.

유층표집은 크게 비례유층표집(proportional stratified sampling)과 비비례유층표집(nonproportional stratified sampling)으로 구분된다. 비례유층표집은

유층으로 나뉜 각 집단 내에서의 표집의 크기를 전집의 구성비율과 동일하도록 표집하는 것이다. 이 방법에 의하면 우선 모집단에서 중요하다고 고려된 특성(성별, 연령, 교육수준, 사회경제적 지위, 종교, 거주지역 등)에 따라 분류한 다음 각 하위집단의 구성비율을 파악한다. 그런 후 필요한 표본의 수만큼 각 집단에서 구성비율에 따라 무선적으로 뽑는다.

비비례유층표집은 각 유층간에 동일한 표집비율을 적용하여 표집하는 비례유층표집과는 달리 비율을 적용하지 않고 일정 크기의 표본을 추출하는 방법이다. 그러므로 비비례유층표집을 사용하면 모집단에서의 구성비율이 표본집단에 동일하게 반영되지 않는다. 비비례유층표집은 어떤 특정 하위집단의 구성비율이 너무 작은 반면에 다른 특정 하위집단의 구성비율은 너무 클 경우에, 모집단의 구성비율에 의거하여 표본을 선정하면 한쪽 집단은 너무 작은 표본이 되고 다른 한쪽은 너무 큰 표본이 되어버려 두 집단을 비교하는 일이 의미가 없게 될 수 있을 경우에 사용된다.

유층표집은 모집단의 중요한 특성을 사전에 고려하므로 대표적인 표집이 될 가능성이 높으며, 하위 집단의 특성을 파악하여 이들간의 상호비교가 가능하다는 장점이 있다. 그러나 유층표집을 하려면 모집단의 중요특성과 하위집단의 구성비율에 대한 사전 지식일 필요하며, 여러 가지 특성에 따라 모집단을 하위 집단으로 나눌 때 분류상의 오류를 범할 가능성이 있는 단점이 있다. 또한 비비례 유층표집의 경우 본래의 구성 비율을 무시하고 표집함으로써 편파적인 표집이 될 수 있다(전경원, 1999)

(4) 군집표집(cluster sampling)

군집표집은 단순무선표집의 한 형태로서 자연적으로 형성된 집단 또는 군집의 모집단에서 표본을 추출하여, 추출된 군집에 속한 모든 사례를 조사하는 방법을 의미한다. 여기서 군집이란 이미 형성되어 있는 자연적 또는 행정적 집단으로, 예를 들어 학교, 학급, 행정구역 등을 말한다.

군집표집은 모집단이 너무 커서 개별 사례들을 하나씩 표집하기가 어려울 때 사용한다. 이 방법은 모집단을 군집이라는 많은 수의 집단으로 분류하여 그 군집들 가운데 표집의 대상이 될 군집을 먼저 추출하고, 추출된 군집 내에서 모든 사례를 표집하는 방법이다. 예를 들어 특정 지역에 있는 중학생의 행동특성을 알아보고자 할 때 이 지역 내에 있는 70개의 학교 중에서 무선적으로 10개만을 추출하고 이들 추출된 학교 내의 학생들을 대상으로 하여 설문지를 받을 경우가 군집표집에 해당된다.

군집표집은 군집 속에서 조사 대상자를 선정함으로써 조사과정 및 작업이 간편하며, 또한 시간과 경비가 절약된다는 장점이 있다. 그러나 표집단위의 수, 즉 군집의 수가 적을수록 표집오차가 커져 모집단을 잘 대표하는 표본이 되기 힘들다는 단점이 있다. 뿐만 아니라, 군집표집에서는 각 사례를 독립적으로 뽑는 것이 아니기 때문에, 독립적 표집을 기본 전제로 삼고 있는 보통의 통계적 추리방법을 적용할 수 없다는 문제점이 있다.

2) 바람직한 표본크기의 추정

양적연구에서는 일반적으로 가능한한 많은 수의 표본을 사용할 것을 권하고 있다. 표본의 수가 많을수록 모집단의 특성이 잘 반영될 수 있기 때문이다. 그러나 표본의 수가 커지면 통계적으로 제 1종오류가 발생할 가능성이 높아진다. 즉, 영가설이 참인데도 기각할 가능성이 커지게 된다. 또한 표본의 수가 커지면 거기에 드는 비용과 시간적 부담도 자연히 커지게 된다. 여러 종류의 연구방법에 적절한 최소한의 표본의 크기를 보면, 우선 상관연구에는 최소 30명 정도, 실험연구에서는 적어도 한 집단 내에 적어도 15명 정도, 그리고 조사연구에는 한 집단 내에 최소 100명 정도의 표본이 필요하다고 본다(Gall, Borg & Gall, 1996).

3) 비확률적 표집

(1) 의도적 표집(purposive sampling)

의도적 표집이란 연구자의 주관적 판단을 근거로 연구목적과 관련된 정보를 충분히 지니고 있을 것 같은 사례를 의도적으로 선정하는 것을 말한다. 그래서 의도적 표집을 주관적 판단표집(judgement sampling)이라고도 부르다. 의도적 표집의 기본 가정은 건전한 판단과 적절한 전략에 따라 대표적인 사례만을 의도적으로 표집함으로써 단순히 무선적으로 뽑는 방법보다 오히려 전체를 대표하는 표집을 할 수 있다고 믿는 것이다. 대개 연구자가 가지고 있는 과거 경험이나 전문적 식견을 바탕에 두고 표집하게 된다.

이 방법은 간편하게 표집을 할 수 있고, 비용을 절감할 수 있다는 장점이 있으나 연구자의 주관적 판단이 잘못되었을 경우 발생하는 오류에 대해 조치를 취할 수 없다는 약점이 있다. 그러므로 의도적 표집은 연구자가 모집단에 대한 충분한 사전 지식과 신뢰할 만한 판단을 할 수 있을 때, 또는 확률적 표집이 불가능한 경우에 적용하는 것이 바람직하다(이종승, 1989).

(2) 우연적 표집(accidental sampling)

우연적 표집(혹은 임의 표집, convenience sampling)은 구체적인 표집 계획 없이 연구자가 임의로 가장 쉽게 구할 수 있는 대상자들 중에서 표집하는 방법이다. 우연적 표집은 연구자가 쉽게, 이용 가능한 대상을 마음대로 선정하는 방법으로, 표본의 추출에서 연구자의 편의를 우선적으로 고려할 수 있기에 가장 광범위하게 사용되고 있는 표집법이다.

가장 대표적인 예가 시내 중심가에서 방송국 기자들이 지나가는 행인들 중 아무나 선정하여 인터뷰하는 방식이다. 이 방법은 표본의 대표성이라는 관점에서 가장 약한 표집법이라는, 즉 표집의 대표성을 전혀 생각할 수 없는 표집방법이므로 연구 결과를 일반화시키기는 어렵다.

우연적 표집의 장점은 편의성과 경제성이므로, 시간적으로 비용적으로 제한된 조사상황에서는 유용한 방법이다. 그러나 조사결과의 일반화 가능성이 가장 심각하다는 단점을 지니고 있다(김현철, 2000).

(3) 할당표집(quota sampling)

할당표집이란 각 분석유목별로 미리 정해진 사례 수를 얻기 위하여 연구자들이 각 유목별로 할당된 수만큼의 사례를 임의로 뽑아서 연구하는 방법을 말한다. 즉, 할당표집은 모집단의 여러 특성을 대표할 수 있도록 몇 개의 하위집단을 구성하여 각 집단에 알맞은 표집의 수를 할당하여 그 범위 내에서 임의로 표집하는 방법이다.

할당표집법에는 비례할당표집법(proportional quota sampling)과 비비례할당표집법(non-proportional quota sampling)의 두 종류가 있는데, 전자는 전체 표본의 수를 각 층에 할당할 때 모집단의 크기에 비례하게 할당하는 방법이고, 후자는 모집단의 크기에 비례하지 않게 할당하는 방법이다(김현철, 2000).

사례수의 할당은 연구하고자 하는 모집단의 속성을 기준으로 정한다. 흔히 사용되는 할당기준은 연령, 성별, 교육수준, 직업 등이 있다. 예를 들면, 조사연구를 할 경우 각 조사자에게 어떤 거주지에서 어느 연령층의 어떤 학력을 지닌 사람을 몇 명 표집하라고 할당하면, 각 조사자는 이러한 범주 내에 속하는 대상을 적당히 선정하여 조사하게 된다.

할당표집의 장점은 최종적으로 뽑는 표집의 단위를 각 조사자들에게 지리적으로 가깝게 할 수 있기 때문에 시간과 비용을 줄일 수 있고, 어느 정도 유층화의 효과를 기대할 수 있다는 것이다. 그러나 할당을 하는 데 연구자의 편견이 작용할 가능성이 많으며, 비확률적 표집이기 때문에 대표성이 문제가 된다(이종승, 1989).

할당표집이 모집단을 상호배타적인 집단으로 구분한다는 점에 있어서는 유층표집과 비슷하지만, 유층표집이 확률표집법인 단순무선표집이나 체계적 표집을 사용하는 반면에 할당표집에서는 비확률표집인 임의표집법을 사용한다. 또한 할당표집과 우연적 표집(임의표집)의 차이를 본다면, 전자가 명백한 사회적 특징을 지닌 표본을 연구 단위에 포함하는 반면에, 후자는 편의성과 경제성에 주로 관심을 두기 때문에 쉽게 구할 수 있는 표본을 선정하는 것이 표본 선정의 유일한 기준이다(김현철, 2000).

(4) 누증표집법(snowball sampling)

누증표집법은 연구자가 연구에 참여시킬 조건들을 지니고 있는 표본을 식별하여 조사한 다음 이들로 하여금 유사한 혹은 동일 특성을 보유한 표본을 지적하게 하여 필요한 만큼의 표본을 수집하는 표집법이다. 이 표집방법은 주로 표본을 발견하기 어려운 경우나 혹은 연구대상자의 정보를 공개하기에는 곤란하다든지 또는 비윤리적인 문제를 다루어야 하는 경우에 적합하게 사용될 수 있다. 그러나 이 방법 역시 확률적 근거에서 표본수집이 이루어지지 않아 표본의 모집단에 대한 대표성이 없기 때문에 결과의 일반화에 한계가 있다.

(5) 기타 비확률적 표집법

전술한 표집방법 외에도 비확률적 표집방법으로는, 모집단을 구성하는 각 집단의 구성비율을 고려하지 않고, 조사목적에 관계된 이질적인 의견을 지닌 모든 집단을 포함하는 이질집단 표집법(heterogeneity sampling, diversity sampling), 연구자가 논리적 혹은 선험적으로 모집단의 특성을 잘 반영할 것으로 간주되는 일정한 크기의 주요 대상을 표집하는 주요대상 표집법(critical case sampling), 모집단 구성단위의 수가 제한되어 있으며, 조사의 주요목적이 비교인 경우에 사용되는 최근사(最近似)/최상이(最相異) 유형 표집법(most similar/dissimilar case sampling), 가장 전형적인 사례나 경우를 뽑는 최대빈도 유형 표집법(modal instance sampling) 등이 있다(김현철, 2000).

제3장 측정 및 검사

1. 검사도구의 선정 기준

어떤 검사도구가 사용되기 위해서는 다음과 같은 특성들이 겸비되어 있는지를 알아본 다음 사용하는 것이 바람직하다.

① 객관성(objectivity): 우선 검사도구는 객관성을 보유하고 있어야 한다. 객관성이란 검사를 시행하는 사람이나 채점하는 사람들이 지닐 수 있는 편견에 의해 왜곡되지 않는 것을 의미한다. 투사적 기법의 성격검사들은 낮은 객관성을 띨 가능성이 상대적으로 높은데 이는 검사의 실시와 채점이 사람들마다 차이가 날 수 있고 또한 검사자 편견(bias)이 개입되기 쉽기 때문이다. 이에 반해 선다형 검사도구들은 높은 객관성을 이루고 있다.

② 검사의 시행과 채점절차의 표준화 절차: 표준화된 검사의 시행절차나 채점절차는 검사도구의 객관성을 높일 수 있으므로 양호한 검사도구들은 검사의 실시자가 준수해야할 시행절차와 시간, 채점방식 등을 상세히 기술한 지침서를 포함하고 있어 누가 실시하더라도 동일한 결과를 가져올 수 있도록 하여야 한다. 이러한 검사는 표준화 검사라고 일반적으로 부른다.

③ 규준집단의 자료: 표준화 검사 등을 통해 얻은 검사점수는 그 자체로서는 해석하기 힘들다. 획득된 검사점수는 준거나 규준에 비교되어 해석된다. 준거-지향적 해석에서는 정해진 목표를 준거로 삼아 목표의 도달여부와 그 정도를 확인하는 것이다. 이에 반해 규준-지향적 해석은 규준집

단의 수행과 비교하여 상대적으로 해석하는 방법이다.

그 외 ④ 신뢰도와 ⑤ 타당도가 높은 검사도구가 바람직하다. 신뢰도와 타당도에 관해서는 다음 절에서 설명할 것이다.

2. 검사도구의 심리측정학적 특성

검사도구의 심리측정학적 특성(psychometric property)의 대표적인 것으로 타당도와 신뢰도를 들 수 있다. 타당도란 측정하고자 하는 것을 측정하고 있는가에 관한 문제이고 신뢰도는 측정하는 것을 얼마나 정확하게 측정하느냐의 문제이다. 다음은 이들을 자세히 서술한 것이다.

1) 타당도(Validity)

타당도란 측정도구가 측정하려고 의도한 속성 또는 현상을 어느 정도 충실하게 측정하고 있느냐의 문제이다. 측정도구가 본래 측정하려고 의도한 것을 진실하게 측정할수록 그 측정도구는 타당성이 높다고 볼 수 있다. 예를 들어, 지능검사는 지능을 측정하여야만하고 성격검사는 성격을 측정하여야 타당도가 있다고 할 수 있다. 지능검사가 성격을 측정한다든지 성격검사가 실제로는 지능을 측정한다면 정말 문제가 될 것이다. 다른 예로는 국사시간에 삼국시대의 문화적 측면을 수업한 다음 이를 위한 시험에서는 삼국시대의 정치적 상황에 대해 시험을 보았다면 이는 타당도의 문제와 직결되는 것이다.

측정도구의 타당도란 타당성이 있느냐 없느냐, 즉 유무의 문제가 아니라 정도의 문제이다. 측정도구란 완전히 타당한 것도 아니고 반드시 타당하지 않은 것도 아니다. 뿐만 아니라 측정도구의 타당도란 도구자체에 의해서만 결정되는 것이 아니라 오히려 측정도구의 목적이 무엇이냐, 대상집단은 무엇인가, 어떻게 실시하고 어떻게 채점했느냐에 따라서 결정된다. 따라서 어떤 측정도구가 타당한가 아닌가를 질문하기보다는 측정도구에서 얻어진 점수를 어떤 집단에게 어떤 목적으로 어떻게 쓸 때 얼마의 타당도를 가지는가에 대해 묻는 것이 정확한 질문이 된다.

학자마다 그리고 시대에 따라서 다양한 종류와 다른 용어를 사용하므로 학회 중심으로 타당도의 종류와 정의를 규정하게 되었다. 미국심리학회(APA: American Psychological Association, 1954)는 내용타당도, 예언 타당도, 공인타당도, 그리고 구인타당도의 4종류로 구분하였고, 교육 및 심리검사 표준(Standards for Educational and Psychological Testing, AERA, APA, NCME, 1966)에는 예언타당도와 공인타당도를 합쳐 준거관련 타당도라 하여 타당도의 종류를 내용타당도, 준거관련타당도, 구인타당도의 3가지로 구분하였다.

내용타당도, 준거관련타당도, 구인타당도는 모두 개념적으로 독립된 것이므로 각각의 타당도는 측정도구의 서로 다른 측면의 타당성을 검증한다. 그러므로 새로 제작된 측정도구의 타당도를 검증하기 위해서는 이들 타당도 모두를 알아보아야 한다.

(1) 내용타당도(content validity)

내용타당도는 측정도구가 측정하고자 하는 내용을 얼마나 충실히 측정하고 있는지를 논리적으로 분석하여 평가하는 것이다. 내용타당도는 논리적 사고에 입각한 논리적인 분석과정으로 판단하는 주관적인 타당도로 객관적 자료에 근거하지 않는다. 즉, 측정도구가 측정하고자 하는 개념이나 속성의 가능성을 전문가의 논리적 분석이나 경험적 절차에 의하여 평가하는 것이다. 주관적인 판단에 의해 타당성을 입증하므로 내용타당도에 의한 측정도구의 타당성 입증은 논란이 따를 수도 있다. 이는 동일한 영역을 전공한 전문가들도 그들이 취하는 학문적 입장이 다를 수 있기 때문에 특정 측정도구에 대한 내용타당성의 판정은 상이할 수도 있기 때문이다. 내용타당도를 검증하기 위해서는 검사문항을 검사의 목적과 대조하고 논리적으로 검토한다. 내용타당도는 주관적 판단에 의존하는 관계로 타당도 계수와 같은 객관적 수치가 산출되지 않는다.

(2) 준거관련타당도(criterion-related validity)

준거관련타당도란 새로운 측정도구가 개발되었을 때 이 도구를 통해 얻어진 검사점수와 어떤 준거(흔히 동일한 속성이나 현상을 잘 측정한다고 판명된 기존의 측정도구 혹은 미래의 행위)에서 얻어진 검사점수와의 상관계수를 이용해 타당도를 검증하는 것이다. 준거관련타당도에는 공인타당도와 예언타당도가 있다.

① 공인타당도(concurrent validity)

공인타당도란 새로 제작된 측정도구에서 얻어진 점수를 이미 타당성이 인정된 기존의 다른 측정도구에서 산출된 점수와 상관관계를 알아보아 두 측정도구 사이에 공통성이 어느 정도 인지를 검토하여 타당도를 결정하는 것이다. 그러므로 새로운 도구의 공인타당도를 알아보기 위해서는 사용되는 준거, 즉 기존의 측정도구가 상당히 높은 타당성을 지니고 있어야 한다. 그렇지 않다면 새로 제작한 측정도구가 아무리 잘 만들어졌다 하여도 비교되는 준거의 낮은 타당성으로 인해 새로운 도구의 타당성도 낮아질 수 있기 때문이다. 공인타당도는 계량화되어 타당도에 대한 개관적인 수치를 제공하므로 타당도의 정도를 나타낼 수 있다는 장점이 있다.

② 예언타당도(predictive validity)

공인타당도가 비교의 준거로 현재 통용되는 기존의 검사를 사용한다면 예언타당도는 미래의 어떤 행위를 준거로 사용한다. 예언타당도는 새로 제작된 측정도구에서의 검사점수가 목표가 되는 미래의 특정 행위를 어느 정도 잘 예측할 수 있느냐의 문제이다. 그러므로 예언타당도는 피험자에게 새로운 측정도구의 검사를 시행한 후 어떤 준거가 나타날 때까지 시간을 기다려 준거점수를 수집하고, 검사점수와 준거점수사이의 상관계수를 계산함으로써 추정된다. 일반적으로 예언타당도는 적성검사의 제작 시에 중시되는 타당도 개념이며, 임상심리에서 사용되는 심리검사에도 자주 강조된다. 구체적으로 우리 주변에서 예를 찾는다면 대학 수학 능력 검사에서는 예언타당도가 중요시된다.

검사도구가 미래의 행위를 예측해주기 때문에 예언타당도가 높은 측정도구는 선발, 채용, 배치 등의 목적에 사용될 수 있다. 그러나 이러한 장점에 비해 예언타당도의 추정은 측정도구가 제작된 후 예언하고자 하는 행위가 일어날 때까지 오랜 시간을 기다려야 한다는 단점이 있다.

(3) 구인타당도(construct validity)

구인(construct)이란 심리적 특성이나 행동 양상을 설명하기 위하여 존재하는 심리적 요인을 말한다. 즉, 지능, 성격, 성취동기와 같이 관찰된 유기체의 행동을 조직하고 설명하기 위해 이론적으로 설정한 개념이다. 구인타당도란 조작적으로 정의되지 않은 인간의 심리적 특성이나 성질을 심리적 구인으로 분석하여 조작적 정의를 내린 후 검사점수가 조작적 정의에서 규명한 심리적 구인들을 제대로 측정하고 있는가를 검증하는 방법이다. 예를 들어 웩슬러 지능검사의 제작의 이론적 근거가 언어성 요인과 동작성 요인의 2요인에 의해 구성되었다면 실제로 웩슬러 검사를 실시하여 얻어진 경험적 자료의 분석에서 2개의 하위요인이 산출되었다고 하면 이 지능검사는 구인타당도가 있다고 할 수 있다.

구인타당도를 측정하는 방법 중에는 요인분석이 흔히 사용되며 또한 수렴타당도(convergent validity)나 변별타당도(discriminant validity)를 통해서도 확인할 수 있다. 수렴타당도는 특정 변인을 측정하려고 제작된 도구에서 산출된 점수와 그 특정 변인과 이론적으로 관계를 맺고 있는 변인을 측정하는 도구에서 산출된 점수간에 상관이 높은 경우이고, 변별타당도는 특정 변인과 이론적으로 무관하다고 간주되는 변인을 측정하는 도구에서 산출된 점수와 상관을 보이지 않을 경우이다. 즉, 어휘유창성검사는 국어쓰기 능력과 유의한 상관이 있어야 하며, 수학성취도와는 상관이 높지 않아야 한다. 수렴타당도와 변별타당도는 중다특성중다방법 행렬(multitrait-multimethod : MTMM matrix) 분석을 통해 구해진다.

2) 신뢰도(Reliability)

좋은 측정도구는 의도한 특성을 측정하는 정도인 타당도뿐만 아니라 측정하고자 하는 것을 정확하게 측정한 정도인 신뢰도도 높아야 한다. 신뢰도란 측정하고자 하는 특성을 얼마나 정확하게, 안정적으로, 그리고 일관성 있게 측정하느냐의 문제이다. 타당도가 측정 대상의 내용(what)에 관한 문제라면 신뢰도는 측정 방법(how)의 문제라고 볼 수 있다. 전집이 아닌 표집에 의해 구성된 검사문항, 일관성 없는 검사실시와 채점절차, 부적절한 검사상황(소음, 무더운 실내기온 등), 피험자의 다양한 정서 상태 등은 신뢰도에 영향을 미쳐 측정오차를 유발하는 요인들이다(Gall, Borg & Gall, 1996).

신뢰도의 종류는 검사-재검사 신뢰도, 동형검사 신뢰도, 내적일관성 신뢰도로 크게 나눈다. 내적일관성 신뢰도는 반분검사 신뢰도와 문항내적일치성 신뢰도가 있으며 문항내적일관성 신뢰도 속에는 KR-20, KR-21, Cronbach α, Hoyt 신뢰도가 있다. 아래에 이들 중 가장 흔히 쓰이는 몇 가지 신뢰도를 소개한다.

(1) 검사-재검사 신뢰도(test-retest reliability)

검사-재검사 신뢰도는 동일한 검사를 동일한 피검자들에게 시간적으로 일정한 간격을 두고 두 번 실시하여 얻은 두 검사점수간의 상관계수를 산출하여 얻는다. 검사-재검사 신뢰도는 일정기간을 두고 실시한 두 검사간의 일치도를 기준으로 하여 한 검사의 신뢰도를 나타내려고 하기 때문에 안정성계수(coefficient of stability)라고도 한다. 한 검사의 안정성계수를 내려면 적어도 세 가지 전제조건이 충족되어야 한다. 우선, 측정대상 또는 특성의 안정성(traits stability)에 관한 가정이 충족되어야 한다. 즉, 측정내용의 성질 그 자체는 일정시간의 경과에도 불구하고 잘 변하지 않는다는 가정이 있어야 한다. 다음으로, 연습효과(practice effect)가 작용하지 않는다는 가정이 전제되어야 한다. 이는 한 검사가 동일한 피검자에게 두 번 실시되기 때문에 첫 번째 시행에서의 검사경험이 두 번째 시행되는 동일한 검사의 득점에 영향을 미치지 않아야 한다는 것이다. 마지막으로, 동일한 검사를 두 번 시행하기 때문에 그 사이에 두 번째 검사득점에 영향을 줄 만한 사건, 예를 들어 관련된 학습활동이 없어야 하기 때문에 그러한 학습이 없었다는 가정이 필요하다(김호권, 임인재, 변창진, 김영채, 1978).

검사-재검사 신뢰도에서는 두 검사간의 실시 간격이 어느 정도 할 것인가가 문제가 된다. 일반적으로 두 검사간의 간격이 너무 짧으면 첫 번째 검사에 대한 기억이나 연습효과 때문에 두 번째 검사의 점수가 영향을 받을 수 있게 된다. 반면에 시간 간격이 너무 길어진다면 그 사이에 발달이나 성숙의 영향에 의해 측정하고자 하는 피험자의 행동특성 자체가 변화될 가능성이 있다. 전자의 경우는 신뢰도 계수가 높아질 수 있고 후자의 경우에는 낮아질 수 있으므로 정확한 신뢰도의 추정에 부정적인 영향을 주게 된다. 또한 검사를 두 번 시행하는 데 따른 번거로움과 동일한 조건의 검사환경을 만들기 힘들며, 피검자의 검사에 대한 동기나 검사태도도 동일하다고 확신할 수 없다는 문제점도 제기된다.

(2) 동형검사 신뢰도(equivalent-form reliability)

동형검사 신뢰도란 내용면이나 형식면에 있어서 거의 동일하게 제작된 2개의 동형검사를 피검자에게 한꺼번에 실시한 다음 두 검사에서 얻어진 검사점수를 이용하여 산출된 상관계수를 말한다. 이 계수는 피검자들이 두 동형검사에서 받은 점수의 일치도를 가지고 두 검사가 동일한 내용을 측정하는 정도를 나타내려 하기 때문에 동형성계수(coefficient of equivalence)라고도 한다. 동형검사 신뢰도를 추정할 때 사용되는 동형검사는 동일 내용을 측정하여야 하며, 문항과 문항 수, 평균과 표준편차, 문항난이도와 문항변별도가 동일하여야 한다. 즉, 표면적으로는 내용이 다르지만 두 검사가 측정이론에서 보아 동질적이라고 추정할 수 있는 문항들로 구성되어야 한다. 이와 같은 점을 생각해보면 동형검사 신뢰도를 구한다는 것은 그리 간단한 일이 아님을 알 수 있다.

안정성계수가 검사실시시기의 차이에서 오는 측정도구의 신뢰도를 알아보기 위한 것이라면, 동형성계수는 검사내용, 즉 문항의 차이에서 오는 검사도구의 신뢰도에 관한 것이다. 동형검사신뢰도는 검사-재검사신뢰도에서 문제가 되는 연습효과나 실시간격에 관한 문제점이 해결되기는 하나 완벽히 동일한 두 검사를 제작하는 것이 힘든다는 문제점이 대두된다.

(3) 내적일관성신뢰도(internal consistency reliability)

검사-재검사신뢰도나 동형검사신뢰도는 일정한 시간간격을 두고 시행되든 아니든 동일한 피험자에게 검사를 두 번 시행하여야 한다는 번거로움과, 시험간격과 검사의 동형성 정도에 따라 신뢰도 계수가 변화되는 문제점을 지니고 있다. 그러나 내적일관성 신뢰도는 검사를 단 한번만 시행하여 신뢰도를 추정하는 방법이다. 내적일관성 신뢰도는 검사를 구성하는 부분검사 또는 문항간의 일관성의 정도를 말하며, 검사를 구성하는 부분검사나 문항들이 측정하고자 하는 내용을 어느 정도 일관성 있게 측정하느냐에 관한 것이다. 내적 일관성 신뢰도에는 반분신뢰도와 문항내적합치도가 있다.

① 반분신뢰도(split-half reliability)

반분신뢰도란 검사를 구성하는 두 부분검사간의 유사성으로 검사의 신뢰도를 추정하는 방법이다. 반분신뢰도는 한 개의 측정도구 혹은 검사를 피검자들에게 실시한 다음 그것을 적절한 방법에 의해 두 부분의 점수로 분할하고, 분할된 두 부분을 독립된 검사로 생각해서 그들 사이의 상관을 계산하여 산출된 신뢰도로서 동질성계수(coefficient of homogeneity)라고도 한다. 반분신뢰도는 검사-재검사 신뢰도가 부적절할 때 혹은 동형검사를 제작하기가 어려울 때 쉽게 사용할 수 있는 방법으로써 시간과 비용 면에서 효율적이며 두 번 시행에 따른 기억이나 연습효과에 의한 측정오차의 문제를 해결할 수 있다.

반분신뢰도를 산출하기 위해 검사를 반분하는 방법은 기우반분법, 전후반분법, 단순무작위법, 그리고 문항특성에 근거한 반분법 등이 있다. 전후반분법은 문항을 전후로 반이 되게 나눈다. 기우반분법에서는 짝수문항과 홀수 문항으로 나눈다. 단순무작위법은 난수표를 이용하여 두 부분으로 나누는 방법으로 문항이 어떻게 선택되어도 무방한 경우에 이용된다. 문항특성에 근거한 반분법은 문항의 난이도 및 문항변별도에 의존하여 비슷한 것끼리 짝지어 반분하는 방법이다.

신뢰도는 검사의 길이와 관련이 있다. 검사문항 수가 많으면 신뢰도계수가 높아지는 경향이 있는데 반분신뢰도는 두 부분의 검사점수를 상관을 구한 것으로 부분검사의 신뢰도이지 검사 전체의 신뢰도가 아니다. 그러므로 이 두 부분을 합친 검사 전체의 신뢰도를 계산하기 위해 다음의 Spearman-Brown 공식(Spearman, 1910)을 사용해서 교정해야 한다.

$$r_{tt} = \frac{2r_{hh}}{1+r_{hh}}$$

r_{tt} : 전체검사의 교정된 신뢰도

r_{hh} : 반분된 검사점수간의 상관계수

반분신뢰도는 아주 간편하고 손쉬운 방법이지만 검사문항이 동질적이 아니면 반분신뢰도는 과소평가될 수 있으며, 속도요인이 작용하는 검사에서는 반분신뢰도가 과대평가될 수 있다.

② 문항내적합치도(inter-item consistency)

문항내적합치도는 피검자가 검사 속에 포함된 각 문항에 반응하는 일관성, 합치성에 기초를 두고 추정하는 신뢰도이다. 반분신뢰도에서는 검사를 둘로 나누어 두 부분을 독립된 검사로 간주하고 상관계수를 산출하지만, 문항내적합치도에서는 한 검사 내의 문항 하나 하나를 마치 독립된 별개의 검사단위라고 간주하고 문항간의 동질성, 합치성을 상관계수로 나타낸다. 문항내적일치도는 검사-재검사 신뢰도나 동형검사 신뢰도 처럼 검사를 두 번 실시하지 않고 검사의 신뢰도를 추정할 수 있다는 장점이 있다.

문항내적합치도를 계산하는 방법으로 가장 잘 알려져 있는 것은 Kuder-Richardson이 개발한 KR-20과 KR-21이다. KR-20은 문항이 이분문항일 때 사용하고, KR-21은 문항점수가 연속점수일 때 사용한다.

$$KR-20: r_{xx'} = \frac{n}{n-1}[1 - \frac{\sum pq}{S_x^2}]$$

$$KR-21: r_{xx'} = \frac{n}{n-1}[1 - \frac{\overline{X}(n-\overline{X})}{nS_x^2}]$$

$r_{xx'}$: 검사의 문항내적 합치도
n : 검사의 문항 수
p : 각 문항의 정답률
q : 각 문항의 오답률 (1-p)
$\overline{X}$: 전체 검사점수의 평균
S_x^2 : 전체 검사점수의 변량

이들 외에 문항의 내적일관성을 측정하기 위하여 검사를 두 부분으로 나누지 않고 문항점수의 변량을 이용하는 Cronbach α가 있다. Cronbach α는 문항점수가 이분점수가 아닐 때 신뢰도를 구할 수 있는 KR-20의 일반화된 공식이다.

검사도구의 신뢰도에 영향을 주는 요인에는 문항 수, 문항의 난이도, 문항의 변별도, 검사도구 내용의 구체성(좁은 범위), 검사시간을 들 수 있다. 이들을 자세히 살펴보면, 문항의 수가 많을수록 측정의 오차를 줄일 수 있으므로 신뢰도가 높아진다. 문항의 난이도는 적절하여야 하는데. 이는 검사가 너무 쉽거나 너무 어려우면 피험자의 실제 능력을 정확하게 측정할 수 없기 때문에 신뢰도가 낮아질 수 있다. 또한 문항이 피험자를 능력에 따라 구분할 수 있는 문항변별력이 있어야 신뢰도가 높아진다. 뿐만 아니라 검사내용의 범위가 좁을 때 문항간의 동질성이 유지되므로 신뢰도가 높아지며, 문항반응의 안정성을 보장하기 위하여 충분한 검사시간을 주는 것도 높은 신뢰도와 관련이 있다.

3. 표준화 검사

1) 표준화 검사의 의미

표준화 검사란 측정에 사용되는 검사, 절차, 채점방법 등이 표준화되어 있는 검사를 말한다. 따라서 표준화 검사는 교사자작검사와는 다른 특징을 가지고 있다. 가장 두드러진 특징은 여러 가지 조건이 다른 피험자에게 동일한 검사를 실시하여 얻은 점수를 의미 있게 상호 비교할 수 있도록 검사의 작성에서부터 실시에 이르기까지의 모든 조건을 일정하게 했다는 점이다. 또한 통계적 절차에 의한 규준(norm)을 구비하고 있다는 점도 표준화검사가 지니는 특징이다. 표준화된 검사실시방법과 채점방법에 의해 얻어진 결과를 검사의 규준에 견주어 학생의 성적을 상대적으로 비교해 볼 수 있다.

규준이란 측정이론적으로 일정한 측정단위와 기준점을 가지고 있는 자와 같은 것이다. 이와 같은 표준화 검사를 활용하면 개개의 학생이나 학급 또는 학교와 같은 집단의 능력, 학업성취도, 흥미, 인성, 태도 등을 시간이나 공간의 구애를 받지 않고 규준을 근거로 하여 전국의 학생들과 비교해 볼 수 있게 된다.

둘째로 표준화 검사는 우리들이 개인 또는 집단의 능력이나 학생 등이 어떠한 장점과 단점이 있는가를 알고 싶을 때나 개인이나 집단의 능력 등이 일정 기간의 경과에 따라 어떻게 변화하고 있는가를 알아보는 데 대단히 유용하다. 발달상황이 정상적인가 아니면 지체되고 있는가를 알려고 하는 경우나 일정 시간의 간격 사이에 개인 내의 발달에 차이가 있는지를 알려고 하는 경우에 교사자작검사는 규준이 없으므로 키를 잴 때의 신장기와 같은 역할을 하는 규준을 가진 표준화 검사가 훨씬 더 신뢰성이 있다. 상대적 비교가 가능한 규준을 가지고 있는 것이 표준화 검사의 특징이라고 말할 수 있다.

그러나 표준화 검사점수결과는 학생들이 진로나 어떤 결정을 하는데 많은 영향을 미칠 수 있기 때문에 이 과정을 위험부담 검사(high stakes testing)라고 한다. 표준화 검사의 활용 시 유의할 점은 다음과 같다.

첫째, 표준화 검사의 선택의 문제이다. 검사를 실시하려는 목적을 명확하게 확인하고 그 목적에 적합한 검사를 선정해야 한다. 검사의 선정기준으로서 그 검사의 객관도, 신뢰도, 타당도, 실용도 등을 고려해야 한다.

둘째, 표준화 검사 결과의 해석의 문제이다. 검사의 결과는 어떤 수치로 나타나는데, 이러한 수치의 해석과 그 수치에 교육적 의미를 부여할 때에 신중을 기하여야 한다.

셋째, 표준화 검사를 유용하게 활용하기 위해서는 검사를 사용하는 사람이 검사에 관한 전문적인 식견을 가져야 한다.

이와 같은 유의점들로부터 알 수 있듯이 표준화 검사결과는 학생들을 분류하는 기준으로 사용되거나, 특정 학생에게 부정적 기대를 갖게 되는 근거가 되거나 혹은 학생들이 자신에 대한 부정적 자아개념을 갖게 하는 자료로 되어서는 안될 것이다. 또한 검사결과를 바탕으로 학생들에 대한 어떤 중요한 결정을 내리기 전에 검사 결과가 신뢰롭고 타당한 것인지를 반드시 검토하여야 한다. 그러므로 특정 검사 결과가 학생을 판단하는 유일한 정보가 되어서는 안되며 교사나 부모의 관찰, 그 외 다양한 정보들을 함께 고려하는 것이 바람직하다(신명희, 박명순, 권영심, 강소연, 1998).

2) 표준화검사의 유형

학교에서 사용되는 표준화 검사에는 여러 종류가 있다. 표준화 검사는 크게 성취검사, 진단검사, 적성검사로 구분할 수 있다.

(1) 성취검사 (achievement test)

학생들이 가장 흔하게 접하는 표준화 검사는 아마 성취검사일 것이다. 성취검사는 독해력, 언어사용, 셈하기, 과학, 사회, 수학, 논리적 추론 등 특정영역에서 얼마나 학생이 학습하였나를 측정하기 위한 검사이다. 성취검사는 집단검사와 개인검사로 구분되는데, 집단검사는 한꺼번에 많은 사람들에게 동시에 실시하는 검사이며, 개인검사는 개인 한 사람 한 사람별로 실시하는 검사이다. 집단 성취검사는 보다 자세한 검사가 필요한 학생을 확인하기 위해서 혹은 성취 수준에 따라 학생들을 군집화하는 근거로써 사용하는 등의 선별과정에서 사용될 수 있으며, 개별 성취검사는 일반적으로 학생의 학문적 수준을 보다 정확히 측정하거나 학습문제의 진단에 이용된다(김아영, 백화정, 설인자, 정명숙, 2003; 신명희 외, 1998).

(2) 진단검사 (diagnostic test)

진단검사는 학생이 가진 특정한 문제를 확인하기 위해 고도로 훈련받은 전문가가 개별적으로 학생들에게 실시하는 것이다. 성취검사가 학문적 영역에서 학생이 지니는 약점이나 단점들을 파악하기 위한 것이라면, 진단검사는 학습과정의 약점을 알아내고자 하는 목적을 지닌다. 단어나 문장을 기억하고, 배경과 인물을 구별하고, 눈과 손의 협응, 운동을 통합하는 능력과 학습하고 기억하고 학습을 전달하는데 필요한 다른 능력들을 평가하는 진단도구들이 있다(김아영 외, 2003; 신명희 외, 1998).

(3) 적성검사 (aptitude test)

적성검사는 학생의 수년에 걸쳐 발달된 능력을 측정하고 앞으로 새로운 내용을 학습할 때 얼마나 잘 할 것인지 예측하는 검사이다. 성취검사가 특정 학년에서의 최종적인 수행을 측정하는 반면에 적성검사는 대학이나 전문학교 같이 특정 프로그램에서 학생들이 얼마나 잘 할 것인가를 예측하는 것이다.

이 외에도 표준화 검사는 문항구성의 형식에 의해 언어검사(verbal test)와 비언어검사(nonverbal test)로 분류된다. 언어검사는 문항의 진술과 그 해답에 언어와 문장형식을 취하는 검사를 말하며, 비언어검사는 문항의 진술과 해답에 언어나 문장형식을 취하지 않고 숫자, 부호, 도형 등과 같은 것을 쓰고 있는 검사를 말한다. 또한 표준화 검사는 측정양식에 의해 속도검사(speed test)와 역량검사(power test)로 나눌 수 있다. 속도검사는 일정한 시간 내에 얼마만큼 많이 할 수 있는가를 측정하려는 것으로서 일반적으로 정답수를 따지게 된다. 이에 반하여 역량검사는 문항의 난이도가 점점 낮아지는, 즉 문항이 점차로 어려운 순서로 배열하여 능력의 깊이를 알아보기 위한 검사이다.

3) 표준화검사의 제작과정

표준화 검사와 교사자작검사의 근본적인 차이는 전자가 규준을 가지고 있음으로써 피험자의 상대적 비교가 가능하다는 점이며, 검사작성에 있어서 문항분석, 대표적 표집 그리고 신뢰도, 타당도 등의 산출을 위한 전문적인 절차를 밟는다는 점이다. 표준화 검사를 현명하게 활용하기 위해서는 표준화 검사가 어떠한 절차를 밟아서 만들어지는가를 아는 것이 도움이 된다. 표준화 검사의 제작과정은 특히 규준의 작성에 그 특징이 있다.

첫째, 먼저 측정의 목적과 대상 그리고 장차 제작될 검사를 활용하고자 하는 학년 또는 연령 등의 범위를 정해야 한다. 이미 말한 바와 같이 측정의 목적은 구체적이며 명백하게 확인하고 분석해야 한다.

둘째, 측정의 목적이나 대상이 명백히 정의되고 나면 여기에 가장 합당한 문항의 형식을 결정해야 하며, 결정된 문항형식에 따라서 다수의 문항을 작성해야 한다. 이 경우 작성되는 문항은 측정목적에 대하여 타당성을 가져야 한다. 문항 수는 최후로 만들어질 검사에서 포함하려고 하는 문항수보다 훨씬 많아야 한다.

셋째, 이렇게 하여 만들어진 문항으로 예비검사를 구성하여 장차 활용하려는 대표할 수 있는 다수의 학생을 골라서 그들에게 예비실시를 한다. 예비실시가 끝나고 나면, 얻어진 결과로 각 문항에 대하여 문항분석을 한다.

넷째, 문항분석의 결과에 따라 선택된 문항을 이용하여 검사의 최종 형태를 구성하고 실시방법(특히 검사시간과 지시 등)과 채점방법을 결정한다.

다섯째, 규준을 만들 목적으로 검사의 활용대상인 모집단을 대표할 수 있는 표집에 대하여 검사를 실시한다. 이때 실제 전국 규모의 전체 모집단 전원에서 검사를 실시한다는 것은 비현실적이며 불가능하기 때문에 모집단을 충분히 대표할 수 있는 표집군을 뽑아야 한다.

여섯째, 실시한 검사를 정해둔 채점방법에 의거하여 채점해야 하며 여러 가지 통계적 조작을 통하여 규준을 만든다.

일곱째, 마지막으로 통계적 방법을 통하여 검사 자체의 신뢰도와 타당도를 산출한다.

4) 검사의 선정

연구를 위해 연구자가 연구의 목적에 맞는 검사를 선정해야 한다는것은 아주 당연한 사실이다. 그러나 간혹 연구의 결과를 분석해보면 검사의 선정이 잘못되어 연구의 목적이 이루어지지 못하는 경우도 발생하기도 한다. 그러므로 연구자는 검사를 선정할 시에는 사용하고자 하는 검사의 목적이 무엇인가에 대해 분명히 알고 있어야 하며, 연구의 목적에 적합한 검사들은 어떤 것들이 있는 지를 파악해보고, 이들 중에서 연구의 목적에 가장 부합하는 검사를 선정하여야 한다.

Anastasi(1988)는 검사의 여러 측면에 관한 검토와 평가를 위한 항목으로 <표 3-1>에 다음과 같은 4가지 측면을 제시하고 있다(전경원, 1999).

〈표 3-1〉 검사의 검토와 평가를 위한 항목

검사의 전반적인 측면	• 검사의 제목, 저자명, 출판사명, 출판연도(특히 검사요강과 규준의 작성연도)
검사 특성과 목적에 관한 측면	• 검사의 일반적 형태(개인용/집단용, 지필검사 또는 행동수행검사 등)
	• 검사 사용 집단의 성격(연령범위, 피검사자의 특성 등)
	• 검사의 내용(언어적, 수리적 또는 공간적 하위검사나 측정 요인들)
	• 하위검사의 여부와 독립된 채점 여부

〈표 3-1〉 검사의 검토와 평가를 위한 항목 -계속

구분		항목
검사의 실용적 측면		• 검사 자료의 질적인 측면(검사지의 구성, 내용의 편집, 사용상의 편리성, 매력성, 피검사자에 대한 검사 구성의 적합성)
		• 컴퓨터에 의한 실시 등 실시의 편의성
		• 검사 지시의 명료성
		• 채점의 편의성과 컴퓨터에 의한 채점 서비스
		• 검사 실시자의 자격과 훈련 필요 여부
		• 검사의 안면 타당도와 피검사자의 흥미나 협조를 얻는 데 어떤 문제가 없는지 등의 피검사자와의 협력 관계
검사의 기술적 측면	규준 측면	• 규준 점수의 유형(백분위, 표준점수)
		• 규준 집단의 특성, 크기, 대표성 및 표집과정
		• 하위 규준집단 여부 및 특성(직업, 연령, 또는 성별 및 지역별)
	신뢰도 측면	• 신뢰도의 유형과 추정 방법(검사-재검사, 동형검사 또는 문항내적합치도에 의한 신뢰도 및 신뢰도 추정에 사용된 표집의 크기와 특성)
		• 해당되는 경우에는 채점자간의 신뢰도
		• 동형검사의 유무와 성격
		• 장기간 동안의 검사 점수의 안정성을 나타내는 신뢰도의 유무
	타당도 측면	• 적절한 타당도의 유무(내용다탕도, 준거타당도 및 구인타당도 등)
		• 타당도 산출과병 및 절차
		• 타당도에 사용된 표집의 특성과 크기

출처: Anastasi, 1988; 전경원, 1999, p.193

제2부 자료수집방법

제 4 장 관찰법

제 5 장 질문지법

제 6 장 면접법

제4장 관찰법

1. 관찰법의 개념

관찰을 통해 아동을 연구하는 방법은 과학적 연구에서 가장 오랜 역사를 지니며 동시에 중요한 기초적인 방법이라고 할 수 있다. 유아를 대상으로 하는 연구는 특히 관찰법에 의존하는 경우가 많다. 유아들을 대상으로 하는 질문지나 표준화검사에서는 유아들이 그들의 생각이나 느낌을 제대로 표현하지 못하기 때문에 부득이 성인의 눈을 통해 그들의 내적 상태를 판단할 수밖에 없다.

관찰연구는 실재 현상을 직접 관찰하여 진행하는 연구로서 조사연구나 실험연구에 비하여 간편하기 때문에 흔히 이용되고 있고 또한 권장되고 있다. 유아나 아동을 대상으로 하는 연구에서 관찰법이 권장되는 이유는 유아나 아동은 대체로 관찰자의 출현을 크게 개의치 않고 자연스러운 행동을 보인다는 것이다. 물론 유아나 아동들이 지니는 한정적인 언어의사소통도 관찰을 권장하는 이유이다. 때로는 비언어적인 행동의 관찰이 연구자에게 더 많은 정보와 통찰을 가져다 줄 수도 있다. 실험연구에서는 유아나 아동을 대상으로 실험을 할 경우에 발생할 수도 있는 윤리적인 문제나 혹은 실험처치가 불가능할 수도 있기 때문에 관찰법이 선호되기도 한다.

그러나 행하여지는 모든 관찰이 과학적 연구방법으로서의 자격을 지니는 것은 아니다. 관찰이 과학적 연구의 도구로 사용되기 위해서는 겸비하여야할 몇 가지 조건이 있다. 관찰은 돌발적이거나 우연적으로 행하여져서는 아니 되며 관찰이 실시되기 전에 면밀한 계획을 통해서 이루어져야 한다. 또한 다른 측정도구들이 신뢰도나 타당도와 같은 심리측정학적 특성을 지녀야하는 것처럼 관찰을 통해 얻어진 정보는 신뢰성, 타당성, 객관성을 보유할 수 있어야 한다.

2. 관찰법의 분류

관찰법을 분류할 시에는 분류의 기준에 따라 여러 형태로 구분이 가능하다. 관찰상황을 연구자가 통제할 수 있느냐의 여부, 즉 관찰의 통제여부에 따라 자연적 관찰(혹은 비통제적 관찰)과 실험적 관찰(통제적 관찰)로 나눌 수 있다. 또한 연구참여의 여부에 의해 참여관찰과 비참여관찰로 나눈다. 참여관찰은 다시 완전참여관찰과 부분참여관찰로 나눈다.

1) 자연적 관찰과 실험적 관찰

자연적 관찰(naturalistic observation)은 관찰 상황을 조작하거나 인위적으로 특정 자극이나 처치를 주는 일 없이, 자연적인 상태에서 관찰하는 방법이다. 어떠한 인위적인 처치를 하지 않는다는 점은 대상 집단에 대한 특성을 있는 그대로 판단할 수 있다는 장점이 있으나, 관찰자의 편견과 선입견이 개입되기가 쉽고 단편적이고 피상적인 측면을 관찰하는데 치우칠 가능성이 있다는 등 관찰의 신뢰도와 관련된 문제가 있을 수 있다는 단점이 있다. 요즈음 관심을 끌고 있는 인류학은 자연적 관찰법을 사용하는 전형적인 학문이다.

실험적 관찰(experimental observation)이란 관찰자가 관찰목적에 맞게 관찰장면과 조건을 인위적으로 조작해 놓고 그 조건에 따른 반응이나 영향을 관찰하는 방법으로 흔히 통제적 관찰(controlled observation)이라고도 한다. 즉, 실험적 관찰이란 관찰자가 인위적으로 처치를 가하거나 자극을 준 실험적 상황하에서 관찰 대상의 행동 특성을 관찰하는 방법이다(변창진, 최진승, 문수백, 김진규, 권대훈, 1996).

2) 참여관찰과 비참여관찰

참여관찰(participant observation)이란 연구자가 관찰상황에 참여하여 관찰하는 것으로 관찰자가 관찰대상과 함께 생활하면서 피관찰자의 행동을 자연 그대로 관찰하는 것을 말한다. 여기서 자연 그대로 관찰한다는 것은 피관찰자가 관찰을 받는다는 것을 알아차리지 못하게 되어 관찰자의 영향을 받지 않은 상태에서 관찰함을 의미한다. 참여관찰법은 피관찰자들과 일상생활을 같이 함으로써 심층적인 연구를 할 수 있고 겉으로 쉽게 드러나지 않는 집단 고유의 행동적 특성들을 파악할 수 있다.

참여관찰은 완전참여관찰과 부분참여관찰로 구분된다. 완전참여관찰이란 관찰자가 본인의 역할을 숨기고 연구 상황에 직접 참여하여 관찰하는 방법이다. 완전참여관찰은 관찰자가 자기의 신분을 속이고 참여하는 관계로 관찰대상들의 행동적 특성을 상세히 관찰할 수 있다는 커다란 장점을 지니지만, 관찰자 자신의 행동이 피관찰자 집단의 의사결정에 영향을 미칠 수 있으므로, 관찰자가 그들 집단에 속해있지 않을 경우에 있어서의 의사결정과 다른 결과를 초래할 수 있다는 단점이 있다.

비참여관찰(non-participant observation)이란 관찰자가 피관찰자의 생활에 참여를 하지 않고 관찰하는 방법으로 관찰 대상과의 상호작용을 극소화한다. 즉, 비참여적 관찰은 관찰자의 신분과 역할이 완전히 노출된 상태에서 관찰하는 것으로 국외적 관찰(sit-aside observation)이라고도 부른다. 비참여관찰의 장점은 조직적이고 계획적인 관찰이 이루어질 수 있다는 것이지만, 참여관찰에 비해 피관찰자들에 대한 심층적이고 포괄적인 정보를 획득하기 어려우므로 관찰의 결과 얻어진 자료가 피상적인 내용일 수도 있다.

3. 관찰의 일반적인 절차

관찰의 절차는 일반적으로 어떤 내용을 관찰하느냐에 따라 달라질 수 있다. 관찰목적, 관찰장면, 관찰방법, 피관찰자의 연령에 따라 관찰절차는 바뀔 수도 있다. 일반적인 관찰절차는 다음과 같다(변창진 외, 1996).

① 관찰항목 설정 : 평가를 실시하는 목적에 비추어 어떤 내용을 어느 정도 깊이 관찰할 것인지를 결정하여 관찰 항목을 확인하고 단계적으로 세분화한다.

② 관찰방법 검토 : 관찰 내용과 시간 및 인력을 충분히 고려하여 여러 가지 관찰법 가운데 어떤 방법으로 관찰할 것인지를 검토, 결정한다.

③ 관찰장면 탐색 : 관찰하고자 하는 행동 또는 사상이 가장 빈번히 나타나고 그리고 가장 생생하게 관찰할 수 있는 장면 혹은 상황을 선정한다.

④ 관찰용지 설계 : 관찰항목과 관찰방법을 고려하여 관찰결과를 빠짐없이 정확하게 기록할 수 있도록 관찰용지의 서식을 설계한다.

⑤ 보조도구 검토 : 효과적인 관찰을 위해 녹음기, 사진기, 몰래카메라, VTR촬영기 등과 같은 장비를 활용해야 할 때 어떤 기구를 사용할 것인지를 검토, 결정한다.

⑥ 관찰대상 선정 : 관찰대상을 표집한다. 일반적으로 관찰대상은 무선적으로 표집하여야 하지만 평가목적에 따라 임의표집도 가능하다.

⑦ 관찰기간 결정 : 관찰시간과 관찰기간을 결정한다. 관찰시간을 결정할 때는 일주일 또는 하루 중에 어느 요일, 어느 시간에 관찰할 것인가를 결정하여야 하고 동시에 사례당 몇 분간 혹은 몇 시간 관찰할 것인가를 결정해야 한다.

⑧ 모의관찰 실시 : 관찰대상과 동질적인 집단에서 극소수의 인원을 선정하여 모의관찰을 실시하고 문제점이 발견되면 수정, 보완한다.

⑨ 관찰계획 집행 : 실제로 관찰을 하고 데이터를 수집하여 결과를 분석, 정리한다.

한편 황해익(2000)은 유아를 관찰하는 절차를 다음의 5단계 과정을 거친다고 설명하고 있다.

① 계획단계 : 체계적인 관찰계획을 세우는 단계로서 관찰계획에서는

관찰대상의 행동을 범주화하고 행동단위를 결정해야 한다. 필요한 경우 관찰자에 대한 훈련의 계획도 포함되어야 한다.

② 실시단계 : 관찰계획에 따라 관찰장면과 상황을 선정하고 관찰을 실시하는 단계이다.

③ 기록단계 : 관찰하는 것을 기록하는 단계이다. 기록은 관찰자 앞에서 일어나고 있는 장면을 가능한 상세하면서 객관적으로 적는 것이다.

④ 추론단계 : 추론은 눈앞에 보이는 것을 넘어서서 관찰된 행동의 원인, 그 행동을 할 때의 감정 등을 추측해 보는 것이다. 추론이 적을수록 관찰의 신뢰도는 높다고 할 수 있으나 추론이 필요한 경우에는 행동의 의미를 잘 파악하고 있어야 하며 사전에 많은 훈련이 필요하다

⑤ 평가단계 : 평가는 어떤 행동이 바람직한가 혹은 바람직하지 않은가, 긍정적인가 아니면 부정적인가, 정상적인 발달을 하고 있는가 아니면 비정상적인 발달을 하고 있는가를 판단하는 것이다. 즉, 관찰된 내용에 대한 가치판단을 하는 단계이다.

4. 관찰 기록절차

관찰된 특성을 정확하게 기록하기 위해서 관찰자는 한 번에 하나의 관찰변인에 관한 특성을 기록하는 것이 바람직하다. 만약 여러 변인에 관한 행동특성을 동시에 기록한다면 기록된 자료는 상당히 낮은 신뢰도를 지닐 가능성이 크다.

교실 내의 교사와 학생간의 상호작용의 형태를 연구하기 위한 관찰연구에서 교사의 수업행동을 관찰하면서 동시에 아동들의 주의집중 양상을 관찰하는 것은 각각 교사의 수업행동만을, 혹은 아동들의 주의집중만을 관찰하는 것에 비해 훨씬 힘들고 복잡하다. 여러 관찰변인을 동시에 기록하여야 한다면 여러 명의 다른 관찰자를 투입하여 각 관찰자가 할당된 관찰변인에 관한 행동특성을 관찰하여 기록하게 하거나 아니면 한 명의 관찰자를 이용하여 특정의 어느 한 행동특성에 일정 시간 관찰한 다음 다른

특성에 대해 일정 시간 동안 관찰하여 기록하는 것이 낫다.

관찰을 기록하는 절차는 지속시간관찰, 빈도 집계관찰, 간격 관찰, 계속적 관찰의 4가지 주요 유형으로 구분할 수 있다.

① 지속시간 관찰(duration recording) : 이 유형의 관찰은 각각의 목표행동이 출현하는 동안에 경과된 시간을 기록한다. 초시계가 일반적으로 사용되며 단일의 관찰변인--예를 들어 특정의 어느 학생이 자리를 비우는 시간을 측정--을 기록할 때에는 이 유형의 기록법을 사용하는 것이 쉽다.

② 빈도집계 관찰(frequency-count recording) : 빈도집계 관찰법을 사용하면 관찰자는 목표행동이 출현할 때 마다 관찰행동을 기록한다. 아동에게 이타적 행동이 일어날 때마다 그 횟수를 기록하는 경우가 이에 해당되며 검수표나 계수기를 이용한다.

③ 간격 관찰(interval recording) : 이 유형의 관찰법은 주어진 일정시간 동안 피간찰자의 행동을 관찰한다. 30초 동안 혹은 1분 동안 어떤 학생의 행동을 관찰하여 행동유형별로 분류하여 기록하는 것이 이에 해당된다.

④ 계속적 관찰 (continuous recording) : 계속적 관찰은 특정의 관찰시간 동안 관찰 대상의 모든 행동을 기록한다. 이 관찰법은 특정의 관찰변인을 정해 놓고 그 변인과 관련된 행동만을 기록하는 것이 아니므로 관찰자는 관찰대상이 어떤 특정의 환경에서 행하는 모든 것 혹은 특정 맥락에서 발생하는 모든 것을 연대기적으로 서술하는 protocol을 쓴다. 이 방법은 탐색적 연구에서 흔히 쓰이는 것으로 이를 통해 연구자들은 중요한 행동 양상을 밝힐 수 있으나 protocol에는 관찰된 모든 것을 기록할 수 없으므로, 관찰자는 연구문제와 가장 관련된 사건이나 맥락적 특징에 주의를 기울여야 한다.

한편 관찰을 기록하는 형식에는 다음의 세 가지 방법이 있다(김병선 외, 2000).

① 서술형식(narrative type) : 일정한 형식에 구애됨이 없이 단순히 행동으로 일어나는 그대로 이야기체로 기술하는 형식이다.

② 행동목록형식(checklist type) : 일정한 행동의 영역에 대해 사전에 준비된 행동목록표를 사용하여 특정 행동이 출현할 때마다 표기하는 방식이

다. 이 방법은 관찰이 어느 정도 구조화되고 관찰하려는 행동에 대한 정의가 분명할 때 사용된다.

③ 평정척도(rating sclae) : 관찰자가 자신의 관찰에 기초하여 어떤 특정 영역의 행동에 대해 판단을 한 후 준비된 척도에 표기하는 방식을 취한다.

5. 관찰기록방법

관찰과정에서 관찰하고자 하는 내용을 정확하게 관찰해야 하는 것은 재론의 여지도 없는 문제이지만, 정확한 관찰에 못지않게 중요한 것은 관찰된 특성을 정확히 기록하는 일이다. 정확한 기록 없이는 관찰결과의 신뢰도와 타당도가 보장될 수 없기 때문이다.

관찰을 기록하기 위해서는 적절한 기록방법이 있어야 한다. 연구자는 연구문제에 적절한 기록방법을 물색하여 가장 적합한 형태의 기록방법을 골라야 한다. 만약 적합한 기록절차를 발견할 수 없다면 연구자는 직접 관찰기록지를 제작하여야 한다.

관찰기록법에는 지필에 의한 방법이 흔히 이용되나 최근에는 오디오나 비디오를 이용하여 기록하는 경우도 많이 있다. 또한 개인용 컴퓨터나 기타 전자 장치를 이용하여 관찰의 정확성을 도모하는 경우도 늘고 있다. 여기서는 일화기록법(anecdotal record), 표본 기록법(specimen decription), 시간표집법(time sampling), 사건표집법(event sampling)에 대해서 알아본다.

1) 일화기록법

일화기록법은 일상생활이나 학습장면에서 일어나는 여러 가지의 행동사례들을 나타난 그대로 상세하게 기록하여 누적된 기록을 분석함으로써 피관찰자의 개성, 요구, 취미, 태도, 습관 등의 여러 성격 특성들을 파악하려는 방법이다. 일화기록법은 관찰의 결과 획득한 정보를 일기를 쓰듯이 기술하는 방법으로 구체적 절차나 양식이 없다. 일화기록은 개인의 특성을 이해하기 위하여 그 개인이 나타낸 구체적인 행동사례나 어떤 사건에 관련된 관찰결과를 상세히 기록하는 방법이다.

일화기록을 작성하는 데 특별한 양식이 있는 것은 아니지만 다음과 같은 점을 유의하여야 한다. 첫째, 어떤 행동 또는 사건이 언제 그리고 어떤 상황과 조건에서 발생되었는지를 사실적이고 구체적으로 기록해야 한다. 이를 위해서는 어떤 일화가 발생하면 그 즉시 기록해 두어야 하며, 중심인물의 특징적인 언행과 함께 그 상황과 조건에 같이 있었던 타인의 반응도 함께 기록해둔다.

둘째, 하나의 일화기록에는 한 개의 사건만을 기록해야 한다. 즉, 여러 시기에 일어난, 서로 다른 일화들을 총괄적으로 기록하지 말고 각각의 일화를 독립적으로 기록하도록 한다.

셋째, 학습자의 성장과 발달을 이해하는데 유의미한 행동을 기록하여야 하며, 특정시점에서 가장 전형적인 행동을 기록하여야 한다. 그리고 일화는 출현한 순서대로 기록하는 것이 바람직하며 장기간에 걸쳐 누적적으로 보존될 때에 진단적 가치를 지니므로 누가적 기록이 보존되도록 하여야한다.

넷째, 관찰된 객관적 사실과 이에 대한 관찰자 자신의 개인적인 의견이나 해석을 확연하게 구분지어 기록하는 것이 좋다. 이 때 구체적이고 특수한 사실은 사실적으로 기록하되, 평가적인 서술은 지양하는 것이 좋다. 다음의 표는 유아용 일화기록표의 예이다.

〈표 IV-1〉 유아용 일화기록표

관찰대상: ________________	생년월일 : ____년____월____일
관찰자 : ________________	관찰일 : ____년____월____일
관찰시간:____:____오전/오후	유아연령 : ____년________개월
관찰장소 :	
사건 :	
해석:	

한편 일화기록법의 장점 및 단점은 다음과 같다(황해익, 2000).

(1) 일화기록법의 장점

① 교사는 일화기록을 통해 관찰 대상이 어떻게 말하고 행동하는지에 집중적으로 초점을 맞춤으로써 좀더 명확하고 분명하게 그때의 상황을 기록으로 남길 수 있다.

② 일화기록은 사전준비나 별도의 계획없이 진행될 수 있기 때문에 다른 관찰기록방법에 비하여 실시하기가 가장 간편하다. 일화기록에 필요한 것은 메모지와 연필뿐으로 사건이 일어난 후 아무 때나 관찰자가 편리할

때 적을 수 있다.

③ 일화기록은 간결한 형태로 기록되므로 시간을 많이 필요로 하지 않는다.

④ 여러 번에 걸쳐 모아진 기록들은 다른 기록들과 비교될 수 있으며, 관찰자가 관찰대상의 독특한 발달 패턴, 변화, 흥미, 능력, 필요 등을 정확하게 이해할 수 있다.

(2) 일화기록법의 단점

① 시간이 지난 후 적게 되는 경우, 관찰자의 편견이 들어가거나 그때의 상황을 잊어버리는 경우가 생긴다.

② 표본식 기술에 비하여 상황 묘사가 적지만, 일화기록법 역시 기록하는 데 시간이 많이 소요되어 관찰자가 부담을 가질 수 있다.

③ 시간 간격과 행동 단위가 작은 경우에는 연속성의 결여, 자연성의 결여, 그리고 충분한 상황적 설명의 결여로 인하여 그 자료의 가치가 제한을 받게 된다는 점 등이 지적되고 있다.

④ 정확하고 객관적인 관찰기록이 아닐 경우 오히려 관찰 대상에 대한 잘못된 인상을 심어 줄 우려가 있다. 예를 들어, 관찰자의 주관적인 판단이나 감정적인 내용이 포함되어 있을 경우에 그렇다.

⑤ 관찰대상의 행동 중 일부만을 기록하기 때문에 해석할 때 오류를 범할 가능성이 있다. 바람직하지 못한 행동이나 관찰자의 눈에 띄는 행동일 경우에는 그러한 행동이 관찰대상의 모든 것을 대표하는 것처럼 판단될 가능성이 있다.

2) 표본기록법

표본기록법(specimen description)은 지속적 관찰법이라고도 하며, 관찰대상, 장소, 관찰시간 등을 미리 선정한 후 그 상황에서 일어나는 관찰 대상의 행동과 주변 상황을 상세하게 서술하는 방식이다. 따라서 표본기록은 현장에서 관찰할 때 정해진 시간동안에 발생하는 관찰대상의 모든 행동을 집중적으로 기술한다. 특별히 결정해 둔 관찰시간이 없으며, 관찰자에게 의미있게 보이거나 특별한 행동을 선택하여 기록한다는 점에서 일화기록과 차이가 있다

표본기록은 어떤 행동에 대한 해석이나 평가를 하려고 하는 것이 아니며, 관찰대상의 행동이나 상황을 있는 그대로 가능한 한 많이 수집하려는 것이 목적이다. 또한 관찰대상의 행동과 언어를 자세하고 객관적으로 기록함으로써 관찰대상의 발달을 여러 측면에서 볼 수 있도록 하는 데 있다. 따라서 표본기록은 교사가 어떤 학생이 가지고 있는 문제행동을 해결한다거나 혹은 학기초에 새로 학생들을 알려고 할 때 도움이 많이 된다(이정환, 박은혜, 1995; 황해익, 2000).

표본기록의 작성요령을 간략히 소개하면 다음과 같다(김병선 외, 2000).

① 관찰상황을 자세하게 기록하고 대상아동이 수행한 모든 행동을 전체적으로 기록한다.

② 관찰시간의 길이는 제한할 필요가 있으며, 1회의 관찰은 10분 내외가 적당하며 30분을 초과하지 않도록 한다.

③ 관찰대상의 행동이 관찰된 장소 및 상황을 기록한다, 관찰대상의 행동과 그러한 행동에 미치는 상황적 요인이 있으면 무엇이든 자세히 기록한다.

④ 관찰대상의 말과 행동을 가능한 한 일상적 용어를 사용하여 그대로 기록한다. 즉, 객관적인 사실만 기록하며 관찰자의 해석이나 주관적인 판단 혹은 추론은 포함시키지 않는다. 만일 필요하다면, 기록지의 오른쪽 면에 여백을 남겨 관찰자의 해석을 별도로 적어서 상황을 이해하는 데 도움이 되게 한다.

⑤ 사건이 일어난 순서대로 기술한다. 또한 사건의 지속시간도 기록해 두는 것이 좋다.

⑥ 관찰대상의 행동을 긍정적으로 기술한다. 예를 들면, '이런 말을 하지 않았다'라고 부정적으로 기술하는 것보다는 '이런 이런 말을 했다'처럼 긍정적으로 표현하도록 한다.

다음 표는 표본기록 관찰 양식의 예이다.

〈표 IV-2〉 표본기술 관찰 양식

표본식 기술 관찰 양식 관찰아동: 김국환 생년월일(연령) : 6세 성별: 남 관찰일: 2006년 5월 17일 관찰자: 최인호		
시간	기록	주석
09:50	친구에게 장난을 건다. 친구가 겁을 주자 멈춘다.	
09:51	책상에서 일어나 옆 사람에게 말을 건넨다. 책을 들고 읽는 흉내를 낸다.	
09:52	그림을 그리기 시작한다. 종이를 반으로 접어 뒷면에다 무언가를 쓴다.	
09:55	갑자기 옆 친구의 그림에다 낙서를 하려고 한다. 친구가 이를 막으려 하자 고함을 지른다.	
09:58	그림을 그리지 않고 밖을 본다. 무엇을 본 듯 친구에게 같이 보자고 한다.	
요약: 국환이는 약간 산만한 듯하다. 한가지 일에 집중을 못한다.		

한편 표본기록의 장점 및 단점은 다음과 같다(김병선 외, 2000; 황해익, 2000).

(1) 표본기록법의 장점

① 표본기록은 특별한 관찰기술이 필요 없으며 관찰된 행동이나 사건이 어떠한 맥락에서 일어났는지 전후 관계를 파악할 수 있다. 따라서 어떤 관찰대상이 지니고 있는 문제행동을 해결한다거나 혹은 학기 초에 교사가 학생을 이해하는 데 도움이 된다.

② 모든 장면을 아주 자세하게 기록해 놓음으로써 관찰대상에 대한 많은 정보를 얻을 수 있고 모든 교육과정 계획에 큰 도움이 되며, 체계적 실험연구를 위한 중요한 기초 자료가 된다.

(2) 표본기록법의 단점

① 관찰결과의 기록에 소요되는 시간이 너무 길고 수집된 자료를 분류

하고 분석하는 일이 용이하지 않다.

② 주관적인 해석이나 추론으로 흐를 수 있다.

③ 한번에 관찰할 수 있는 관찰대상의 수가 적다.

3) 시간표집

표본기록이나 일화기록은 만들어진 자료가 행동과 사건의 전후관계를 아주 자세하게 기록하고 있으나 정보수집과 분석에 있어서 상당한 시간을 필요로 한다는 단점이 있다. 이러한 단점을 보완할 수 있는 관찰방법으로 시간표집법(time sampling)과 사건표집법(event sampling)이 있다. 여기서는 우선 시간표집법을 설명한다.

시간표집법은 미리 선정된 관찰대상의 행동들을 관찰자가 정해진 시간 동안 일정한 시간 간격을 두고 여러 차례 반복적으로 관찰하는 방법이다. 시간표집법은 관찰을 하기 전에 언제, 어디서, 무엇을, 어떻게 기록할 것인지를 사전에 결정하여 시행하므로 체계적 관찰에 속한다. 따라서 시간표집법에서 중요한 일은 관찰의 시간 단위와 시간 단위 간의 간격, 그리고 관찰횟수 등을 정하는 일이다. 아울러 관찰할 행동 범주를 정하고, 정해진 행동범주를 정의하고 부호를 사전에 기억해 두거나 표시해 두어야 하는 것도 관찰자가 주의를 기울여야 할 부분이다. 이를 토대로 각 행동범주의 출현 유무를 체크하거나 세기표로 나타낼 수 있다(신옥순, 1994).

즉, 시간표집법을 이용하려면 ① 관찰하고자 하는 목표행동을 명확히 규정하고 ②관찰의 시간 단위와 시간단위의 간격, 관찰 횟수를 결정하고, ③관찰결과의 기록방식 등의 절차를 고려해야한다(김병선 외, 2000).

일정한 기간 동안에 어떤 특정한 행동 특성이 얼마나 발생하는가를 양적으로 알아보기 위해서 사용하는 이 방법은 특수한 시간체계 내에서 행동을 표집하기 때문에 서술적인 관찰처럼 풍부한 정보를 얻지는 못하고 행동이나 사건에 대한 연속적인 기록을 하기가 어렵지만, 비교적 짧은 시간 내에 다양한 상황 속에서 여러 대상자들을 관찰할 수 있다.

시간표집법은 일정한 시간간격을 두고 특정한 행동들이 나타나는지를 관찰하여 기록하므로 우선 관찰하고자 하는 목표행동이 빈번하게 발생하는 행동인지를 관찰계획 전에 알아둘 필요가 있다. 시간표집법이 적용될 수 있는 관찰행동은 평균 15분에 한 번 이상 나타나는 행동이어야 하며, 또한 겉으로 쉽게 관찰될 수 있는 행동에만 적용되는 것이 좋다.

황해익(2000)은 시간표집법의 관찰양식 기록방법의 유형으로 다음의 세 가지 방법을 들고 있다.

① 행동의 출현 유무를 표시하는 방법 : 일정한 시간 단위 내에서 한 번이라도 나타나면 빈도수와 관계없이 '나타남'에 표시하면 된다.

② 행동이 나타나는 빈도수를 표시하는 방법 : 일정한 단위시간 내에서 행동이 나타날 때마다 특정의 표시체제(예, 세기표(/) 혹은 체크(V))로 표시한다.

③ 행동의 지속시간을 추가하여 표시하는 방법 : 일정한 행동이 나타났을 때 세기표(/) 혹은 체크(V)를 한 후 그 행동이 일시적인 것인지 아니면 지속적인 것이었는지를 구분하기 위해 지속시간을 기록하는 방법이다.

다음은 시간표집법의 관찰양식의 예시이다(양옥승, 1997).

〈표 IV-3〉 시간표집법 관찰 기록 용지

관찰자 : 이 영 애
관찰 대상 유아 : 김 아 라
유아 연령 : 6세
관찰 장소 : 유민 유치원
관찰 일시 : 2006년 5월 9일 10:00 - 10: 10

시간 간격 / 관찰 행동	30초(1)		30초(2)		30초(3)		30초(4)		비고
	유	무	유	무	유	무	유	무	
도움을 요청한다.									
신체적으로 접근한다.									
가까이 다가간다.									
주의를 끄는 행동을 한다.									
타인을 인식하고 운다.									

한편 시간표집법의 장단점은 다음과 같다(강병재, 2005; 김병선 외, 2000; 이은해, 1985; 이정환, 박은혜, 1995; 전남련, 1999; 황해익, 2000).

(1) 시간표집법의 장점

① 서술적인 관찰방법에 비해 시간과 노력을 덜 들이고 효율적으로 관찰할 수 있으며, 특히 한꺼번에 많은 수의 유아를 관찰할 수 있기 때문에 자료수집 면에서 효율성이 있는 방법이다.

② 관찰하려는 행동이나 사건에 초점을 맞춤으로써 관찰 상황을 통제하기 쉽다.

③ 관찰범주에 대한 정의가 분명하고 관찰하고자 하는 시간이 정해져 있기 때문에 다른 어느 관찰 유형보다 신뢰도와 객관성이 높다.

④ 행동이나 사건의 발생빈도를 파악함으로써 행동수정 프로그램을 작성하거나 평정척도 같은 측정도구를 만드는데 기초 자료를 제공할 수 있다.

⑤ 단시간 내에 많은 정보를 얻을 수 있다.

⑥ 관찰 대상들의 일상생활을 방해하지 않고서도 기록과 채점이 가능하며, 빠르게 일어나는 행동을 체계적으로 관찰하는 데에는 가장 적합한 방법이며, 개개인 혹은 집단을 모두 관찰할 수 있다.

⑦ 관찰결과를 부호화하여 기록하며, 수량화가 용이하기 때문에 수집된 자료는 통계적으로 처리될 수 있다.

(2) 시간표집법의 단점

① 관찰이 특정한 행동에만 맞추어 이루어지기 때문에 행동과 행동사이의 상호관련성을 파악하기가 어렵다.

② 연구자가 관찰범주를 미리 선정하고 난 뒤 관찰하기 때문에 편견으로 이끌 수 있다. 즉, 연구자는 나타나는 현상을 그대로 기술하기보다 관찰범주에 적합한 행동을 무의식중에 찾으려는 경향을 보일 수 있다.

③ 관찰이 가능한 외현적 행동과 자주 일어나는 행동에만 적합하나 그렇지 못한 경우에는 상당히 제한된다.

④ 관찰된 내용이 적당한 시간표집에 맞추어 부호화되어 있지 않으면 시간표집으로 얻은 자료는 질적인 분석을 할 수 없다. 그러므로 행동의 질적 수준에 관련된 자료의 수집이 목적인 연구에서는 시간표집법이 적절하지 않다.

⑤ 연구대상이 될 수 있는 행동의 범위가 제한적이다.

4) 사건표집법

사건표집법(event sampling)은 특정한 행동이나 사건을 관찰대상으로 표집하여 자연적인 상황에서 관찰 대상 사건이 발생하였을 때 행동의 맥락, 전후관계 등을 자세히 관찰, 기술하는 방법이다. 사건표집을 통해 자료를 수집하려면 관찰 대상 행동이나 사건이 발생하기를 기다렸다가 그 행동이나 사건이 나타나면 그 때마다 일정한 형식에 따라 기록한다(양옥승, 1997).

관찰행동의 지속적 시간 기록을 제공하는 사건표집법은 시작과 끝이 명확하게 정의되어진 분리된 반응 측정에 특히 적절하다. 예로 정확하게 철자쓰기, 문제풀기, 사회적 반응하기(예, 장남감 공유하기, 인사하기 등), 옷 잡아 당기기, 공격적 행동, 비속어의 사용, 화장실 가기, 먹기, 질문하기, 학교에 지각하는 것 등이 있다. 그러나 사건 기록법은 기간 내에 다양하게 나타나는 행동 또는 너무 자주 일어나는 행동에는 부적절하다. 예로 머리, 손, 다리를 빠르게 움직이기, 달리기, 물체를 가볍게 치기 등이 포함된다(곽금주, 2002).

사건표집의 절차는 다음과 같은 단계를 거쳐서 실행된다(김병성, 이윤옥, 김청송, 2000).

① 관찰행동의 정의 및 범주화 : 우선 관찰하고자 하는 행동 또는 사건을 결정한 다음 이들을 조작적으로 정의하여야 한다. 그런 후 포괄성과 상호배타성의 기준에 따라 목표행동을 하위 행동들로 범주화한다.

② 관찰상황의 선정 : 관찰하고자 하는 행동이나 사건에 대해 연구자가 충분히 이해하고 있어야 하며, 이러한 지식을 토대로 관찰하고자 하는 행

동이나 사건이 가장 잘 관찰될 수 있는 장소와 시간을 결정한다.

③ 관찰결과의 기록 : 사건표집법에서는 행동특성을 자세하게 기록해야 하기 때문에 관찰결과를 기록하기 위하여 녹음기나 비디오 등의 영상기록 매체를 더 많이 사용한다. 그리고 관찰자는 미리 정해진 행동범주에 대한 정의를 분명히 이해하고 난 뒤, 어떤 항목에 대해 서술할 것인지를 미리 관찰 용지 상에 계획해 두어야 한다.

한편 곽금주(2002)는 사건표집법을 설계할 때 아동 관찰횟수, 관찰기간의 길이, 관찰이 수행되는 시간 간격, 관찰한 목표행동, 자료기록방법을 결정해야한다고 하였다.

① 관찰기간의 횟수, 길이, 시간: 관찰기간은 10분에서 30분 혹은 좀 더 긴 시간이 적절하며, 목표 행동에 대한 대표적인 표본을 관찰할 수 있도록 관찰시간을 정해야 한다. 하루 중 다른 시간대에, 한번 이상 아동을 관찰하는 것이 좋다.

② 목표행동 : 목표행동의 선정은 이야기식 기록들, 면접정보, 의뢰한 사람으로부터의 정보, 행동검사 자료에 기초한다. 시작과 끝이 쉽고 분명하게 인식되는 행동을 선택해야 한다.

③ 자료 기록방법 : 반응은 checklist를 사용하여 손으로 쓰거나 다른 전자기록기를 쓰거나 다양한 방법으로 기록될 수 있다(곽금주, 2002).

다음은 사건표집법 관찰양식의 예이다.

〈표 IV-4〉 사건표집법의 관찰양식

<table>
<tr><td colspan="4">관찰유아: ____________ 연령 : ____세____개월

관찰자 : ____________ 관찰장소 : ____________

관찰행동:</td></tr>
<tr><th>시간</th><th>사건 전</th><th>사건</th><th>사건 후</th></tr>
<tr><td></td><td></td><td></td><td></td></tr>
<tr><td colspan="4">요약:</td></tr>
</table>

한편 사건표집법의 장점과 단점은 다음과 같다(강병재, 2005; 김병선 외, 2000; 황해익, 2000).

(1) 사건표집법의 장점

① 자주 발생하지 않는 행동도 연구할 수 있다. 따라서 시간표집법과는 달리 관찰하려는 행동에 제한이 거의 없다.

② 자연적 상황에서 행동을 관찰할 수 있으므로 사건이 일어난 전후 맥

락을 알 수 있다. 그러므로 인과 관계가 분석될 수도 있으며 행동의 원인과 구체적인 측면에 대한 자료도 수집하게 된다.

③ 자연적인 사건을 단위로 하므로 내적 타당도를 지니고 있다. 따라서 행동과 그 행동이 일어난 상황 사이의 관계를 연구할 수 있으며 행동의 계속성이 그대로 유지되는 이점이 있다.

④ 특정 사건이 발생할 때만 관찰을 하므로 관찰자의 시간이 절약된다. 즉, 사건이 생길 때까지 계속해서 관찰을 하지만 기록할 필요는 없다. 관찰자는 자주 나타나지 않는 어떤 행동이 발생할 때까지 단순히 기다렸다가 그 때에만 주의를 기울이면 된다.

(2) 사건표집법의 단점

① 사건표집법이 상황 전체에 초점을 두기는 하나 흔히 사건이 발생하기 직전의 사태와는 분리되어 기록된다. 따라서 시간표집보다는 사건의 전체를 알 수 있으나, 표본기록법에 비하면 사건이 일어난 전후의 자연스러운 영속성이 결여되기 쉽다.

② 수량화할 수 없는 경우 신뢰도를 측정할 수 어렵기 때문에 자료의 신뢰도 면에서 의문이 제기될 수 있다.

③ 관찰시간을 예측하기가 어렵다.

6. 관찰자 신뢰도와 관찰자 효과

연구자는 자기 자신이 관찰을 할 수도 있지만 다른 사람을 훈련시켜 관찰을 하도록 할 수도 있다. 다른 사람을 이용한 관찰은 연구문제와 가설을 생성한 당사자가 관찰을 할 때 생길 수도 있는 관찰자 편견(observer bias)을 통제할 수 있다는 것이다. 뿐만 아니라 둘 이상의 관찰자를 동시에 관찰 현장에 투입하면 관찰에 대한 관찰자간 신뢰도의 수준도 알 수 있다.

가장 신뢰로운 관찰자는 지적능력이 뛰어나고 언어적으로 유창하며 말은 일에 최선을 다하도록 동기화된 사람들이라고 많은 연구에서 보고하고 있다(Harter, 1982). 관찰자는 날카로운 감각력과 신속 정확한 판단력, 정서적 안정성을 구비하여야 한다. 물론 특정 대상이나 집단에 대한 개인적 편견을 지닌 사람을 관찰자로 사용하면 관찰된 정보의 내용은 심하게 왜곡될 수 있으므로 편견을 지니지 않은 사람이 적합하다. 관찰자는 관찰 장면에서 일어나는 다양한 사건이나 현상을 정확히 기록하기 위해서는 시각적인 능력에 의존할 뿐만이 아니라 기타의 감각기관을 총동원하여 관찰 상황을 정확히 파악할 수 있어야 한다. 또한 포착된 관찰 정보를 신속하고 정확한 판단 하에서 행동의 분류준거에 따라 올바르게 분류할 수 있는 능력도 겸비해야한다. 또한 관찰자는 정서적으로 안정적이어야 하는데 정서적으로 불안정한 상태에서는 관찰된 동일한 행동이 상황에 따라 관찰자가 달리 구분하거나 분류할 수도 있기 때문이다.

여러 명의 관찰자가 관찰 상황에 투입된다면 반드시 관찰자 훈련이 요구된다. 이는 관찰결과의 타당성과 직접적으로 관련되기 때문이다. 관찰자를 훈련할 때에 꼭 필요한 절차 중의 하나가 연구자와 예정된 관찰자가 함께 모여 관찰용지 혹은 관찰표에 대해 토의를 하는 것이다. 각 항목에 대해 충분한 시간을 지니고 토의하여 관찰자들이 각 항목을 통해 무엇을 측정하고 또한 어떻게 기록하는 것인가를 충분히 이해하도록 하여야 한다. 즉, 관찰의 내용, 관찰방법, 관찰규칙 및 기록방법을 충분히 훈련시켜야한다.

1) 관찰자 신뢰도

관찰된 자료는 신뢰로운 관찰자에 의해 수집되어야만 한다. 충분한 훈련과정을 걸친 후에 관찰 상황에 투입된 관찰자들이라고 할지라도 그들의 관찰 결과는 서로 다른 양상을 지닐 수 있다. 이런 경우에 관찰자간 신뢰도가 떨어질 수밖에 없다. 관찰자 신뢰도는 크게 준거관련 관찰자 신뢰도, 관찰자내 신뢰도, 그리고 관찰자간 신뢰도의 세 유형으로 살펴볼 수 있다(Frick & Simmel, 1978).

(1) 준거관련 관찰자 신뢰도

준거관련 관찰자 신뢰도(criterion-related observer reliability)는 특정 관찰자의 관찰의 신뢰도를 구하기 위해 전문적 관찰자의 관찰 결과를 준거로 삼아 평가하는 것이다. 즉, 준거관련 관찰자 신뢰도는 새롭게 훈련받은 관찰자가 관찰 상황에서 행한 채점의 결과가 전문기술자가 동일한 상황에 대해 관찰한 후 채점한 결과와 얼마만큼 일치하는가로 평가한다. 이러한 형태의 신뢰도는 관찰변인을 정확하게 잘 알고 있는지를 알게 함으로 대단히 중요하다.

(2) 관찰자내 신뢰도

관찰자내 신뢰도(intra-observer reliability)는 동일한 관찰자가 특정 관찰현상에 대해 동일하게 평가하느냐에 관한 것으로써 비디오나 오디오를 통해 특정 장면이나 상황을 보여주거나 들려준 후에 기록하라 한다. 그리고 시간적으로 일정 거리를 두고 관찰자로 하여금 다시 그 장면에 대해 기록을 하라고 하여 두 기록들간의 일치도를 본다. 관찰자내 신뢰도는 흔히 점검해보지 않지만 신뢰로운 결과를 얻기 위해서는 반드시 확인하여야 한다.

(3) 관찰자간 신뢰도

관찰자간 신뢰도(inter-observer reliability)란 동일한 관찰 상황에 대해 여러 관찰자들의 관찰의 결과가 어느 정도 일치하느냐에 관한 것이다. 관찰연구에서 한 관찰자의 관찰결과를 가지고 연구결과를 분석할 수도 있으나, 관찰결과가 주관적일 수 있으므로 여러 명의 관찰자가 관찰한 결과를 가지고 연구결과를 분석하는 것이 훨씬 안전하고 바람직할 것이다.

관찰자간 신뢰도를 추정하는 방식은 관찰결과에 따라 두 가지로 구분된다. 관찰결과가 연속변인인 점수로 부여될 때와 항목으로 분류될 때에 따라 신뢰도의 추정 방법이 달라진다. 관찰결과가 연속변인인 점수로 부여될 때는 상관계수법과 일반화 가능도 이론을 이용하여 신뢰도를 추정하며, 관찰결과가 항목으로 분류될 때에는 일치도 통계와 Kappa 계수를 사용하여 추정한다.

2) 관찰자 효과(observer effect)

관찰자 효과란 수집된 자료의 신뢰성과 타당성에 부정적인 영향을 미칠 수 있는 관찰자의 행동을 의미한다. 연구자는 이러한 관찰자의 효과를 최대한 줄이거나 피할 수 있도록 모든 조치를 취해야 한다. 다음은 연구자가 주의하여야할 관찰자 효과의 여러 유형을 진술한 것이다(Evertson & Green, 1986).

(1) 관찰자의 피관찰자에 대한 효과(effect of the observer on the observed)

관찰자의 출현 그 자체는 피관찰자에게 어떠한 형태로 영향을 줄 수 있다. 예를 들어 관찰을 하기 위해 교실 같은 관찰상황에 처음 들어가는 순간 피관찰자의 호기심을 불러 일으키게 되고, 이처럼의 관찰자가 존재하는 관찰상황은 관찰자가 부재하는 자연스러운 상태에서의 행동과 다른 형태의 행동을 나타나게 한다. 특히 관찰의 목적을 피관찰자가 알게 되면 문제는 더욱 심각하게 된다. 피관찰자는 관찰자의 관찰목적에 맞는 행동만을 유발하게 되며, 이러한 경향은 관찰의 목표 행동이 사회적으로 바람직한 것일 때에는 더욱 그러하다.

(2) 관찰자의 개인적 편견(observer personal bias)

관찰자의 개인적 편견이란 문화적 배경이나 개인적 가치체계에 의해 영향을 받는 관찰자의 개인적 특성으로 인해 관찰 자료에 나타난 오류를 의미한다. 예를 들어, 여성에 대해 부정적 편견을 지닌 관찰자는 남녀간의 창의성을 평정하는 일에 있어 여성보다 남성에게 높은 점수를 줄 확률이 크다. 이처럼 관찰을 행함에 있어 관찰자의 개인적 편견이 작용하는지를 항상 염두에 두어야하고 만일 그러한 경우가 발생하면 연구자는 즉각 관찰자를 바꾸는 등의 조치가 있어야 한다.

관찰자의 편견은 관찰 대상이 정신지체나 학습장애처럼 특정 유형으로 분류된 대상에 대해 흔히 일어나며, 또한 외모가 수려하다든가, 혹은 특정의 문화적 배경을 지녔을 때도 자주 발생한다. 관찰자의 개인적 편견을 방지하기 위해 관찰자에게 피관찰자에 관한 어떠한 정보도 주지 않는 것은 관찰자의 개인적 편견을 예방할 수 있는 여러 방법 중의 하나일 것이다.

(3) 평정 오류(rating errors)

관찰자가 관찰평정척도를 사용하여 관찰 대상들을 편정하는 경우에 간혹 반응경향(response set)을 형성하게 되어 평정의 오류를 범하게 된다. 반응경향이란 관찰자가 피관찰자의 실제 행동 특성에 근거하기보다는 평정 자체에 대한 어떤 일반적인 성향에 의거하여 평정하는 경향을 의미한다. 이러한 오류에는 관용의 오류, 중앙경향치의 오류, 할로 효과가 있다.

① 관용의 오류(error of leniency) : 관용의 오류란 관찰변인에 대한 피관찰자의 행동 특성이 다른데도 높은 점수를 대다수의 피관찰자에게 부여하는 경향을 말한다.

② 중앙경향치 오류(error of central tendency) : 중앙경향치 오류란 대부분 혹은 모든 피험자에게 관찰척도상의 중간점수를 부여하는 경향을 말하며, 판단을 하기가 힘든 경우에 이러한 오류를 범한다.

③ 할로 효과(halo effect) : 관찰자의 피관찰자에 대한 초기의 인상이 관찰상황에 있어서의 피관찰자의 그 이후의 모든 행동에 대한 평정에 영향을 미쳐 발생하는 오류이다. 예를 들어, 만약 관찰자가 피관찰자를 상당히 호의적으로 보았다면 그 관찰자는 계속되는 관찰상항에서 피관찰자를 호의적으로 평정할 것이다.

(4) 관찰자 오염(observer contamination)

관찰자 오염이란 관찰자가 관찰이 시행되기 전 피관찰자의 특성에 대해 사전 지식을 갖고 있음으로 해서 관찰하려는 변인의 기록에 영향을 주는 것을 의미한다.

(5) 관찰자 생략(observer omissions)

관찰자 생략이란 관찰된 행동특성이 관찰변인의 한 범주안에 포함될 수 있는 데도 불구하고 관찰자가 기록하지 않을 때 발생하는 오류이다. 관찰자 생략은 관찰자의 편견에 의해 유발되는 경우가 많으며 특히 피관찰자에 대해 부정적인 편견을 지니고 있는 관찰자가 피관찰자의 바람직한 행동을 빠뜨리고 기록하지 않는 것이 그 예다. 관찰자 생략의 다른 예는 관찰 대상의 행동이 너무 빨리 일어나거나 다른 행동들과 동시에 발생하여 기록을 놓치는 경우일 때이다. 또한 관찰 행동이 너무나 발생하지 않아 진작 그 행동이 일어났을 시에는 발견하지 못하여 기록을 놓칠 수도 있다.

(6) 관찰자표류(observer drifts)

관찰자 표류란 관찰훈련이 있고 난 후 상당히 오랜 기간이 지난 뒤에 관찰을 실시한다거나 혹은 관찰의 기간이 길어짐으로 해서 관찰자가 원래의 관찰변인에 대한 정의를 점차적으로 왜곡하게 되어 기록된 행동 특성이 더 이상 원래의 연구대상으로서의 관찰 행동과 관련이 없게 된 경우를 의미한다.

제5장 질문지법

질문지법(questionnaire)은 표집된 사람들에게 동일한 질문을 하고 반응자들은 각각의 질문에 대해 글로 쓴다든지 책크를 하여 질문지에 기록한 내용을 분석하는 것이다. 즉 질문지법은 어떤 문제나 사물에 관한 필요한 사항을 알아보기 위하여 만든 일련의 문항들을 체계적으로 조직·작성하여 연구대상자의 반응, 주로 객관적인 사실이나 주관적인 의견 및 태도 등을 파악하는 방법이다(황해익, 2000).

1. 질문지의 유형

질문지는 응답양식에 따라 폐쇄형질문지와 개방형질문지로 구분한다. 이 두 유형의 질문지는 배타적인 것이라기보다는 상호보완적인 것이므로 연구의 목적, 내용, 상황에 따라 알맞게 혼용하는 것이 좋다.

1) 폐쇄형 질문지

폐쇄형 질문지(closed-ended questionnaire)는 구조적 질문지(structured questionnaire)라고도 하며 응답자가 반응할 수 있는 반응을 미리 예상하여 여러 개의 선택지를 제시하고 그 중에서 하나 혹은 하나 이상의 반응을 선택하게 하거나 서열을 매기도록 하는 것이다. 구조적 질문지의 장점은 답변이 표준화되어 있기 때문에 응답자의 답변결과의 분석이 용이하고 응답자의 반응을 상호 비교할 수 있다는 것이다. 그러나 폐쇄형 질문지는 선택지의 완전한 목록(포괄적이고 상호 배타적)을 작성하기 어렵고 창의적 반응을 얻을 수 없다는 것과 질문지의 문항의 내용이 응답자들과 특별히 관련이 없다고 느껴질 경우 무성의한 답변을 할 가능성이 있다는 단점이 있다.

2) 개방형 질문지(open-ended questionnaire)

개방형 질문지는 비구조적(unstructured questionnaire), 자유기술형, 자유반응형 질문지라고도 하며, 응답자에게 선택의 범주를 제시해 주지 않고, 주어진 질문에 대하여 비교적 자유롭게 반응할 수 있도록 만든 문항 형식으로, 응답자의 표현 능력이 높고 성실하게 반응할 수 있을 경우나 혹은 응답자의 흥미, 태도, 가치관 등을 알려고 할 때나 또는 예상되는 응답의 범위가 너무 많거나 답변으로 복합적인 내용이 예상될 때 사용된다.

개방형 질문지를 통한 응답은 응답자가 자유스럽게 창의적으로 반응할 수 있으며, 조사하려는 문제에 대하여 폭넓은 의견이나 태도를 알 수 있다는 장점이 있다. 그러나 응답자의 반응을 요약·정리하기 어렵고, 해석자의 주관적 판단에 노출되기 쉬우며, 문항의 수가 많을 때에는 시간과 노력이 많이 들므로 응답자가 반응을 성의 없이 하거나 아예 응답에 응하지 않을 수도 있다는 단점이 있다(황해익, 2000).

2. 질문지의 제작과 실시 절차

질문지의 제작과 실시 절차를 간략히 소개하면 다음과 같다(Gall, Gall, & Borg, 2003).

1) 연구목표의 정의

질문지를 작성하기 전에 연구의 목적이 무엇인지를 정의하고 구체적인 목표가 무엇인지 혹은 검증하고자 하는 가설이 무엇인지를 분명히 할 필요가 있다.

2) 표본의 선정

제작된 질문지는 수집하고자 하는 정보를 보유하고 있는 집단을 대상으로 사용되어져야 한다. 그러므로 연구의 목적이 분명해진 다음에는 질문지의 내용에 대한 자료를 얻을 수 있는 목표모집단(target population)을 정하여야 한다. 이 목표모집단으로부터 일정의 표본이 표집되며 실제로 이들이 질문지를 작성하는 것이다.

질문지의 내용이 표본집단에게 어느 정도 관련되어 있는가에 따라 회수율이 달라질 수 있으므로 질문지에 충실히 대답할 수 있는 응답자를 선정하는 것은 매우 중요하다.

3) 질문지의 설계

질문지를 잘 계획하지 않으면 기대되는 응답자로부터의 회신이 바라는 만큼 되지 않을 가능성이 아주 높다. 본인의 이해관계와 직접적으로 관계가 없는 질문지를 받은 경험이 있는 현대인들은 어떤 질문지가 배달되면 대충 훑어본 다음 별 중요하다고 생각되지 않으면 곧장 쓰레기통으로 버린다. 이러한 경향은 오늘날 인터넷을 이용한 설문 조사에서 더욱 높다. 쓰레기통으로 갈 필요도 없이 삭제만 하면 그만인 것이다. 그렇기 때문에 연구자들은 질문지의 설계에 상당한 주의를 기울이지 않으면 안 된다.

익명성(anonymity)은 질문지의 설계에 있어서 특별하 주의를 기울여야 하는 부분이다. 대부분의 질문지는 응답자의 신분을 밝히기를 요구하나, 극히 민감한 문제나 개인적이거나 위협적인 정보(예, 개인의 성적 행동 혹은 재산과 관련된 것)를 요구하는 내용일 경우에는 익명성을 보장하는 편이 보다 솔직한 정보를 얻을 수 있다. 그러나 익명성이 보장되는 질문지는 질문지 회수율을 높이기 위한 추적조사(follow-ups)를 할 수 없다는 단점이 있다(Gall, Gall, & Borg, 2003).

질문지 작성 시 고려할 점이 <표 5-1>에 나타나 있다(황해익, 2000).

〈표 5-1〉 질문지 작성 시 고려할 점

(1) 질문지의 작성 목적이 무엇인가를 알아야 한다. 어떠한 조사의 내용과 범위를 가지고 어떤 대상에게 실시할 것인가를 분명히 하여야 한다.
(2) 질문지의 형식을 고려해야 한다. 문항을 작성할 때 어떤 방식으로 그 문항에 대해 답변할 것인가를 고려해야 한다.
(3) 질문지의 실시방법에 관한 고려이다. 직접방문, 제3자 방문, 또는 우편으로 보낼 것인가에 관한 것으로, 실시방법에 따라 질문지의 지시문, 회수율, 응답의 신빙성이 달라질 수 있다.
(4) 응답의 익명성 여부를 고려해야 한다. 질문지를 무기명으로 할 것인지 아니면 실명을 기입할 것인지에 따라 응답자가 반응을 신빙성 있게 할 가능성이 엄청나게 달라질 수 있다. 뿐만 아니라 반응한 질문지가 회수될 비율도 차이를 보일 수 있다.
(5) 어떤 자료를 언제 수집하여 어떻게 분석할지, 시간상으로나 자료의 양으로 보아 자료의 입수가 가능한지 등을 검토하여야 한다.

한편 질문지의 각 문항을 작성하기 위한 요령은 다음의 <표 5-2>와 같다(황해익, 2000 ; Anderson & Niebuhr, 1986).

〈표 5-2 : 질문지 문항 작성 요령〉

(1) 질문은 간단명료히 가능한 한 짧게 만든다.

(2) '~질문지' 혹은 '~체크리스트' 등과 같은 용어는 사용하지 않는 것이 좋다. 응답자가 이러한 용어에 대한 편향적인 견해를 표출하기가 쉽다.

(3) 질문지의 시작 문항은 흥미로우면서도 위협적이지 않은 것으로 하며, 중요한 문항은 질문지의 후미에 두지 않는다.

(4) 질문지를 작성하는 요령은 굵은 필체나 혹은 색을 칼라로 하여 분명히 드러나게 한다.

(5) 문항을 읽고 완성하기 쉽게 작성하여야 한다.

(6) 문항 번호 및 질문지의 쪽수를 기입하는 편이 좋다.

(7) 응답자가 이해 못할 지나친 전문용어를 삼가 할 것이며, 하나의 문장에는 하나의 질문만 있어야 한다.

(8) 일반적인 질문과 그와 관련된 구체적인 질문을 함께 제시하여야 한다면 일반적인 질문을 먼저 한 후 관련된 구체적인 질문을 뒤에 하도록 한다.

(9) 비슷한 내용의 문항들은 질문지 전체에 분산되어 묻기 보다는 군집화하여 묶는 것이 낫다. 또한 새로운 내용의 질문이 시작된다면 내용의 전환을 알리는 문장을 기입하여 응답자들이 질문내용의 변화에 대응하도록 하게 한다.

(10) 혼동하기 쉽거나 이해하기가 어려운 질문에 대해서는 그 문항에 반응하는 예를 제시하는 편이 좋다.

〈표 5-2〉 질문지 문항 작성 요령 -계속-

(11) 수량화 부사(예, 대체로, 자주, 흔히, 많이, 언제나 등)는 응답자에 따라 주관적 해석이 가능하므로 주의하여야 하고, 이중 부정문은 가능한 한 피하는 것이 좋다.
(12) 질문지 전체 응답 시간은 성인의 경우 20-30분, 아동의 경우 15분이 적당하다.
(13) 문항의 수는 가급적 적은 편이 좋으며, 문항이 필요 이상으로 많으면 무성의한 응답이나 질문지에 대한 응답 자체를 응하지 않을 수가 있다.
(14) 연구의 목적상 불가피한 경우 외에는 응답자의 수치심이나 감정을 자극하는 질문은 삼가야 한다.
(15) 질문이 특정 반응을 유도하도록 되어 있거나 문항내용에 편견이나 선입견이 들어 있지 않아야 한다.
(16) 질문내용은 응답하는 사람이 제공할 수 있는 종류의 것이어야 한다.
(17) 대부분 회수용 봉투가 동봉되지만 질문자의 시작과 마지막에 질문지가 회수되어져야 하는 주소를 기입하는 것이 좋다.
(18) 예비실시 과정이 필요하며, 이 과정을 통하여 이해하지 못하는 용어, 반응이 곤란한 문항, 실시 절차상의 문제 등을 검토하여야 한다.

4) 질문지의 예비검토

질문지가 만들어진 후에는 질문지에 응답할 대상 모집단으로부터 일부 표본을 선정하여 이들을 대상으로 예비검토를 하여야 한다. 이 경우 질문지에 여백을 주어 질문지의 개선을 위한 비판점이나 추천의 글을 쓸 여백을 주어야 한다. 혹은 각 질문의 문항이 무엇을 의미하는지를 그들의 용어로 재진술하게 하는 것도 질문지의 개선을 위해 사용 가능한 방법이다.

예비검토에 참가한 모든 이들이 정확히 이해할 수 있도록 질문문항은 수정되고 재검사를 실시하여야 한다. 특히 예비검토에 참여한 표본으로부터의 질문지의 회수율이 66% 이하일 때면 실제 조사 대상자들에게 질문지를 보내기 전에 해당 질문지를 수정하든지 혹은 질문지를 통한 조사의 절차를 검토해볼 필요가 있다.

5) 표본과의 예비 접촉

질문지의 우송 전에 편지, 우편엽서, 전화 등을 통한 응답자와의 사전접촉은 응답자의 반응회수율을 높힐 수 잇다. 연구의 목적을 설명해 준다든지, 협조를 구하는 등의 사전접촉은 응답자들의 질문지에 대한 긍정적인 태도를 이끌 수 있다.

6) 협조문 작성과 질문지 배부

질문지의 표지의 협조문 작성은 질문지의 회수율과 밀접한 관련을 가진다. 표지의 협조문에 연구의 목적이라든지, 이 연구가 응답자에게 왜 중요한 것이지, 혹은 이 연구에 대한 해당 응답자의 의견이 왜 꼭 필요한지를 진술하면 높은 회수율을 이끌어 낼 수 있다. 또한 개인적으로 민감하거나 표출을 꺼릴 수 있는 질문문항이 있다면 비밀 유지를 위한 방법에 대해 자세히 진술하여야 한다.

질문지를 보낼 때는 반드시 언제까지 보내주기를 원하는 마감기일을 제시하여야 한다. 지나치게 촉박하게 하거나 혹은 여유 시간을 많이 주는 경우에는 회수율이 상대적으로 낮아질 수도 있다. 대략 우편물이 처리되는 시간 외에 1주일 정도의 여유를 주는 것이 일반적이다. 회수율을 높이기 위해서는 반드시 우표가 붙어 있는 반송용 봉투를 보내야 하며 간혹 질문지에 참여하는 것에 대한 감사의 표시로 적당한 정도의 token(예, 현금 등)을 사용하기도 한다.

7) 비응답자에 대한 조치

마감기일이 지나도 도착하지 않은 질문지에는 추적조사(follow-up)를 하여 회수율을 높일 수 있다. 만약 회수율이 낮다면 사용된 연구 대상자가 질문의 내용을 얻기로 하였던 원래의 모집단을 적절히 대표할 수 있는 표본인가에 대한 의문을 가져보아야 한다. 잘못된 표본이기에 응답율이 낮을 수가 있기 때문이다.

만약 비응답자의 비율이 20%이상이면 회수된 질문지로부터 산출된 결과가 일반화할 수 있는 내용인가에 대해 주의를 기울여야 한다. 비응답자의 특성이 응답자의 특성과 질적으로 다르기 때문에 응답을 하지 않은 것이라면 연구결과는 편향(biased)된 결과일 수 있다. 즉, 비응답자의 응답이 실제로 응답되었다면 연구결과는 달라질 수도 있다. 이 경우 연구자는 소수의 비응답자를 개별적으로 접촉하여 그들에게 질문지를 응답하게 한 후 그들의 각 문항에 대한 반응 경향성과 회수된 응답자들의 반응이 다른 경향성을 보인다면, 이는 회수한 질문지만으로의 분석결과는 일반화에 문제가 있을 수 있음을 나타내는 것이다. 보고서에는 이러한 반응 경향성의 차이의 중요성을 보고하여야 한다.

8) 자료의 분석

폐쇄형 질문지의 경우 각 범주에 반응한 응답자의 빈도 및 비율을 분석하거나 t-검증과 변량분석 등 연구의 목적에 적합한 통계방법을 이용하여 자료를 분석한다.

3. 질문지법의 장 · 단점

질문지의 장단점은 다음과 같다(강병재, 2005; 김병선 외, 2000).

1) 질문지의 장점

① 비용이 적게 들고 간편하다.

② 연구대상자가 자신이 편한 시간에 질문지를 작성할 수 있으므로 다른 자료수집방법 특히 면접에 비해 시간과 노력이 절약된다.

③ 응답자가 자기 혼자서 응답을 하므로 면접의 경우와는 달리 응답과정에 있어서 타인의 영향을 줄일 수 있다.

④ 익명성이 보장되면 대체로 응답자가 자신의 견해를 솔직히 밝히므로 응답자의 개인적 생활경험이나 심리적 특성을 알 수 있다.

2) 질문지의 단점

① 질문지를 이용한 자료수집의 방법이 가지는 가장 큰 단점은 회수율이 다른 자료수집방법에 비해 상대적으로 낮을 수 있다는 것이다.

② 질문지가 자체의 특성상 구조화되어 있기에, 구조화된 내용 외의 견해를 가진 사람들이 자신의 입장을 표명하기가 쉽지 않다(특히 폐쇄형 질문지인 경우에 더욱 그러하다).

③ 질문지는 자기기입방식으로 견해를 밝혀야 하는데 이 때 응답자의 언어 이해력과 문장 표현력에 따라 응답에 대한 평가가 달라질 가능성이 있다.

④ 질문지를 통한 응답은 그 반응이 응답자의 진실한 견해인지를 알기 쉽지 않으며 또한 질문지를 작성하는 순간의 동기수준을 알 수 없다. 진위여부의 관점에서 본다면 과연 응답자가 한 반응인지 아니면 타인이 대신 한 것인지 확인할 방법이 없으며, 동기수준에서 본다면 본인이 하였다고 하더라도 질문지에 응하는 자세가 진지하였는지 아니면 대충 적당하게 반응하였는지를 알 수가 없다는 것이다. 이 두 경우 응답의 타당성에 있어 심각한 문제가 있을 수 있다.

⑤ 질문의 내용이 복잡하고 많은 경우, 응답자의 개인적인 특성에 관한 비판적인 내용을 답하여야 할 경우, 그리고 앞의 문항에 대한 반응의 종

류에 따라 뒤에 반응하여야 하는 문항이 다르게 이루어진 문항이 많은 경우일수록 응답자가 성실한 답변을 할 가능성이 적어진다. 또한 특정 민감한 사안에 대해 가치판단을 요구하는 질문을 할 경우에는 익명성이 보장된다고 하더라도 솔직하고 깊이 있는 반응을 기대하기 힘들다는 것도 질문지법의 단점이다.

제6장 면접법

면접이란 연구자료를 수집하기 위한 목적으로 연구대상과 직접적인 상호작용을 하면서 필요한 자료를 얻어내는 방법으로, 일정한 조건하에서 질문을 하여 응답을 얻어내는 언어적 상호과정을 통하여 피면접자가 내적으로 가지고 있는 무엇인가를 알아내는 것이다. 즉, 면접은 연구자가 알고자 하는 주제에 관한 자료를 수집하기 위해서 언어를 매개로 하여 면접자와 피면접자 간에 이루어지는 상호작용이다(강병재, 2005; 김병선, 이윤옥, 김청송, 2000; 박도순, 1992).

질문지를 통한 자료수집과는 달리 면접을 통하면 특정의 질문에 응답하는 연구대상이 왜 그러한 반응을 보이는가에 대한 이유를 융통성 있는 대응과 상호작용을 통해 구체적으로 알아볼 수 있으며, 이런 과정에서 연구 대상의 반응의 진위 여부를 확인하거나 확인 질문도 할 수 있기 때문에 보다 심도 깊은 자료의 수집이 가능하다.

1. 면접의 준비와 시행의 8단계

다음은 면접을 준비하는 과정과 실제로 면접을 어떻게 시행할 것인가에 대한 절차를 기술한 것이다. Gall, Gall과 Borg(2003)은 면접을 위한 절차로서 8단계를 제시하고 있다. 단계를 나열하면 ① 연구목적의 정의, ② 표본의 선정, ③ 면접형식의 설계, ④ 질문 항목의 개발, ⑤ 면접자의 선발과 훈련, ⑥ 면접절차의 예비 검토, ⑦ 면접실시, ⑧ 면접결과의 분석이다. 다음은 이들 여덟 가지 단계를 상술한 것이다(Gall, Gall, & Borg, 2003).

1) 연구목적의 정의

다른 자료의 수집 방법과 마찬가지로 면접을 통한 자료의 수집에 있어서도 면접의 목적이 무엇인가가 우선적으로 정의되어야 한다. 면접의 목적이 어떠한가에 따라 면접의 구조화의 정도, 질문의 형태, 면접자의 수준 등이 결정되기 때문이다. 면접의 중요 형태로 다음의 세 종류가 있다.

(1) 주요정보제공자면접(key informant interview)

이 면접은 집단의 여러 구성원 중 연구자가 필요한 정보에 대한 지식이 남다르게 많다거나, 의사소통기술이 보다 뛰어 나거나, 혹은 다른 관점을 지닌 사람들로부터 자료를 수집하는 것을 의미한다.

(2) 조사 면접(survey interview)

조사면접은 다른 방법에 의해 수집된 자료에 보충적인 자료를 수집할 때 사용되며, 다음과 같은 세 종류의 하위 조사면접법이 있다.

① 확인조사연구(confirmation survey interview)

이미 발견된 사실들을 확인할 수 있기 위한 증거를 산출하기 위한 구조화된 면접법이다. 대규모의 질문지법을 이용한 연구에서 모든 응답자를 대상으로 하여 심층면담을 할 수 없을 경우에 유용하게 사용된다.

② 참여자 구성 면접(participant construct interview)

이는 정보제공자들이 그들의 물리적, 사회적 세계를 어떠한 방식으로 조직하고 구조화하는가를 알려고 할 때 사용하는 기법으로, 결과로 산출되는 것은 주로 참여자에 의해 사용된 일련의 분류체계(category system)들이다.

③ 투사적 기법(projective techniques)

자연적 상황이나 일반적 면접으로는 관찰될 수 없는 하위의식에 있는 인식을 끌어내기 위하여 불분명한 형태의 자극을 사용하는 면접기법이다. TAT(주제통각검사) 등이 그 예이다.

(3) 집단면접(group interview)

집단면접이란 연구의 주제에 대해 잘 알고 있는 개인들로 구성된 집단에 질문을 하는 기법이다. 사회과학연구자나 marketing 연구자들은 집단면접을 초점집단면접(focus group interview) 혹은 단순히 초점집단(focus group)이라 칭한다.

초점집단면접은 특정한 경험과 그 효과에 집중하여 비교적 융통성 있는 질문을 전개하는 면접법이다. 주어진 상황에서 일정한 경험을 한 사람이 과연 어떻게 행동할 것인가에 대한 가설을 가지고 그런 경험을 해 본 응답자들에게만 집중적으로 질문하여 응답자 스스로의 내면적 경험과 상황 규정을 파악하고자 하는 목적에서 실시하는 방법이다(김병선 외, 2000).

초점집단면접은 보통 7-10명의 연구대상자와 숙련된 면접자가 허용적이며 비위협적인 편안한 분위기 속에서 어떤 특정 흥미 영역에 대한 응답자들의 인식을 알기 위해 고안된 계획된 토론이다. 이 과정 속에서 면접자의 지시적 역할은 줄어들게 되며, 참여자들은 타인의 인식을 공유하고 서로의 생각과 코멘트에 대해 반응함으로써 서로에게 영향을 미치는 토론이 가능해진다. 연구 대상자들은 대체적으로 비슷한 인식을 가진 이들로 구성되면 바람직하다. 예를 들어 조직의 위계상 유사한 위치에 있는 사람들로 구성한다.

2) 표본의 선정

표본의 선정은 표집과정에서 기술한 바와 같이 어느 한표집절차를 거쳐 면접할 대상자를 선정한다. 개인적인 면접을 할 경우 한 번에 한 사람씩 시행하며, 집단 면접일 경우 구성원 전체의 시간 스케줄에 맞춰 조정하여야 하는 어려움도 있다.

3) 면접형식의 설계

면접형식은 양적 연구와 질적 연구에서 다소 상이하다. 양적 연구에서는 모든 참여자들이 동일한 내용에 응답을 하도록 질문지의 시작문과 본문 및 맺음말 등이 상세히 기술되는 등 아주 구조화되어 있는 반면에 질적 연구에서의 면접의 목적은 참여자가 특정 현상에 대한 의견을 잘 표현할 수 있도록 도와주는 것이므로 양적 연구에서의 구조화된 면접처럼 그렇게 엄격하게 구조화되어 있지 않다.

또한 면접에 사용될 변인 혹은 변인들의 관계가 사전에 상술되는가에 있어서도 양적 연구 및 질적 연구는 차이가 있다. 양적 연구는 변인들간의 관계가 마리 상술되어 있는 반면에 질적 연구에서는 보다 질문의 내용이 광범위하게 진술된다.

(1) 질적연구에 있어서의 면접형식

질적 연구에 있어서의 면접은 개방식 면접을 사용하며 다음과 같은 세가지 종류가 있다(Patton, 2001).

① 비형식적 대화 면접(informal conversational interview)

이는 참여적 관찰의 한 과정으로서의 자연스러운 상호작용 속에서 질문들이 자발적으로 생성되는 것에 전적으로 의존하는 기법이다. 대화가 아주 자연스럽기 때문에 참여자는 자기들이 면접을 당하고 있다는 사실을 알지 못할 수도 있다.

② 일반적 면접 안내법(general interview guide approach)

연구에 참여하는 각각의 참여자와 함께 탐구할 주제에 대해 개요를 설정하는 것을 포함하는 기법이다. 주제의 순서나 질문의 용어 등은 미리 결정되어 있는 것은 아니며 상황이 전개됨에 따라 결정된다.

③ 표준화 개방식 면접(standardized open-ended interview)

일반적인 면접 안내법과는 달리 편견의 가능성을 제거시키기 위해 각 참여자에게 시행될 질문의 용어와 계열이 미리 정해져 있다. 이 방법은 자료수집을 위해 많은 면접자가 사용되어야 할 때 적절하다.

(2) 양적연구에 있어서의 면접 형식

양적 연구에 있어서의 면접의 종류는 면접 내용의 구조화정도에 따라 세 가지로 구분된다.

① 구조화된 면접(structured interview)

구조화된 면접은 '예/아니오' 혹은 단답형으로 이루어진 폐쇄형 질문지를 이용하여 주어진 절차와 순서에 따라 진행되는 면접법이다. 구조화된 면접에서는 연구문제에 대한 정보를 획득하기 위해 세심하게 제작된 면접조사표를 이용하며, 이 면접조사표에는 질문의 형태와 단어의 사용 및 질문의 순서가 고정되어 있다(강병재, 2005).

② 반구조화된 면접(semi-structured interview)

반구조화된 면접이란 처음에 구조화된 질문지를 사용하고 그런 후에 부가적인 정보를 더 얻기 위하여 개방형 질문을 하여 처음의 구조화된 질문을 통해 나타난 반응을 철저히 조사하는 방법이다.

③ 비구조화된 면접(unstructured interview)

비구조화된 면접은 질문의 순서나 내용이 미리 정해져 있지 않고 상황에 따라 적절히 변경될 수 있는 것으로 자세히 상술된 면접 지침이 없다. 대신에 연구자가 원하는 정보를 참여자가 반응할 수 있도록 이끄는 질문을 한다. 비구조화된 면접은 질문이 고정되어 있지 않은 자유응답식(개방형)이다.

그러나 비구조화되었고 비교적 자유스러운 면접이라고 해서 아무렇게나 해도 된다는 의미는 아니다. 면접자는 면접을 통해 어떠한 종류의 자료를 수집할 것인가를 분명히 숙지하고 있어야 하는 등 개략적인 절차는 이해하고 있어야 한다.

비구조화된 면접법이 사용되는 경우 주로 얻으려는 정보의 유형은 참여자가 표현하기 힘들거나 혹은 심리학적으로 매우 민감한 것들이 많다. 이런 연유로 면접자는 반응자의 마음의 상태에 계속해서 적응하여야 한다. 비구조화된 면접법은 주관적이며 시간이 오래 걸린다.

4) 질문 항목의 개발

면접에서 사용될 질문을 면접이 이루어지기 이전에 미리 만들 것인가 아니면 면접이 진행되는 중에 만들 것인가는 전적으로 어떠한 유형의 면접을 할 것인가에 달려 있다. 만약 질적 연구의 비형식적 대화면접을 사용한다면 질문은 면접이 이루어지고 있는 그 장소에서 만들어진다. 하지만 그 외의 양적 연구에서의 구조화된 면접은 미리 상술된 폐쇄형을 사용한다.

5) 면접자의 선정과 훈련

질문 항목을 개발하고 난 후 실제로 면접을 할 면접자를 선정하고 선정된 사람들을 훈련하여야 한다. 우선 면접자를 선정하여야 하는데 이 때 가장 중요한 선정 준거는 연구 참여자들에게 긍정적으로 자기 자신을 관계시킬 수 있는 즉, 참여대상과 부합할 수 있는 능력이다. 어떤 특정 연구대상에게 아주 적절하게 면접을 하였다 하더라도 그 면접자가 다른 특성을 가진 연구 대상에게도 똑 같은 효율적인 면접을 할 수 있을 것이라고 장담할 수가 없다.

연구 대상자와 면접자간에 사회계층, 인종, 연령, 성별 등에서 잘 부합(matching)할 때 보다 타당한 반응이 도출될 가능성이 높기 때문에 면접자의 선정 시에 전술한 변인을 고려할 필요가 있다. 다음으로 면접자가 선정되고 나면 이들을 대상으로 좋은 면접이 가능하도록 훈련시켜야 한다. 어느 기간 정도로 훈련을 시켜야 하는가는 면접이 어느 정도의 심층적인 면담인가 또한 면접의 구조화가 어느 정도인가에 의한다. 높은 수준의 심층 면접일수록, 면접의 구조화가 낮을수록 훈련은 길어질 것이다.

6) 면접절차의 예비검사

면접의 결과는 편견이 담겨 있을 가능성이 완전히 배제되기는 힘들다. 편견이 없는 면접이 되기 위해서는 면접 지침서와 절차들은 사전에 예비검사(pilot test)를 거쳐야 한다. 이 기간에 면접자와 면접대상자간의 의사소통에 문제가 있을 수 있는지 혹은 연구 대상자가 면접에 흥미를 갖지 않을 가능성이 있는지 혹은 면접자를 위협할 수 있는 질문 내용들이 포함되어 있는지 등의 다양한 측면에 대해 많은 주의를 기울여야 한다. 만약 실제 면접 중에 있을 법한 문제점들이 발견되면 면접의 용어나 대화방법을 수정한다든지 아니면 절차를 바꾸든지 하여야 할 것이다.

예비검사에 있어서 또한 자료의 기록절차나 면접 자료의 코딩과 분석절차가 타당한지를 검토하여야 한다. 뿐만 아니라 가능하면 예비검사의 대상들을 이용하여 면접의 용어 등이 원래 의도한 바대로 해석이 되고 있는지를 직접 검토해보는 것도 필요하다.

7) 면접실시

예비검사가 시행되고 절차상의 문제가 수정되고 나면 이제는 실제로 면접을 시행한다. 실제 면접에서 면접자가 유의하여야 할 사항은 다음과 같이 몇 가지가 있다.

(1) 면접자 자기 자신

면접자는 어떠한 이미지로 면접 대상자를 면접할 것인가를 정하여야 한다. 면접대상자에게 신뢰를 주고 라포형성을 용이하게 하는 쪽으로 면접자 자기자신을 표현하는 것이 좋을 것이다.

(2) 라포의 형성

면접에 있어서 가장 중요한 부분 중의 하나가 면접자와 면접 대상자간의 라포형성이다. 면접자가 어느 정도의 라포를 조성할 것인가는 각 면접 대상자마다 달리할 수 있다. 면접을 아주 편안한 상태로 받아들이는 대상자에게 라포형성에 많은 시간을 투자하지 않아도 될 것이지만 개인의 민감한 사안이나 심층 깊은 곳의 의견을 도출해내 필요가 있는 경우에는 아주 강한 라포형성이 요구된다.

(3) 신뢰감을 얻을 수 있도록 한다.

면접자는 질문의 내용이 민감한 사안일수록 면접 대상자로부터 신뢰를 받을 수 있도록 하여야 한다.

(4) 피면접자의 언어와 문화를 이해하고 있어야 한다.

면접자는 면접 대상자의 문화와 언어에 대해 잘 알고 있어야 한다. 특히 응답자의 언어와 문화에서 배어 나오는 뉘앙스가 탐색하고자 하는 연구 영역을 이해하는데 매우 중요하거나 결정적일 수 있는 경우에는 더욱 그러하다.

(5) 비언어적 정보에 민감하여야 한다.

면접자는 면접 대상자의 언어적 행동뿐만 아니라 비언어적 행동으로 유용한 정보나 단서를 얻을 수 있음을 유념하여야 한다.

8) 면접 결과의 분석

폐쇄형 질문지를 사용하여 얻어진 면접결과를 분석할 시에 흔히 사용되는 통계적 절차로 빈도분석이 있다. 이는 사전에 정해진 반응범주에 실제로 응답자들이 반응한 빈도를 알아보는 것이다. 반면에 개방형 질문지를 통해 얻어진 면접 내용을 분석하기 위해서는 분류체계(category system)를 개발하여야 한다.

제3부 연구설계

제 7 장 실험연구 설계

제7장 실험연구 설계

1. 연구설계의 정의

연구설계(research design)는 연구문제에 대한 해답을 구하기 위하여 고안되는 연구의 전반적이고 구체적인 계획을 의미한다. 연구 설계의 목적은 ① 연구문제에 대한 답을 제공하기 위한 목적과 ② 변량을 통제하기 위한 목적으로 크게 나뉘어 진다.

연구자는 연구설계를 통해서 궁극적으로 찾고자 하는 연구문제의 해답을 얻을 수 있다. 연구설계가 연구문제의 해답을 제공한다는 것은 연구문제의 논리적 정연성을 중시하는 의미이기도 하다. 왜냐하면 연구문제가 논리적으로 명료하여야만 정련된 연구설계가 가능하며 이러한 연구설계는 다시 연구문제에 대한 정확한 해답을 제공할 수 있기 때문이다. 또한 정련된 연구설계를 통하여 연구자는 실험처치에 의한 변량이나 연구의 목적과는 관련이 없는 과외변량 혹은 오차변량을 통제할 수 가 있는 것이다.

2. 실험설계와 통제

실험이란 하나의 변인을 계획적으로 변화시켜서 그 변화가 다른 변인에 변화를 가져오는가를 관찰함으로써 이들 두 변인의 관계를 알아보는 상황을 말한다. 이러한 실험연구는 엄격한 통제 하에서 실험변인들을 인위적으로 조작해서 변인들간의 관계를 관찰하게 되므로 비실험적인 연구방법에 비하여 보다 객관적인 관찰을 할 수 있고, 바람직하지 못한 과외변인들의 부작용을 제거함으로써 연구하고자하는 변인들만의 직접적인 관계를 정확히 알아 볼 수 있다는 장점을 가지고 있다.

1) 통제의 의미

실험연구에서 실험변인에 의한 영향력을 담보하기 위해서는 과외변인의 영향이 절대적으로 피해져야 한다. 실험설계에서의 통제의 의미는 다음과 같이 진술되고 있다(김정환, 1999). 통제라 함은 연구자가 독립변인 이외에 종속변인에 영향을 미칠 가능성이 있는 변인들의 영향력을 제거하는 것을 의미한다. 실험조건에서 통제가 이루어져야 하는 이유로 첫째, 의도한 독립변인의 결과를 객관적으로 입증하기 위하여 독립변인 외의 변인(과외변인)이 종속변인에 영향을 미치는 것을 배제하기 위해서이다. 둘째, 처치 방법 또는 수준의 변화에 따른 종속변인의 효과를 분석하기 위하여 통제하는데, 즉 실험 처치의 수준을 다양하게 변화시키면서, 이러한 처치의 변화가 종속변인에 어떻게 영향을 미치는가를 파악하기 위해서 통제한다.

2) 변량통제의 방법 : MAXMINCON 원리

변량통제를 위한 실험설계의 원리로 Kerlinger(1986)는 MAXMINCON 원리를 제안하고 있다. MAXMINCON은 MAXimize the systematic variance under study, MINimize error variance, CONtrol extraneous systematic variance에서 대문자만을 모아서 만든 합성어이다. 이 원리는 연구의 주 관심이 되는 실험변인에 의한 종속변인의 변량의 설명량이 최대가 되도록하며, 측정의 오차를 포함한 오차변인의 영향을 최소화하고, 또한 실험자가 분석하려고 의도하지 않지만 종속변인에 영향을 미치는 과외변인의 영향을 통제하는 것을 목적으로 하고 있다.

(1) Maximize systematic variance under study (연구의 체계적 변량을 최대화할 것)

체계적 변량을 최대한 크게 하라는 것은 독립변인의 효과가 최대한이 되도록 하라는 것이다. 아를 위해서는 종속변인에 의한 변량을 독립변인이 최대한 설명할 수 있도록 실험조건을 가능한 한 다르게 조성하여야 한다. 즉 독립변인의 하위수준(실험처치 조건) 간의 차이를 분명하게 하면 된다. 예를 들어 교수학습방법의 효과를 실험변인으로 삼는다면 이 때 실험집단과 비교집단에 적용될 교수학습방법의 형태를 가능한 한 아주 다른 유형으로 처치조건을 두는 것이다.

(2) Minimize error variance(오차변량을 최소화할 것)

오차변량이란 전체 종속변인의 변량 중 실험변인에 의해 설명되지 못하는 부분을 의미한다. 즉, 오차변량은 실험의 효과 외의 다른 요인에 의해 종속변인의 변화가 일어나는 부분이다.

오차변량은 무선적으로 변동(random fluctuation)하기 때문에 어떤 때는 + 방향으로 어떤 때는 -방향으로 작용하여 결국 평균이 0이 된다. 이러한 특성을 지닌 오차변량의 원인은 다양하다. 그 중 하나가 개인차 변인에 의한 발생하는 변량이다. 이 개인차 변인에 의해 발생하는 오차변량은 종속변인에 영향을 줄 수 있는 과외변인의 일종이지만 연구자에 의해 발견되지 못하거나 통제되지 못한 변량이다. 오차변량이 발생하는 또 다른 변량원으로 측정의 오차를 들 수 있다.

실험설계의 오차변량을 줄이는 방법은 실험조건을 엄격히 통제 하고, 측정도구의 신뢰도를 높이는 것 등이 있다.

(3) Control extraneous systematic variance(과외변량의 통제)

과외변인(extraneous variable)이란 연구자의 주 관심인 독립변인 외에 종속변인에 영향을 줄 수 있는 변인이다. 전술한 바와 같이 실험연구의 기본 목적은 특정한 실험 상황 하에서 관심을 두고 있는 변인들을 조작하여 변인과 변인간의 관계를 명확하게 밝히는 데 있다. 실험에서는 조건의 계획적인 조작과 통제가 필연적이며, 이러한 조작과 통제를 얼마나 잘 하느냐에 따라서 실험의 성패가 좌우된다.

이 하위원리는 종속변인의 변량 중에서 과외변인에 의해 설명되는 변량을 줄여야 한다는 것이다. 즉 종속변인의 변화는 실험변인, 실험처치에 의해서만 나타나야 한다. 만약 실험변인 외에 다른 변인들이 체계적으로 효과를 발휘하는 것으로 생각된다면 그러한 과외변인들을 통제하여야 한다.

과외변량통제의 절차로는 일반적으로 ① 무선화, ② 조건이나 요인들을 설계 속에 설정(독립변인으로 삼기), ③ 조건이나 요인들을 일정하게 유지, ④ 짝지움, ⑤ 통계적 조정을 들 수 있다(Kerlinger, 1986). 다음은 이들 절차를 간략히 설명한 것이다.

① 무선화(randomization)

무선화는 동일한 모집단으로부터 피험자들을 무작위로 선정 또는 표본하여 실험집단과 통제집단을 구성하는 방법으로, 체계적인 왜곡문제와 과외변인의 영향을 최소화할 수 있는 가장 효과적인 방법이다. 무선화의 원리는 무선배정(무선할당)이나 무선표본(무선선택)을 통해서 실험집단과 통제집단으로 구성될 때에 두 집단간 실험처치 이전의 차이는 단순한 우연에 의한 차이일 뿐이라고 가정한다(김정환, 1999).

무선선택(random selection)이란 모집단에서 표본 집단으로 표집되는 확률이 모든 구성원에게 동일하게 적용되는 것을 의미한다. 무선할당(random distribution)이란 무선선택을 통해 표집된 표본이 실험집단과 통제집단으로 할당될 확률이 동일함을 의미한다. 실제로 실험연구에서 무선선택이란 거의 힘들다. 그러므로 실험연구를 하는 연구자는 무선선택이 힘들다면 적어도 모집단에서 표집된 표본을 실험집단과 통제집단에 무선적으로 할당하는 절차는 거쳐야 하겠다. 그러나 현실적으로 이러한 무선화는 실험연구에서 거의 이루어지지 않고 있는 편이다. 대부분 특정 집단을 실험집단으로 하고 다른 한 집단을 통제집단으로 하여 실험처치를 한 후 연구를 수행하는데 이 경우는 엄밀히 말해 실험연구라고 말하기 어렵다.

무선화를 하는 주된 목적은 실험에 작용할 수 있는 모든 과외변인의 영향력을 실험연구의 각 하위 집단에게 고르게 하기 위한 것이다. 무선화를 통해 과외변인의 효과가 실험설계의 각 하위 집단에서 상쇄되는 즉 과외변인의 영향력이 집단간에 있어 통계적으로 동등하게 된다.

실제로 실험연구에서 연구자가 보고자 하는 것은 독립변인의 효과이다. 이 때 연구자가 고려하지 않았던 다른 변인들이 종속변인에 영향을 미쳐 종속변인에 변화가 일어났다면 이러한 변화의 이유가 연구자가 독립변인으로 설정했던 변인에 의한 변화인지 아니면 과외변인에 의한 변화인지 또 아니면 독립변인과 과외변인의 상호작용에 의한 변화인지를 정확히 분석할 수 없게 된다. 그러므로 이러한 과외변인의 종속변인에 대한 영향력을 무선화를 통해서 사전에 줄여주어야 한다.

② 독립변인으로 삼기

만약 실험연구에 있어서 독립변인 외에 다른 변인이 종속변인에 체계적으로 영향력을 줄 수 있다고 생각되면 그 특정 과외변인을 실험설계 속으로 가져와 또 하나의 체계적인 독립변인으로 삼은 다음 두 독립변인(기존의 독립변인과 새로 첨가된 독립변인)의 효과를 분석해봄으로써 종속변인의 변량을 통제할 수 있다. 즉, 기존의 오차변인(독립변인에 의해 설명할 수 없는 종속변인의 변량, 즉 독립변인의 효과가 아닌 부분)으로 간주되었던 종속변인의 변량부분을 새로 첨가된 독립변인의 체계적 설명량으로 대체함으로써 오차변량의 부분을 감축함으로써 변량의 통제가 가능하게 된다.

물론 실험설계에 포함할 수 있는 새로운 체계적인 독립변인의 수는 이론적으로 무한하다. 흔히 통계분석에서의 이원변량분석 혹은 삼원변량분석이 이에 해당된다. 이 경우 각 독립변인의 효과뿐만 아니라 독립변인간의 상호작용효과까지도 고려될 수 있다.

③ 짝지움(matching)

Matching은 전술한 '독립변인으로 삼기'와 유사하다. 다만 새롭게 투입된 독립변인의 각 하위수준 내의 여러 처치집단에 피험자를 무선적으로 할당하는 것이다. 예를 들면 동질적이거나 매우 유사한 특성을 갖는 피험자들을 선정하여, 1명은 실험집단에 다른 1명은 비교집단에 무선적으로 배정하는 것이다.

Matching을 통해 변량통제를 하는 경우 몇 가지 문제점에 직면하게 된다. 우선 matching되는 변인은 종속변인과 실제적으로 관련이 있는 것이어야 한다. 즉 종속변인의 대한 영향력이 실제적으로 있는 변인이어야 한다. 다른 문제점은 matching 변인이 둘 이상일 경우에는 이들 변인 모두에 짝지워질 수 있는 피험자를 찾기가 무척 어렵다는 것이다. Matching의 극단적인 한 형태는 반복측정설계이다. 이는 피험자 각 개인을 자기 자신과 짝지운 것과 마찬가지이다.

④ 조건이나 요인들을 일정하게 유지

변량을 통제하기 위한 또 하나의 다른 방법은 특정 과외변인(조건, 요인)의 하나의 수준에서만 실험변인의 효과를 분석해보는 것이다. 즉 특정 변인에 동질적인 대상자들을 선정하여 실험변인의 효과를 분석하는 것이다. 가령 지능에 따라 교수-학습방법의 효과가 달리 나타난다면 지능의 영향력을 제거하기 위하여 IQ 120-130 사이의 학생들만 선택하여 교수-학습방법의 효과를 알아보는 것이다. IQ의 특정 수준에만 적용함으로써 IQ변인을 상수화한 것이 되며, 이 과정을 통해 지능에 의해 유발될 수 있는 종속변인의 변량이 통제가 가능하게 된 것이다. 그러나 이 경우 실험변인의 효과를 지능의 전체 수준에 걸쳐 일반화할 수 없다는 단점이 있다.

⑤ 통계적 조정

통계적 조정은 이미 실험이 실행되고 난 후 자료의 분석단계에 적용되는 방법이다. 흔한 예로 교수학습방법의 효과를 알아본 사후검사에서 각 피험자의 흥미의 정도가 종속변인에 영향을 미칠 수 있다고 생각된다면 이 때 흥미 수준을 통계적 방법(예, ANCOVA)을 통하여 집단간에 같은 수준으로 만드는 것이다. 통계적 기법의 대표적인 분석법으로 공변량분석(analysis of covariance)을 들 수 있으며 이외에도 중다회귀분석에서의 편상관분석(partial correlation analysis) 및 준편상관분석(semipartial correlation analysis) 등이 있다.

3. 실험 연구

실험연구는 변인들간의 인과 관계를 밝히기 위한 연구들이다. 실험연구란 변인들간의 관계를 발견하기 위하여, 통제된 상황에서, 독립변인들을 인위적이고 계획적이며 체계적으로 조작 또는 변화시켜서, 그것이 종속변인에 어떠한 영향을 미치는가를 객관적인 방법으로 관찰 또는 측정하여, 분석하는 실증적 연구방법의 한 형태를 말한다. 따라서 실험연구에서는 실험조건을 엄격히 통제하여 관찰하려는 현상에 작용하는 우연적 요소의 영향을 최소화시키고, 연구에서 알아보고자 하는 변인만의 효과를 가능한 한 순수하게 관찰할 수 있도록 실험계획을 세워놓고 연구해야 한다.

연구집단을 선정한 후, 일반적으로 실험은 다음의 세 단계를 거치게 된다:

① 연구집단에서 실험집단과 통제집단을 무선적으로 선정한다. 여기에서 무선표집이란 전집에 포함된 모든 요소가 똑같이 표집될 수 있는 동등한 기회를 가져야 한다는 것이다.

② 실험집단에는 최소한 두 개 이상의 변인이 있어야 한다. 연구자가 임의로 조작할 수 있는 것을 실험처치 혹은 독립변인이라 한다.

③ 독립변인의 영향을 받는 것을 종속변인이라고 하는 데 이 두 변인의 관계를 파악하는 것이 실험이라고 볼 수 있다. 대체로 원인이 되는 조건의 변화가 독립변인이라고 보면, 결과로 나타나는 변화가 종속변인이 되는 것이다.

이러한 실험연구의 장단점은 다음과 같다(김정환, 1999).

1) 실험연구의 장점

① 실험 상황을 엄정하게 통제하여 종속변인에 영향을 미치는 실험변인(독립변인)의 관계를 명백하게 한다. 이를 통해서 종속변인과 독립변인의 순수한 관계 탐색이 가능할 수 있다.

② 독립변인에 대하여 단독으로 뿐만 아니라 다른 변인들과 결합하여 조작할 수 있다.

③ 이론의 여러 측면을 연구의 목적에 따라 검증할 수 있다.

④ 실험결과를 되풀이하여 수행하면 실험적 타당도를 검증할 수 있다.

2) 실험연구의 단점

① 지나치게 통제적이고 인위적인 것이어서 결과의 일반화 가능성에 문제가 제기될 수도 있다.

② 인간을 실험 대상으로 하는데서 오는 윤리적인 문제가 발생할 수 있다.

4. 실험설계의 타당성

실험연구는 통제된 상황에서 독립변인들을 인위적으로 조작하여 그것이 종속변인에 어떠한 영향을 미치는가를 파악함으로써 독립변인과 종속변인 간의 관계를 발견하게 된다. 만약 실험과정에서 독립변인 이외의 다른 변인들이 종속변인에 영향을 미친다면, 그 실험의 결과는 믿을 수 없을 것이다. 따라서 이와 같은 잘못을 미연에 방지하기 위해서는 실험설계를 구상할 때부터 실험의 타당성을 위협하는 여러 요인들을 충분히 감안하여, 실험결과의 내적 타당도와 외적 타당도를 높이도록 노력해야 한다.

Campbell과 그의 동료(Campbell & Stanley, 1963)는 실험설계의 타당도를 저해하는 요인으로 초기에는 내적타당도(internal validity)와 외적타당도(external validity)를 들었으나 후속된 연구(Cook & Campbell, 1979)를 통하여 통계적 결론타당도(statistical conclusion validity), 구인타당도(construct validity), 내적타당도, 외적타당도의 4개의 유형으로 확장시켰다.

통계적 결론타당도는 통계적 유의미검증을 근거로 하여 내린 결론이나 추론이 얼마나 타당한 것인가에 관한 것이다. 이 유형의 타당도는 효과크기(effect size), 제 1종 혹은 2종 오차, 통계적 검증력(power of the statistical test), 영가설의 기각여부 등을 포함한다. 구인타당도는 측정도구(혹은 실험처치)와 측정되는(혹은 처치되어진) 구인간의 일치성을 의미한다. 그러므로 이 유형의 타당도에는 수렴타당도(convergent validity), 변별타당도(discriminant validity), 중다특성-중다방법 접근법(multitrait-multimethod approaches) 등이 포함된다. 일반적으로 통계적 결론타당도는 가설검증과 표집절차의 맥락에서, 그리고 구인타당도는 측정의 영역에서 깊이 다루어지고 있다.

다음은 Campbell과 동료들이 초기에 다루었던 내적타당도와 외적타당도를 설명한 것이다(Gall, Gall, & Borg, 2003).

1) 내적타당도(Internal Validity)

내적타당도란 연구에서 얻어진 결과 혹은 실험의 효과가 실제로 실험처치로 인한 것인지에 관한 것으로, 연구자가 설계한 연구설계를 통해 검증하고자 한 가설을 적절하게 검증할 수 있는가에 관한 것이다.

실험연구에 있어서의 내적타당도란 독립변인의 영향에 의해 종속변인에 실험처치 효과가 생겼음을 의미하며, 상관연구에 있어서의 내적타당도란 준거변인의 값들이 변화하는 것은 예언변인의 값의 변화와 관계가 있다는 것을 뜻한다. 연구 유형을 막론하고 내적타당도가 있다는 것은 연구자의 관심 밖에 있는 과외변인이나 통제하지 못한 변인이 연구결과에 영향을 미치지 않았거나 혹은 발견된 결과를 다르게 해석하지 않았다는 것을 의미한다. 만약 과외변인이나 통제하지 못한 변인들이 작용했다면 변인들간의 관계에 대해 명료하고 분명하게 진술할 가능성은 훨씬 줄어들게 된다. 연구설계를 계획성을 가지고 행하여야 하는 이유는 이러한 과외변인의 효과를 제거할 수 있도록 하기 위함이다.

그러므로 내적타당도에 관심은 연구설계를 시작할 때부터 가져야한다.

연구설계를 할 때에는 변인들을 어떻게 측정하고 실험처치를 어떻게 할 것인지에 대해 조심스럽게 계획하여 과외변인이 연구결과에 영향을 미치지 않도록 하여야 한다. 이미 실험이나 자료수집이 진행되고 난 후에야 내적타당도를 저해하는 요인을 발견하고 그에 대해 방지책을 강구하려면 이미 시기적으로 늦었다고 할 수 있다.

내적타당도를 저해하는 요인들은 연구독립변인의 효과가 과외변인의 효과와 뒤섞여(confound)버림으로서 독립변인의 순수 효과에 대한 판단을 불가능하게 만든다. 혼용(confounding)은 두 개 이상의 독립변인(연구변인이든 과외변인이든)이 동시에 종속변인에 영향을 주어 어떤 특정변인의 종속변인에 대한 효과를 다른 독립변인의 종속변인에 대한 효과로부터 분리하는 것이 어려운 것을 뜻한다. 즉, 변인들 사이에 높은 상관이 있어 종속변인의 변화를 어느 한 변인에 의한 것으로 귀속시키기 힘들어 지는 경우를 말한다. 혼용은 상관연구에서나 실험연구에서나 모두 나타날 수 있으나 단순히 두 변인간의 상관이나 관련성을 알아보는 상관연구보다는 원인-결과를 알아보기 위한 실험연구에 그 심각성이 더하다.

전술한 바와 같이 내적 타당도란 이것 없이는 어떤 실험결과도 적절하게 설명할 수 없는 최소한의 요구조건으로서, 이 실험처치가 정말로 그와 같은 실험의 결과를 가져왔는가를 묻는 것이다. 독립변인이 다른 변인에 의해 혼동되지 않았으면 내적으로 타당한 실험이 된다.

여기에서 연구자는 자신이 실험한 실험결과의 내적 타당도를 평가할 때, 사용한 실험처치가 정말로 그와 같은 실험결과를 가져왔는가를 자문한다. 이 때 자신의 실험결과에 자신을 갖기 위해서는 내적 타당도를 저해하는 과외변인이 실험결과에 영향을 미치지 않았음을 밝힐 수 있어야 한다. Campbell과 Stanley(1963)는 내적타당도를 저해하는 요소로서 다음의 8가지를 들고 있다.

① **역사**(history) : 사전검사와 사후검사 사이에 있었던 갖가지 특수한 사건들을 말한다. 독립변인으로 투입한 실험처치 이외에 실험기간 중에 발생한 어떤 특수한 사건이 실험의 결과에 영향을 미쳤을 가능성이 있다.

② **성숙**(maturation) : 실험처치 이외에 시간의 흐름에 따라 나타나는 피

험자의 내적 변화가 피험자의 반응에 영향을 줄 수 있다. 연령이 증가하거나 검사 도중 피곤해지거나 흥미가 변하거나 하는 등의 생물학적 · 심리학적인 변화를 의미한다.

③ **검사**(testing) : 사전검사를 받은 경험이 사후검사에 주는 영향을 뜻한다. 피험자가 이전에 사전검사를 받은 경험이 있기 때문에 사전검사 때보다 그 검사에 익숙해지거나 검사내용의 일부를 기억하고 있어서 사후검사의 결과에 영향을 미칠 수 있다.

④ **측정도구**(instrumentation) : 측정도구의 변화, 관찰자나 채점자의 변화로 인하여 실험에서 얻은 측정치에 변화가 생기는 것을 말한다. 사전검사와 사후검사에서 사용한 측정도구가 달라지거나, 관찰자가 바뀌었을 경우 측정결과도 변화될 가능성이 있다.

⑤ **통계적 회귀**(statistical regression) : 피험자의 선정을 아주 극단적인 점수를 토대로 해서 결정할 경우에 일어나기 쉬운 통계적 현상을 말한다. 즉, 피험자들을 뽑을 때 극단적으로 점수가 높거나 반대로 점수가 극히 낮은 사람들을 선발하여 실험하게 되면, 실험처치의 효과가 없더라도 그 특수집단의 피험자들은 다음 검사에서 자연히 전집의 평균에 좀더 가까운 점수를 받는 경향이 있는데, 이러한 현상을 통계적 회귀라고 부른다.

⑥ **피험자의 선발**(differential selection) : 실험집단과 비교집단의 피험자들을 선발할 때 동질성이 결여되어 나타나는 영향을 말한다.

⑦ **피험자의 탈락**(experimental mortality) : 피험자들이 실험과정에서 중도 탈락함으로써 실험결과에 영향을 미치는 것을 말한다. 실험이 실시되고 있는 도중에 실험집단이나 비교집단의 어느 한 편에서 피험자들이 빠지게 되면 실험결과에 편파적인 영향을 미치게 된다.

⑧ **피험자의 선발과 성숙간의 상호작용**(selection-maturation interaction) : '성숙' 요인과 '피험자의 선발' 요인의 상호작용에 의하여 실험의 결과가 달라지는 것을 뜻한다. 실험집단과 비교집단의 피험자들이 어떤 기준이 되는 특성에서는 동질적이라고 하더라도 다른 특성에서는 이질적일 수 있는 바, 이러한 차이가 실험결과에 큰 영향을 미칠 수 있다. 즉, 실험집단과 통제집단의 사전검사의 성적은 같다 하더라도 지능이나 학습동기가 서

로 달라 이들 요인이 독립변인과는 별도로 작용하여 실험결과에 영향을 미칠 수 있다.

이 외에도 Cook과 Campbell(1979)은 내적타당도를 저해하는 요인으로 다음과 같은 요소를 첨가하였다(Gall, Gall, & Borg, 2003).

⑨ 실험처치의 확산(experimental treatment diffusion) : 만약 실험조작조건이 통제조건보다 상대적으로 좋은 조건이라면 통제집단이 조작조건에 접근할 지도 모른다. 집단이 서로 가깝다면 유포가 더 잘 이루어지게 된다. 예를 들어 만약 같은 학교건물에서 실험처치가 이루어진다면 실험과정 동안 통제집단 교사들은 실험집단교사들과 새로운 실험처치에 대해 이야기할 지도 모른다. 이 후 통제집단 교사는 자기반에게도 실험처치의 일부를 사용할 수 있을 수도 있다. 이 경우 실험처치의 확산이 일어난다.

만약 실험처치 확산이 일어나면 사후검사에서 결과는 혼동될 것이다. 이 문제를 피하기 위해, 통제집단과 실험집단의 접촉을 최소화해야 한다. 실험이 끝난 후 실험처치의 확산이 발생했는지에 대해 인터뷰를 해야 한다.

⑩ 통제집단의 보정적 경쟁(Compensatory rivalry by the control group) : 이 효과는 John Henry effect라고 불린다. 피험자들이 자신들이 실험집단과 경쟁하고 있다는 것을 알기 때문에 평상시의 수행보다 훨씬 높은 수행수준을 보이게 된다.

⑪ 실험처치의 보상적 평등화(Compensatory equalization of treatments) : 실험집단에게 바람직하다고 여겨지는 상품이나 서비스가 제공될 때 행정가들은 실험집단에게 제공된 것과 비슷한 상품이나 서비스를 통제집단에게 제공함으로써 통제집단에 대해 보상을 하려고 한다. 이로 인해 실험처치의 효과가 불분명하게 되는 경우이다.

⑫ 통제집단의 분개적 사기저하(Resentful demoralization of the control group) : 만약 실험집단만이 바람직한 실험처치를 받고 있다는 것을 알게 되면, 통제집단은 실망하게 된다. 결과적으로 통제집단은 사후검사에서 평소보다 낮은 수행을 보이며, 반면 실험집단은 높은 수행을 보일 것이다. 즉, 통제집단의 사기저하에 의해 통제집단과 실험집단의 차이는 더 커지

기 때문에, 실험조작이 실제보다 더 좋은 것으로 나타난다.

2) 외적타당도 : 연구결과의 일반화

교육연구를 행할 때 연구자들은 수많은 내적타당도를 위협하는 수많은 요인들에 직면하게 된다. 이러한 내적타당도는 연구결과의 올바른 해석을 위해 반드시 필요한 것이다. 내적타당도 없이는 연구 결과는 믿기 곤란해진다. 그러므로 실험처치의 효과가 과외변인의 영향에 의해 혼용되지 않도록 하기 위해 다양한 형태의 통제가 필요하다.

또한 연구자들은 또 다른 딜레마에 접하게 되는데 즉, 실험을 통해서 도출된 연구결과를 관련된 현장 상황에 일반화 시킬 수 있는가의 문제에 마주친다. 다시 말해 비록 내적으로 타당한 연구일지라도 외적타당도가 결여되어 있다면 결과의 유용도는 제한될 수밖에 없다. 연구자는 연구결과를 연구에 투입된 피험자나 실험상황을 넘은 보다 광범위한 대상과 실제상황에 적용하기를 희망한다. 그러므로 외적 타당도는 결과를 연구상황과 대상 외의 다른 상황과 대상에 어느 정도 일반화 시킬 수 있는가에 관한 문제라고 할 수 있다. 교육연구를 통해 얻어진 결과가 어떤 특정상황에서는 일반화를 시키는데 전혀 문제가 없을 수도 있으나 다른 상황에서는 일반화가 문제가 될 수도 있다. 이처럼 연구결과는 상황에 따라서 일반화의 가능성이 달라진다.

외적타당도는 상당히 통제된 실험실 환경(자연스러운 환경과는 많이 상이할 수도 있는)에서 실험이 진행되거나, 제한된 피험자집단(예, 전체 청소년이 아닌 대학생 집단만 사용한다든지)을 사용하거나, 처치전의 성취도를 알아보기 위하여 사전검사를 실시하였을 경우에 위협받을 수 있다. 외적타당도는 또한 실험자의 요구특성(demand characteristics), 실험자나 피험자의 편파적인 선발, 기타 다른 요인들에 의해 저해 받기도 한다. 결국 외적 타당도란 실험결과의 일반화 가능성을 따지는 문제이다. 즉, 현재의 실험조건을 떠나서 다른 대상이나 다른 사태에 어느 정도 일반화시킬 수 있는가를 검토하는 것이다.

외적 타당도를 저해하는 요인이란 어떤 특수한 실험에서 얻은 실험결과를 그 실험이 진행된 맥락과는 다른 상황, 다른 대상, 다른 시기 등에 일반화시키는 데 제약을 주는 것으로써 다음과 같은 요인들이 있다(Campbell & Stanley, 1963 ; Gall, Gall, & Borg, 2003).

① **검사실시와 실험처치간의 상호작용 효과** : 사전검사의 실시로 인하여 실험처치에 대한 피험자의 관심이 증가되거나 혹은 감소됨으로써 실험결과에 영향을 미치는 것을 말한다. 사전검사를 받은 피험자는 실험처치를 받지 않더라도 사전검사에서 다룬 주제에 대해 갑자기 관심을 갖게 되는 경우가 많다. 이러한 상황에서 실험처치를 하고 난 후 그 실험처치의 영향을 평가한다면, 그 평가는 처치의 효과만이 아니라 처음에 실시한 사전검사의 효과도 동시에 측정하고 있는 것이 된다.

② **피험자의 선발과 실험처치간의 상호작용 효과** : 피험자의 유형에 따라 실험처치의 영향이 서로 다르게 나타나는 현상을 말한다. 같은 실험이라고 해도 피험자가 달라지거나, 실험시기가 달라지거나, 실험도구가 달라진다면 실험결과 역시 달라질 수 있다.

③ **실험상황에 대한 반동 효과** : 일상적인 생활과 실험상황이 서로 다르기 때문에 실험의 결과를 그대로 일반화하기 어렵게 되는 것을 뜻한다. 피험자가 자신이 실험의 결과를 그대로 일반화하기 어렵게 되는 것을 뜻한다. 피험자가 자신이 실험의 대상이 되고 있다고 느낄 때, 그들은 평소와 다른 행동을 하게 될 수 있다. 따라서 이와 같은 실험에서 얻은 결과를 실험적 상황에 처하지 않은 다른 대상들에게 일반화시키기에는 제한이 따른다.

④ **중다처치에 의한 간섭 효과** : 한 피험자가 여러 가지 실험처치를 받는 경우에, 이전의 처치에 의한 경험이 이후의 처치를 받을 때까지 계속 남아 있음으로써 일어나는 영향을 말한다. 중복된 처치를 받은 경우의 처치효과는 새로운 처치의 효과라기보다는 일정한 순서로 여러 가지 처치를 받았던 사람에게만 기대할 수 있는 독특한 것이 될 가능성이 있다. 따라서 그러한 실험의 결과를 일반화하는 데는 문제가 있을 수 있다.

Bracht과 Glass(1968)는 Campbell과 Stanley(1963)의 외적타당도를 저해하는 4요인을 보다 더 세밀히 분류하였다. Bracht & Glass(1968)는 모집단 타당도와 생태학적 타당도로 크게 분류한 다음 각각을 다시 세분하였다. 아래의 설명은 이들의 분류에 의한 것이다(Gall, Gall, & Borg, 2003).

(1) 모집단 타당도(Population Validity)

모집단 타당도란 연구에 사용된 특정의 표본으로부터의 도출된 결과가 보다 큰 광범위의 대상에게로 일반화가 가능한지에 관한 것이다.

① 실험표본(experimental sample)으로부터 명시된 모집단(defined population)으로의 일반화의 정도 : 예를 들어 어떤 연구자가 컴퓨터를 이용한 수업이 전통적인 방법을 이용한 수업에 비해 아동의 수학성취에 더 많은 영향을 미치는지를 알아보고자 한다. 이를 위해 이 연구자는 주변지역의 초등학교에 재학 중인 초등학생 100명을 무선적으로 표집하여(이러한 무선표집도 현실적으로 거의 불가능하겠지만) 실험을 한 후 컴퓨터 수업이 훨씬 더 영향을 미친다는 결과를 얻었다. 이 연구자는 연구결과를 '모든' 초등학교의 학생에게 일반화 시키고 싶겠지만, 엄격하게 말해 연구결과는 피험자가 표집된 바로 그 지역의 초등학교 학생에게만 일반화 될 수 있다(무선적으로 표집하였기 때문에). 이처럼 연구의 피험자가 표집된 모집단을 실험적으로 접근 가능한 모집단(experimentally accessible population)이라고 한다. 때로는 연구자들은 연구결과를 실험적으로 접근 가능한 모집단을 넘어서 보다 큰 모집단인 목표 모집단(target population)에까지 일반화 시킬려고 하나 이는 대단히 위험한 일이다.

② 개인특성적(personological) 변인과 처치효과의 상호작용의 정도 : 피험자의 능력, 성별, 외향성-내향성, 불안수준 등과 같은 개인이 지니는 특성이 연구결과의 일반화에 영향을 미칠 수 있다. 위의 예에서 컴퓨터 수업의 효과를 만약 성별로 구분하여 밝혀본다면 다른 결과가 나올지도 모른다. 즉, 남학생에게는 컴퓨터 수업이, 여학생에게는 전통적인 수업이 더

나은 효과를 지닐 수도 있는 것이다. 개인의 적성과 처치효과의 상호작용을 다루는 적성 X 처치 상호작용(aptitude X treatment interaction)이 이러한 연구의 전형적인 예다.

(2) 생태학적 타당도(Ecological Validity)

생태학적 타당도란 연구자가 조성한 환경적 조건으로부터 도출된 연구결과를 다른 환경적 조건에도 일반화 시킬 수 있는 정도를 의미한다. 만약 처치효과가 원래의 연구조건과 거의 비슷한 경우에만 혹은 원래의 상황일 때만 나타난다면 연구결과는 생태학적 타당도가 낮다고 할 수 있다. 다음은 Bracht & Glass(1968)가 언급한 생태학적 타당도에 영향을 미치는 10가지 요인이다(Gall, Gall, & Borg, 2003).

① 실험처치의 명백한 기술(explicit description of experimental treatment) : 연구자는 실험처치를 세밀히 기술하여 다른 연구자도 재생할 수 있게 하여야 한다.

② 중다처치에 의한 간섭(multiple-treatment interference) : 연구자들은 피험자에게 하나이상의 조작을 사용할 것이다. 한 피험자가 세 가지 조작을 받고 있다고 가정할 때, A는 B,C보다 더 효과가 크다고 발견되었다고 하자. 이 상태에서는 조작 A만이 행해진 것이 아니기 때문에, 이 결과물은 일반화될 수 없다. 조작 A의 결과는 다른 두가지의 조작과 함께 상호작용으로 이루어질 수도 있기 때문이다.

③ Hawthorne effect : Hawthorne effect는 피험자가 실험조건에 있다는 사실을 알게 되거나 또는 특별히 취급되고 있다고 느낄 경우 수행이 증가되는 경우를 이른다. 이 경우 수행이 증가하는 이유는 실험처치변인에 의한 것이 아니라 그들의 인식의 변화에 의한 것이므로 도출된 결과를 일반화 하기는 어렵다.

④ 신기성과 혼란 효과(novelty and disruption effect) : 새로운 실험처치는 단순히 평상시에 받는 처치조건과 다르다는 그 이유만으로도 효과를 발생시킬 수 있다. 이 경우 시간이 경과하면 실험처치에 대해 가졌던 신기함 등이 사라지므로 결과의 일반화 가능성이 낮다. 반대의 경우도 있다.

이는 혼란효과라 불리는데, 처음 새로운 실험처치가 시행되면 일상적인 리듬을 깨기 쉽다. 그러나 그 후 새로운 실험처치에 익숙하게 되면 최초의 비효과적이었던 것이 효과적이 되기도 한다. 이 경우 비효과적이었던 최초의 실험처치에 의한 결과는 나중 조건에 일반화될 수 없다.

⑤ 실험자 효과(experimenter effect) : 실험처치는 특정실험자에 따라 그 효율성이 달라질 수 있다. 만약 다른 사람이 처치를 하는 경우, 효과가 일반화되지 못할 지도 모른다.

⑥ 사전검사 민감화(pretest sensitization) : 사전검사가 실험처치와 상호작용하여 연구결과에 영향을 미칠 수 있다. 만약 실험이 사전검사 없이 반복된다면 다른 결과가 나올 수도 이다. 특히 자신의 개인적 특성이나 태도의 관한 것에서 이 사전검사 효과가 나타난다. 사전효과를 받은 실험그룹은 그렇지 않은 실험그룹보다 더 높은 수준을 보인다.

⑦ 사후검사 민감화(posttest sensitization) : 사후검사 민감화는 사전검사 민감화와 비슷하다. 실험결과는 사후검사의 실행에도 영향을 받는다. 만약 사후검사가 없다면 조작의 효과는 감소할 것이다.

⑧ 역사와 처치효과의 상호작용(interaction of history and treatment effects) : 실험처치가 행해진 시공간을 넘어서 일반화하지 말아야 한다.

⑨ 종속변인의 측정(measurement of the dependent variable) : 실험처치 후 산출된 결과가 특정형태로 구성된(예를 들어 사지선다형) 사전검사나 사후검사에서 얻어진 것이라면 이와는 다른 형태의 검사(예를 들어 에세이 등)를 통해 얻어진 결과와는 비교를 할 수 없다. 즉, 특정한 형태를 지닌 검사를 통해 얻어진 결과는 일반화하는데 한계가 있다.

⑩ 측정시기와 처치효과의 상호작용(interaction of time of measurement and treatment effects) : 대부분의 실험효과는 실험처치 후 사후검사를 통해 바로 측정되는데 이 결과를 실험처치 후 수주 후에 사후 검사를 한 결과와 비교하면 다를 수 있다. 이는 실험처치 효과의 지속성에 관한 것이다.

3) 내적타당도 대 외적타당도

대부분의 연구자들은 상당한 정도의 내적·외적 타당도를 모두 유지하려고 하나 실제로는 이 두 유형의 타당도를 만족할 만큼 유지한다는 것이 어렵다는 사실을 깨닫게 된다. 사실 두 형태의 타당도 중 하나의 타당도를 증가시키려고 하면 그것은 다른 종류의 타당도를 줄이려는 것과 마찬가지가 된다. 예를 들어 엄격히 통제된 실험실에서 행하여진 실험은 다소 높은 수준의 내적타당도를 보장할 수 있으나 다른 표본이나 상황에 일반화하기에는 어려움이 있게 된다. 즉, 외적 타당도가 상대적으로 줄게 된다. 반대의 경우도 생각해보면, 실제 현실적 상황에서 전개된 실험은 높은 수준의 외적 타당도를 지닐 수 있으나 실험 절차의 엄격성이 문제시될 수도 있다. 다시 말해 낮은 내적 타당도를 지닐 가능성이 커지는 것이다. 이처럼 엄격하게 통제된 실험실 상황에서 얻어진 결과는 실제적인 현실적 상황을 고려하면 힘들며 반대로 현실적인 환경조건에서 진행된 실험연구는 절차상의 과학적 엄격성이 결여될 가능성이 많다. 이러한 연유로 교육연구가들은 내적타당도와 외적타당도가 서로 적당한 수준에서 유지될 수 있도록 절충하는 수밖에 없는 것이다.

내적타당도를 중시할 것이지 외적타당도를 중시할 것인지는 연구자가 연구를 행하는 이유에 달려있다고 할 수 있다. 만약 연구자가 어떤 이론의 검증에 관심이 있다면(기초연구의 대부분이 이에 속함) 그는 외적 타당도보다는 내적타당도를 중시하여야 하며 이를 위해 엄격히 통제된 실험실 연구를 하는 것이 나을 것이다. 그러나 만약 연구자가 연구결과를 현실세계에 적용할 수 있는가에 관심이 있다면(응용연구의 경우처럼) 연구자는 적절한 수준의 내적타당도를 유지함과 함께 외적 타당도를 증가시킬 수 있는 절차를 취하여야 한다.

이 두 가지 형태의 타당도는 상충하는 면이 있어서, 어느 하나가 높아지면 다른 하나는 상대적으로 낮아지는 경향을 보인다. 이 두 타당도를 만족시킬 수 있는 실험설계방안을 선택한다는 것은 어려운 문제이나, 원칙적으로 내적 타당도가 없는 실험에 대해서는 외적 타당도를 따질 필요도 없다.

5. 실험설계의 유형

실험설계의 유형분류는 학자들 마다 약간의 차이는 있으나 대부분 Campell과 Stanley(1966)의 분류법에 근거하고 있다. <표 7-1>는 교육연구에서 흔히 사용되는 실험설계의 유형을 기술한 것이다(백순근, 2004).

〈표 7-1〉 실험설계의 유형 분류

Campbell & Stanley(1963)	김종서(1980)	David 외 (2001)	백순근(2002)
Pre-Experimental Research Design	빈약한 실험설계	Pre-Experimental Research Design	유사실험설계
One-Shot Case Study	단일집단 사례연구법	One-Group Posttest Only Design	단일집단 사후검사 설계
One-Group Pretest-Posttest Design	단일집단 사전사후 검사법	One-Group Pretest-Posttest Design	단일집단 사전사후검사 설계
Static-Group Comparison	정적 집단 비교법	Posttest-Only Design with Nonequivalent Groups	이질집단 사후검사 설계
True Experimental Design	좋은 실험설계	Experiemntal Design	실험설계
Pretest-Posttest Control Group Design	사전사후검사설계	"Classic' Exp Design	동질집단 사전사후검사 설계
Posttest-Only Control Group Design	사후검사 통제집단 설계	Posttest-Only Control Group Design	동질집단 사후검사 설계
Solomon 4-Group Design	솔로몬 4집단 설계	Solomon 4-Group Design	솔로몬 4집단 설계
Quasi-Experimental Design	유사실험설계	Quasi-Experimental Design	유사실험설계
Time-Series Experiment	시간계열 실험법	Time Series Design	단일집단 시간계열 설계
Equivalent Time-Samples Design	동형 시간표본 설계	·	·
Nonequivalent Control Group Design	이질 통제집단 설계	Nonequivalent Control Group Design	이질집단 사전사후검사 설계
Counterbalanced Design	평형설계	·	·
Multiple Time-Series Design	중다시간계열설계	Multiple Time Series Design	이질집단 시간계열 설계

출처: 백순근(2004). 학위 논문 작성을 위한 교육연구 및 통계분석(pp. 127-128)

이 장에서는 실험연구모형에 기초한 세 가지 연구 유형들을 살펴보겠다. 첫번째 유형으로는 진실험 연구, 두번째는 유사실험연구, 세번째 유형으로는 단일대상연구가 있다. 다음은 실험설계의 기호 해석을 위한 방법이다.

R	: 각 집단에 피험자들이나 실험처치를 무선적 배정을 뜻함
X	: 특정집단에 어떤 실험처치를 실시함
O	: 관찰이나 검사를 실시함
	O_{pr} : 사전검사
	O_{po} : 사후검사

1) 진실험설계

진실험설계(True experimental design)는 각 집단의 조건을 같게 하고 연구의 타당성을 위협하는 요인들을 통제하기 위하여 무선화 방법을 사용한다. 진실험설계에는 1) 전후검사 통제집단 설계 2) 사후검사 통제집단 설계 3) Solomon 4집단 설계(Solomon Four Group Design)가 있다.

(1) 전후검사 통제집단 설계

전후검사 통제집단 설계는 가능한 한 무선적 방법으로 피험자를 표집하고, 표집한 피험자들을 실험집단과 통제집단에 무선적적으로 배치한 후, 이들 두 집단에 사전검사를 실시하고 일정한 기간이 경과한 후에 무선적으로 한 집단(실험집단)을 골라 그 집단에는 실험처치(X)를 가하고 다른 집단(통제집단)에게는 아무런 실험처치도 가하지 않은 다음, 다시 두 집단에 같은 기준에서 사후검사를 실시하여 이들 두 집단의 사후검사치의 차이로서 실험처치의 효과를 일아 보려는 방안이다.

R	O_{pr}	X	O_{po}
R	O_{pr}		O_{po}

전후검사 통제집단 설계에서는 실험의 내적 타당도를 위협하는 요인들을 대부분 통제할 수 있다. 이 설계는 피험자들을 실험집단과 통제집단에 무선배치하기 때문에, '역사, 성숙, 검사, 도구사용, 피험자의 선발'과 같은 요인들이 실험결과에 끼치는 영향을 통제할 수 있다. 그러나 이 방법도 사전검사와 사후검사 사이에 개입될 수 있는 피험자 개개인의 특수 사건은 여전히 통제하기 어렵다.

(2) 사후검사 통제집단 설계

사후검사 통제집단 설계는 피험자들을 표집하여 이들을 두 개의 집단, 즉 실험집단과 통제집단에 무선적으로 배치한 후, 사전검사는 실시하지 않고, 실험집단에는 실험처치를 가하고 통제집단에는 실험처치를 하지 않는다. 그 다음 두 집단에 사후검사만을 실시하여, 이들 두 집단의 사후검사치의 차로써 실험처치(실험변인)의 효과를 일아 보려는 방안이다.

R	X	O_{po}
R		O_{po}

사후검사 통제집단 설계에서는 무선적 방법으로 실험집단과 통제집단을 나누고, 사전검사를 실시하지 않기 때문에, 실험의 내적 타당도를 위협하는 대부분의 요인들을 통제할 수 있고 사전검사와 실험처치 간의 상호작용에 의한 영향도 막을 수 있다. 이 방법은 사전검사가 불필요한 경우, 사전검사를 실시하기 매우 어려운 경우, 검사실시의 비용이 많이 드는 경우, 피험자의 익명이 요구되는 경우 그리고 사전검사와 실험 처치의 상호작용

이 예상되는 경우 등에 유용하게 사용할 수 있는 실험방안이다.

(3) Solomon 4-집단 설계

솔로몬 4집단설계는 전후검사통제집단설계와 사후검사통제집단 설계를 하나로 묶은 형태이다. 이는 외적 타당도를 위협하는 요소인 '검사실시와 실험처치간의 상호작용 효과'를 통제할 목적으로 지닌 설계이다.

R	O_{pr}	X	O_{po}
R	O_{pr}		O_{po}
R		X	O_{po}
R			O_{po}

2) 유사실험설계

유사실험설계(Quasi-experimental design)는 무선화가 용이하지 않을 때 사용되기 때문에 만족스러운 통제가 이루어지지 못한다. 유사실험설계에는 1) 단일집단 사후검사 설계 2) 단일집단 전후검사 설계 3) 이질집단 사후검사설계 4) 이질집단 전후검사설계 등이 있다.

(1) 단일집단 사후검사 설계

단일집단 사후검사 설계는 일회적 사례연구라고도 하는데, 이 설계에서는 어느 한 집단의 피험자에게 실험처치를 가하고, 그 후에 피험자의 행동을 관찰하는 절차를 밟는다.

이 방법은 하나의 집단을 대상으로 독립변인에 단 한번의 실험처치를 가하고 그 실험처치가 종속변인에 미친 영향을 사후측정해서 이들 두 변인간의 단순관계를 알아보는 실험방안을 의미한다. 그러나 이 방법은 조건통제가 전혀 되지 않으며, 결과를 의미 있게 비교할만한 근거도 전혀 갖추고 있지 못하다.

$X \quad O_{po}$

(2) 단일집단 전후검사 설계

단일검사 전후검사 설계는 연구대상으로 한 집단만을 선정해서, 실험처치를 가하기 전에 사전검사를 하여 미리 종속변인을 관찰해 놓고, 그 다음 일정 기간(예, 일주일 등) 뒤에 실험처치를 가한 후에 사후검사를 실시하여, 이 두 검사결과의 차이를 살펴봄으로써 실험처치의 효과를 검토하는 방법이다.

$O_{pr} \quad X \quad O_{po}$

이 설계도 본격적인 실험방안은 못 되나 사후검사치와 사전검사치의 차를 산출해서 실험변인(독립변인)의 효과를 알아본다는 점에서는 진일보한 연구방안이라고 하겠다. 그러나 이 방법도 내적 · 외적 타당도에 여러 가지 문제점을 내포하고 있기 때문에, 사후검사와 사전검사의 차이가 실험변인의 영향 때문이라고 단정하기 어렵다. 왜냐하면, 사전검사와 사후검사 사이에 시간적 간격이 크면 역사와 성숙이라는 과외변인의 부작용이 개재될 수도 있다. 외적 타당도에 있어서도 실험처치 내용과 피험자의 선정간의 상호작용 효과 등이 문제가 된다.

(3) 이질집단 사후검사 설계

이질집단 사후검사 설계는 무처치 집단 비교 설계라고도 하는데, 이 방법은 두 개의 집단의 피험자들을 대상으로 하되 한 집단에게는 실험처치를 가하고 다른 집단은 아무런 처치도 가하지 않고 그대로 두었다가 이들 두 집단에 똑 같은 검사를 실시한 후 그 검사결과를 비교하여 그 차이를 실험처치의 효과로 보는 방법이다. 여기서 유의할 것은 두 개의 피험자집단을 무선적으로 나누는 것이 아니라 이미 존재하는 두 개의 집단을 대상으로 한다는 점이다.

X	O_{po}
	O_{po}

그러나 이러한 설계에서 가장 심각하게 내적 타당도를 위협하는 요인으로는 '피험자의 선발'과 '피험자의 탈락'이다. 실험집단과 비교집단이 동질적이라는 것을 보장할 수 없기 때문이다. 따라서 두 집단의 차이가 있다고 하더라도 그것이 실험처치 때문인지 아니면 처음부터 두 집단간에 존재한 차이 때문인지 명확히 밝혀낼 수 없다.

(4) 이질집단 전후검사 설계

이질집단 전후검사 설계는 실험집단과 통제집단이 있지만 두 집단이 실험을 위하여 무선적으로 등질화된 것은 아니다. 대개는 학교나 학급과 같이 기존의 집단을 자연상태 그대로 유지한 채, 적당히 실험집단과 통제집단으로 잡아서 연구에 이용하게 된다.

O_{pr}	X	O_{po}
O_{pr}		O_{po}

이와 같은 설계는 특히 현장교육연구에서 많이 이용된다. 이때 사후검사 결과가 사전검사 결과보다 높게 나타났더라도 이를 해석할 때는 우선 그 타당성을 따져 봐야 한다. 이 경우에 실험의 내적 타당성을 가장 위협하는 요인은 '피험자의 선발'과 '성숙'간의 상호작용 효과이다. 또한 실험집단과 통제집단을 동질화시키지 못하였으므로, 실험집단의 피험자들이 통제집단의 피험자들에 비하여 현저하게 높은 잠재적 성장 가능성을 지니

고 있었기 때문에, 실험처치의 효과가 기대 이상으로 더 좋은 결과를 나타냈을런지도 모를 일이다. 따라서 조건통제를 제대로 할 수 없는 준실험설계를 이용하는 연구자들은 실험에 앞서서 미리 실험 결과와 적대가설을 생각해 보면서 예상되는 비판에 대한 대책을 세워둘 필요가 있다.

3) 단일대상연구

(1) 단일대상연구의 정의

단일대상연구(single-subject research)는 개별대상자의 행동변화를 증명하기 위해서 계획된 연구방법으로 연구자가 다른 이유가 아닌 중재 때문에 대상자의 행동이 변화했다는 것을 실험적 경험을 통해서 확인함으로써 변인간의 기능적인 관계를 입증하는 연구방법이다(이소현, 박은혜, 김영태, 2000).

단일대상연구가 기존의 상이한 집단을 대상으로 한 실험연구와 차이를 두는 것은 기존의 실험연구가 실험처치의 효과를 단기간 내에 그것도 대상이 다른 집단간의 비교를 통해 알려고 함으로써 연구 대상자들의 변화를 입증하는데 한계를 지니는 반면, 단일대상연구를 통하면 개별 연구 대상자들을 중심으로 중재의 효과를 깊이 있게 평가할 수 있다는 장점을 가진다는 데에 있다.

집단연구와 단일대상연구의 차이가 <표 7-2>에 제시되어 있다(이소현, 박은혜, 김영태, 2000).

〈표 7-2〉 집단연구와 단일대상연구의 차이

구분	집단연구	단일대상연구
중재 절차의 융통성	미리 정해진 절차대로만 실시해야 한다.	아동의 숙달 정도에 따라서 체계적인 순서로 다소 융통성 있게 실시할 수 있다.
연구 주제의 범위	제한 없이 어떠한 주제의 연구에도 적용할 수 있다.	목표행동의 습득 또는 일반화, 유지 효과를 입증하기 위한 연구 주제에 주로 사용된다.
연구 대상자의 선정방법	대상자를 선정할 때나 집단에 배치할 때 무선표집하는 것이 가장 바람직하다.	무선표집할 수도 있지만, 사전에 계획한 구체적인 대상 선정 준거에 맞추어 표집하는 것이 더 바람직하다.
측정절차	간접적인 측정을 주로 한다. 주로 사전이나 사후검사와 같은 불연속적인 측정을 한다.	직접적인 관찰이나 측정이 이루어진다. 연속적인(예: 매 회기) 측정을 한다.
수집자료의 규모	종속변인이 많아도 된다. 대상자가 많아야 한다.	종속변인 수가 적다(주로 1개). 대상자가 많지 않아도 된다(예: 3-4명).
신뢰도 측정	종속변인에 대한 신뢰도로 충분하다.	종속변인뿐만 아니라 독립변인에 대한 신뢰도도 중요하다.
독립변인	주로 명명되므로 수량화가 어렵다.	주로 기술되거나 조작적으로 정의되므로 수량화할 수 있다.
자료의 분석방법	추리통계적으로 처리한다.	그래프를 통한 시각적 분석을 한다(변화의 수준, 변화의 경향성, 변하의 변동률, 조건간의 중복성 등)
해석방법	통계적으로 유의미성이 있다/없다의 단순한 해석을 한다.	개별적이고 깊이 있는 다소 융통성 있는 해석을 한다.

(2) 단일대상연구의 특성

단일대상연구의 특성은 특징적인 특성과 일반적인 특성으로 나누어 살펴볼 수 있다. 우선 특징적인 특성으로는 ①시간이 지남에 따른 행동의 지속적인 평가를 통해서 이루어지며(행동의 지속적인 평가) ② 중재효과가 시간이 지남에 따라 동일한 대상자에게 반복적으로 나타나는 것(중재효과의 반복)을 말한다. 일반적인 특성으로는 ① 일반적으로 한 명 내지는 두세 명의 참여자를 대상으로 이루어지는 즉, 소수참여자대상 연구이며 ② 겉으로 드러나는 명백한 행동에 대한 평가를 중심으로 이루어지며(명백한 행동에 대한 평가), ③ 통계적인 방법이 아닌 시각적 방법을 통해서 자료의 분석이 이루어지는 것(비통계적인 분석의 사용)을 들 수 있다(이소현, 박은혜, 김영태, 2000).

제4부 자료분석의 실제

제8장 기초통계의 이해

1. 통계의 종류

통계의 종류는 두 가지로 구분된다. 하나는 기술통계(descriptive statistics)이고 다른 하나는 추리통계(inferential statistics)이다. 기술통계는 획득된 자료의 특성들을 체계적으로 정리, 요약하는 것을 목적으로 한다. 즉, 얻어진 자료를 분석하여 그 자료가 도출된 표본집단의 속성만을 서술하는 통계이다. 그러므로 모집단의 속성을 예견하거나 추론하지 않는다. 흔히 사용되는 기술통계치로 평균과 표준편차가 있다.

이에 반해 추리통계는 수집된 자료의 분석을 통해 모집단의 현상이나 사실을 예측, 추론, 추정하여 이를 모집단에 대하여 일반화하려는 데 그 목적을 지닌다. 즉, 표본집단에서 얻은 자료의 속성으로 표본집단이 도출된 모집단의 속성을 추리하고자 하는 통계이다. 예를 들어 우리나라 6세 유아들의 어휘력이 어느 정도인지를 알아보고자 할 때, 전국의 6세 유아들을 대표할 수 있는 일정한 수의 6세 유아들로 구성된 표본을 추출하여 어휘력검사를 실시한 후 평균이 80점 표준편차가 15가 나왔다면, 우리나라 6세 유아들의 어휘력의 평균점수는 80점이라고 추론할 수가 있게 된다. 그러므로 추리통계에 있어서는 모집단에 대한 표본집단의 대표성을 담보하기 위한 표집방법에 대한 고려가 있어야 한다.

추리통계는 모수통계(parametric statistics)와 비모수통계(non-parametric statistics)로 구분된다. 모수통계란 전집에 대한 특별한 가정(예, 정상분포를 지닌 모집단)을 전제로 한 상태에서 표본집단의 통계치(statistic)를 이용하여 모집단의 모수치(parameter)를 추정하는 통계이며, 비모수통계란 모집단의 분포에 특별한 가정을 전제하지 않고 표본집단의 통계치를 이용하여 모집단의 모수치를 추정하는 통계이다.

흔히 초보 연구자들이 생각하기 쉬운 것으로, 기술통계가 추리통계보다 중요도에 있어서 뒤질 것이라 간주하여 기술통계가 지니는 나름대로의 가치를 폄하하는 경우가 있는데, 기술통계를 사용할 것인지 추리통계를 사용할 것인지는 연구자가 추구하는 연구의 목적에 따라 정해진다. 복잡한 통계분석법을 이용한 추리통계가 더 질 높은 연구를 만든다는 생각은 다소 그릇된 생각일수도 있다.

2. 변인

변인(variable)은 변하는 모든 수를 말하며, 예로써 체중, 지능, 신장, 등을 들 수 있다. 따라서 변인의 값은 다양하다. 변인과 상반되는 개념으로 상수(constant)가 있는데 이는 변하지 않는 고정된 수를 의미한다. 즉, 어느 현상, 집단, 또는 개인의 특성이 일정하여 단 한가지의 숫자로 표기가 된다면 이는 상수라고 한다.

1) 독립변인, 종속변인, 과외변인

독립변인(independent variable)이란 다른 변인에 영향을 주는 변인을 말하며, 종속변인(dependent variable)은 영향을 받는 변인, 즉 독립변인에 의하여 변화되는 변인을 말한다. 동화를 활용한 토의활동이 아동의 친사회적 도덕추론능력에 미치는 영향을 보고자 할 때 동화를 활용한 토의활동에의 참여여부가 독립변인이 되며 친사회적도덕추론능력은 종속변인이 된다.

한편 과외변인(extraneous variable)이란 종속변인에 영향을 주는 변인인데 이것은 연구자의 주된 관심이 되는 독립변인은 아니지만 종속변인에 영향을 미치는 변인이다. 과외변인에 대해 연구자가 민감하지 못하면 실제로 종속변인에서 일어난 변화가 실제 주된 관심이었던 독립변인에 의한 것인지 아니면 이러한 과외변인에 의한 것인지 알지 못할 수가 있다. 이 경우

분석결과에 대해 확실한 해석을 하기가 힘들게 된다. 앞의 예로서 만약 토의집단의 아동의 부모의 친사회적 도덕행동이 비교집단의 부모보다 높다면, 이들 집단의 부모의 친사회적 행동양식이 유아들에게 영향을 미칠 수도 있다. 만약 토의집단과 비교집단간에 친사회적 도덕추론능력에 있어 차이가 난다면, 이는 토의활동의 영향인지 아니면 토의집단 부모의 평소의 자식에 대한 친사회적 행동교육의 영향인지를 구별하기가 힘들게 된다. 그러므로 이러한 경우 사려 깊은 연구자라면 부모의 친사회적 도덕추론능력까지도 고려하여 이를 통제할 것이다.

3. 측정치의 종류

측정이란 사물, 현상, 또는 행동특성이 일정한 규칙에 따라 수량을 부과하는 것을 의미한다. 그러나측정하여 나타난 수치는 비록 외형적으로는 동일하지만 정보의 형태는 동일하지 않을 수가 있다. 일반적으로 측정치는 명명척도, 서열척도, 등간척도 및 비율척도로 구분된다. 다음은 이들 네 종류의 측정치의 특성을 자세히 기술한 것이다.

1) 명명척도

명명척도(nominal scale)란 유목으로 분류되는 척도이다. 수치가 개개 사물이나 현상에 대한 개별적 명칭을 자칭한다. 예로써 학급의 번호, 주민등록증 번호, 전화번호 등이 이에 속한다. 이들 수치들은 사칙연산이 되지 않는다. 가령 어느 반의 학생 중 '변찬석'이라는 학생의 번호인 3번과 '손명원'이라는 학생의 7번을 합쳐서 10번인 '임석회'라는 학생이 될 수가 없다. 명명척도로 수집된 자료를 가지고는 도수, 비율, 또는 최빈치와 같은 통계량만 구할 수 있다.

2) 서열척도

서열척도(ordinal scale)란 순위나 서열을 나타나기 위하여 사용되는 수치이다. 예로 마라톤대회에서 첫 번째로 들어오는 사람은 1번, 두 번째로 들어오는 사람은 2번, 그 외에 각 순서대로 3번 4번 등으로 순서를 매긴다면 이는 서열척도에 해당하는 것이다. 이 역시 명명척도와 같이 사칙연산이 불가능한 수치들이다.

서열척도에서는 각 수치간의 동간성(혹은 등간성)을 가정하지 않는다. 즉, 앞의 마라톤의 예에서 볼 때, 첫 번째 선수와 두 번째 선수의 시간 차이와 두 번째 선수와 세 번째 선수와의 시간 차이가 동일하지 않을 수도 있다는 것이다. 단지 처음 들어오는 사람은 1등, 그 다음은 2등, 이런 식으로 순서를 나열할 뿐이다. 서열척도에서는 명명척도에서 구할 수 있는 통계에 더하여, 중앙치와 사분편차와 같은 통계치를 구할 수 있다.

3) 등간척도

등간척도(interval scale)란 분류와 순위에 관한 정보만을 제공하는 서열척도의 속성에 더하여 척도의 단위가 동간적이라는 조건을 지니는 척도이다. 그러므로 등간척도에서 일정한 점수차이는 척도상의 어느 점에서도 같은 양적인 의미를 지닌다. 예를 들어 온도계의 15도와 20도간의 5도의 차이는 10도와 15도간의 5도의 차이와 같은 양적 의미를 지닌다고 볼 수 있다.

그러나 오늘의 온도가 12도이고 어제는 24도였기 때문에 어제는 오늘보다 2배나 더웠다고는 말할 수 없다. 이러한 진술이 가능하기 위해서는 두 관찰결과의 비율을 알아야 하는데, 비율은 측정의 척도가 절대영점을 갖고 있을 때만 유의하다. 그러나 등간척도에서는 영점은 임의로 정한 점수이며 절대영점이라는 의미를 갖지 않는다. 예를 들어 어느 유아가 K-ABC 지능검사에서 '0'점을 받았다고 해서 그 유아의 지능의 정도가 '0'이라고는 말할 수 없는 것이다. 이는 단지 그 유아가 K-ABC라는 지능검사에서

한 문제도 풀지 못하였다는 것만을 의미할 뿐이다. 이처럼 등간척도는 절대영점의 개념이 결여되어 있기 때문에 비율의 의미를 나타낼 수가 없는 것이다.

등간척도에 있어서 덧셈법칙은 적용되나 곱셈법칙은 적용되지 않는다. 대부분의 심리검사나 학업성적에서 표기되는 점수들은 엄격히 말해 서열척도의 수준이지만 등간척도라 가정하고 통계분석을 한다. 왜냐하면 모수적 통계방법을 적용하려면 자료가 적어도 등간척도 이상이 되어야 하기 때문이다.

4) 비율척도

비율척도(ratio scale)란 등간척도가 지니는 속성에 더하여 절대영점의 개념이 포함된 척도이다. 비율척도에 있어서 '0'은 아무 것도 없음을 뜻하는 것이다. 그러므로 6개의 사과는 3개의 사과보다 두 배 많은 것이며, 0개의 사고란 사과가 아무 것도 없다는 것을 의미한다.

비율척도에서 0점은 절대영점을 의미하기에 비율척도는 덧셈법칙에 더하여 곱셈법칙도 적용된다. 2m는 1m에 1m를 더한 길이이며 또한 2m는 1m보다 두 배나 길다고 말할 수 있다.

4. 정상분포곡선

정상분포곡선(normal distribution)은 마치 종을 엎어 놓은 것과 같은 모양을 하고 있다. 하나의 꼭지(unimodal)를 가진 좌우대칭분포이며 연속적 변인의 분포로서 평균, 중앙치, 최빈치가 일치하는 분포로서, 결코 극한값에 닿지 않는 점근선적(asymptotic) 특징이 있다.

정상분포는 평균 및 표준편차의 크기에 따라 다양한 형태를 가지나 항상 평균을 중심으로 좌우대칭을 이루고 가운데 중앙이 빈도가 가장 높고 양쪽으로 갈수록 빈도가 낮아지는 뾰족한 종 모양을 이룬다. 그러나 대부분 ±3SD(표준편차)내에 대부분의 면적이 분포되어 있다. 정상분포곡선의 아래의 전체 사례수가 들어 있다고 한다면, 대략적으로 ±1SD 내에 전체 사례의 약 68%가, ±2SD 내에 약 95%가, 그리고 ±3SD 내에 전체의 99.97%가 들어 있다.

특히 표준정상분포(standard normal distribution)란 정상분포 중 평균이 1이고 표준편차가 1인 분포를 이른다. 이 때 표준정상분포상의 각 점수를 표준점수(standard score) 혹은 Z-점수(Z score)라 부른다. Z-점수를 산출하는 방법은 분포상의 개별 점수(X_i)로부터 평균치(M)를 뺀 다음 이를 표준편차(SD)로 나누면 된다.

$$Z = \frac{X_i - M}{SD}$$

5. 집중경향치

한집단의 어떤 특성을 측정하여 그 집단의 특징을 하나의 수치로서 대표하고자 할 때 집중경향치(central tendency)가 사용된다. 집중경향치란 한 집단의 점수분포를 하나의 값으로 요약, 기술해주는 대표치로서, 대표적인 것으로는 산술평균(arithmetic mean), 중앙치(median), 최빈치(mode)가 있다. 산술평균은 측정의 수준이 등간성이나 비율성을 가정할 수 있는 등간변인과 비율변인에 적절하며, 중앙치와 최빈치는 등간변인이나 비율변인의 경우에도 사용될 수 있지만 서열변인이나 명명변인에 보다 적절하게 사용될 수 있다(임인재, 강신영, 박현정, 2003).

1) 산술평균

산술평균은 모든 점수의 합을 전체 사례수로 나눈 값이다. 한 집단에 5

명의 유아기 있는데 어떤 특정 검사에서 유아들이 각각 5, 7, 9, 11, 13의 점수를 받았다면 이들 점수들의 전체 합은 45이며, 이에 대한 산술평균은 합인 45를 사례수 즉 5명의 유아로 나눈 9가 된다.

어떤 집단의 사례수를 N, 각 사례의 점수를 X_1, X_2, X_3, X_4, X_5, …… X_n 이라고 한다면 산술평균의 계산공식은 다음과 같다.

$$M = \frac{X_1 + X_2 + X_3 + X_4 + X_5 + \cdots + X_n}{N} = \frac{\Sigma X_i}{N}$$

집중경향치 중에서 산술평균이 가장 흔하게 사용되지만 사례의 분포에 있어서 극단적인 점수의 유무에 따라 산술평균값은 아주 다르게 나타날 수 있다. 즉, 산술평균값은 극단적인 점수에 아주 민감하다. 가령 위의 예에서 다섯 번째 유아의 값이 13이 아닌 33이라면 이 경우 산술평균은 13이 된다. 이 경우 한 집단의 집중경향치로 산술평균보다 중앙치를 구하는 것이 보다 타당하다.

2) 중앙치

중앙치란 가장 작은 수부터 가장 큰 수까지 크기에 의하여 배열하였을 때 중앙에 위치하는 사례의 값을 말한다. 즉, 한 집단의 점수분포에서 전체 사례를 상위 1/2과 하위 1/2로 나누는 점을 말한다. 그러므로 중앙치는 백분위수의 개념에 비추어 보면 제50 백분위 점수, 즉 50 percentile을 말한다. 예를 들어 35, 46, 57, 61, 78, 85, 96의 점수 가운데 네 번째인 61이 중앙치가 된다.

위의 예처럼 총 사례수가 홀수이면 가운데 오는 수가 중앙치가 되지만, 총사례수가 짝수인 경우에는 가운데 위치하는 수는 2개가 있다. 이 경우에는 중앙치는 중앙에 있는 두 수를 합한 후에 2로 나눈 값이다.

3) 최빈치

최빈치란 한집단의 점수분포에서 가장 많은 빈도를 나타내는 점수를 이른다. 예를 들어 25, 26, 27, 28, 25, 25, 29, 27, 26, 25, 28, 25의 경우, 25의 빈도는 5로 가장 많으므로 최빈치가 된다. 이 때 주의하여야 할 것은 가장 많은 점수가 최빈치이지, 가장 많은 돗수 자체가 최빈치가 아님을 알아야 한다. 앞의 예에서 25의 빈도가 5일 때 최빈치는 25이지 5가 아니다. 점수의 분포가 두개의 최빈치를 나타내는 분포로 되어 있으면 이를 이중최빈분포(bi-modal)이라 부른다.

6. 분산도

어떤 두 집단을 비교할 때 산술평균, 중앙치, 최빈치와 같은 집중경향치로만 비교하면 충분한 정보를 얻지 못하는 경우가 생긴다. 왜냐하면 두 집단의 집중경향치는 동일할 수 있으나 자료의 분포의 형태가 다르게 나타날 수도 있기 때문이다. 즉, 두 집단의 평균은 같으나 각 집단에서 점수가 분포되어 있는 형태는 다를 수 있는 것이다. 그러므로 두 집단의 점수분포를 비교할 때는 집중경향치뿐만 아니라 점수가 각 집단 내에서 흩어진 정도, 즉 분산도(variation)도 고려하여야한다. 분산도에는 범위, 사분위편차, 평균편차, 표준편차, 변량 등이 있다.

1) 범위

범위(range)란 한 점수분포에 있어서 최고점수와 최저점수간의 차이를 말한다. 예를 들면 4, 6, 7, 8, 11, 15의 범위는 15 - 4 +1 = 12가 된다. 끝의 +1은 연속성을 위한 교정을 고려한 것으로, 정확히 말하면 범위는 최고값 상한계에서 최저값 하한계를 뺀 값이다. 범위는 계산이 간단하다는 장점이 있지만 양극단의 점수에 의해서 영향을 받는다는 단점을 지닌다.

범위 = 최고점수 - 최하점수 + 1

2) 사분위편차

사분위편차(interquartile range)는 수집된 자료를 크기 순으로 배열하여 4 등분한 값을 말한다. 사분위편차는 다음과 같이 나타낼 수 있다.

$$Q = \frac{Q_3 - Q_1}{2} = \frac{X_{75} - X_{25}}{2}$$

X_{75} = 제3사분위, X_{25} = 제1사분위

3) 평균편차

평균편차(average deviation, AD)란 어떤 집단의 산술평균과 각 사례의 점수간의 차이(X의 절대값)의 평균을 의미한다. AD를 구하는 공식은 다음과 같다.

$$AD = \frac{\Sigma|X - M|}{N}$$

평균으로부터의 편차를 모두 합한 값은 0이 되므로 절대치 부호 '| |'를 사용하였다.

4) 표준편차

표준편차(standard deviation, SD)란 평균으로부터의 편차점수를 제곱한

수치들의 평균의 제곱근이다.

$$SD = \sqrt{\frac{\Sigma(X-M)^2}{N}}$$

예를 들어 1, 2, 3, 4, 5의 다섯 점수가 있다고 하면 이들의 평균은 3이며 표준편차는 1.41이다. 이를 구하는 계산은 다음과 같다.

원점수	평균(M)	$X-M$	$(X-M)^2$	SD
1	15/5 =3	1 - 3 = -2	4	$\sqrt{\frac{10}{5}}$ = 1.41
2		2 - 3 = -1	1	
3		3 - 3 = 0	0	
4		4 - 3 = +1	1	
5		5 - 3 = +2	4	
합 = 15			합 = 10	

5) 변량

변량(variance)은 표준편차의 제곱이다. 변량을 구하는 식은 표준편차를 단순히 제곱하기만 하면 된다.

변량(V) = SD^2

제9장 통계분석의 실제

본 장에서는 SPSS를 이용하여 실제적인 통계분석 절차를 이해할 것이다. 가상자료를 이용하여 빈도분석, t-검증, 일원변량분석, 이원변량분석, 상관분석, 중다회귀분석, χ^2-검증 및 신뢰도분석을 실제로 실행하는 절차를 기술하였다.

1. 빈도분석

1) 자료입력

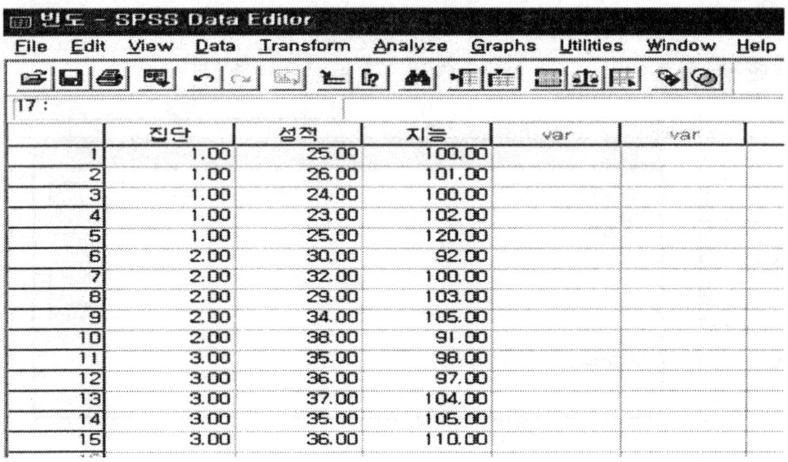

	집단	성적	지능	var	var
1	1.00	25.00	100.00		
2	1.00	26.00	101.00		
3	1.00	24.00	100.00		
4	1.00	23.00	102.00		
5	1.00	25.00	120.00		
6	2.00	30.00	92.00		
7	2.00	32.00	100.00		
8	2.00	29.00	103.00		
9	2.00	34.00	105.00		
10	2.00	38.00	91.00		
11	3.00	35.00	98.00		
12	3.00	36.00	97.00		
13	3.00	37.00	104.00		
14	3.00	35.00	105.00		
15	3.00	36.00	110.00		

2) 자료분석

(1) Analyze

> Descriptive Statistics

> Frequencies...를 선택한다.

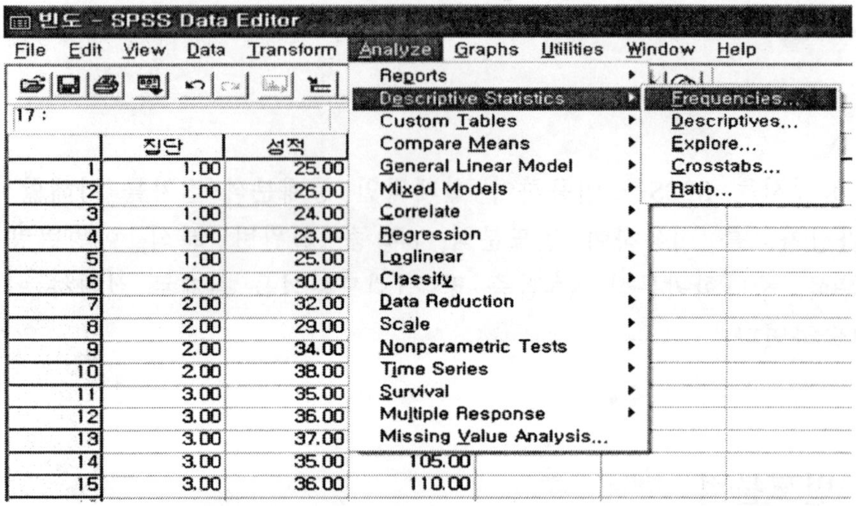

(2) 다음과 같은 대화상자가 나오면

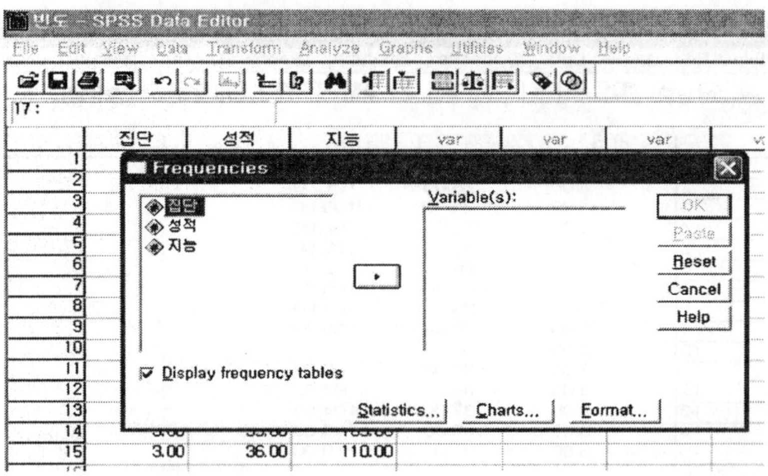

(3) 빈도분석을 원하는 변인을 Variable(s)의 하단부분으로 옮긴다. 여기서는 성적과 지능을 분석하기로 하고 이 두 변인을 오른쪽으로 옮긴다. 그런 다음 Ststistics을 선택한다.

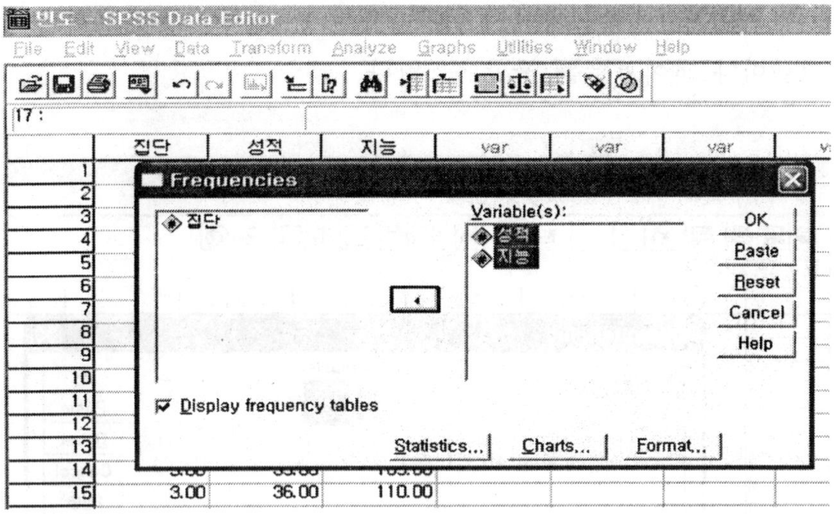

(4) 다음과 같은 대화상자가 나오면 원하는 통계치를 지정한다. 중앙집중치(Central Tendency)의 평균(Mean), 중앙치(Median), 최빈치(Mode)와 분산도(Dispersion)의 표준편차(Std. deviation), 변량(Variance), 범위(Range), 최소치(Minimun), 최대치(Maximum) 등을 알고 싶으면 해당부분을 표시한다. 다음 계속(Continue)을 누른다.

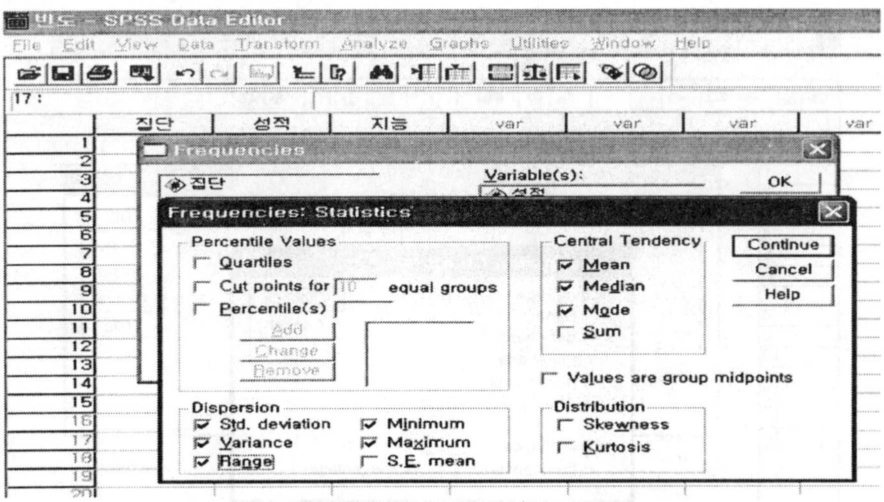

(5) 다시 다음의 대화상자가 다시 나오면 Chart를 눌러 선택된 변인의 히스토그램이나 파이차트를 구할 수 있다.

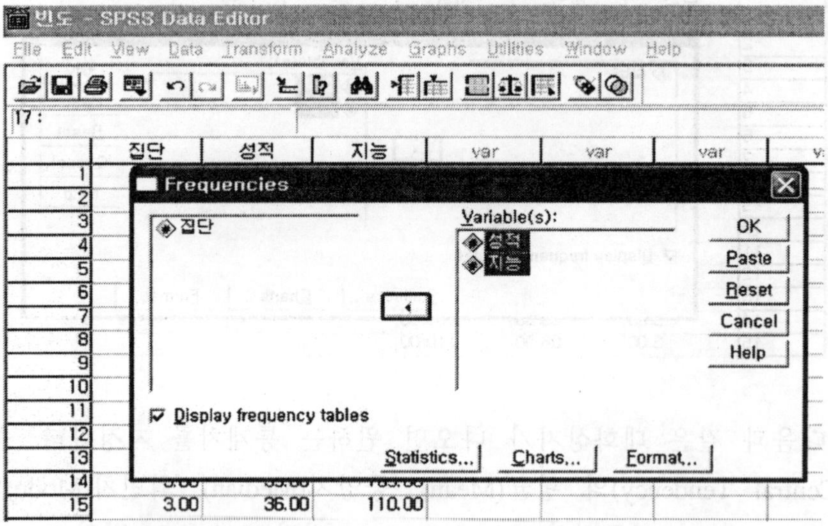

(6) 여기서는 Pie Chart를 선택하여 본다. 그리고 Continue를 누르고, 다시 Frequencies 대화상자가 나오면 OK를 누른다.

3) 결과의 해석

성적과 지능변인에 대해 사례수(N), 평균, 중앙치, 최빈치, 표준편차 변량, 범위 최소치, 최대치가 나타나 있다.

➜ Frequencies

Statistics

		성적	지능
N	Valid	15	15
	Missing	0	0
Mean		31.0000	101.8667
Median		32.0000	101.0000
Mode		25.00[a]	100.00
Std. Deviation		5.29150	6.99864
Variance		28.00000	48.98095
Range		15.00	29.00
Minimum		23.00	91.00
Maximum		38.00	120.00

a. Multiple modes exist. The smallest value is shown

성적과 지능변인의 구체적인 빈도는 다음의 표에서 알 수 있으며,

성적

		Frequency	Percent	Valid Percent	Cumulative Percent
Valid	23.00	1	6.7	6.7	6.7
	24.00	1	6.7	6.7	13.3
	25.00	2	13.3	13.3	26.7
	26.00	1	6.7	6.7	33.3
	29.00	1	6.7	6.7	40.0
	30.00	1	6.7	6.7	46.7
	32.00	1	6.7	6.7	53.3
	34.00	1	6.7	6.7	60.0
	35.00	2	13.3	13.3	73.3
	36.00	2	13.3	13.3	86.7
	37.00	1	6.7	6.7	93.3
	38.00	1	6.7	6.7	100.0
	Total	15	100.0	100.0	

지능

		Frequency	Percent	Valid Percent	Cumulative Percent
Valid	91.00	1	6.7	6.7	6.7
	92.00	1	6.7	6.7	13.3
	97.00	1	6.7	6.7	20.0
	98.00	1	6.7	6.7	26.7
	100.00	3	20.0	20.0	46.7
	101.00	1	6.7	6.7	53.3
	102.00	1	6.7	6.7	60.0
	103.00	1	6.7	6.7	66.7
	104.00	1	6.7	6.7	73.3
	105.00	2	13.3	13.3	86.7
	110.00	1	6.7	6.7	93.3
	120.00	1	6.7	6.7	100.0
	Total	15	100.0	100.0	

이를 Pie Chart로 나타낸 것이 아래의 그림이다.

성적

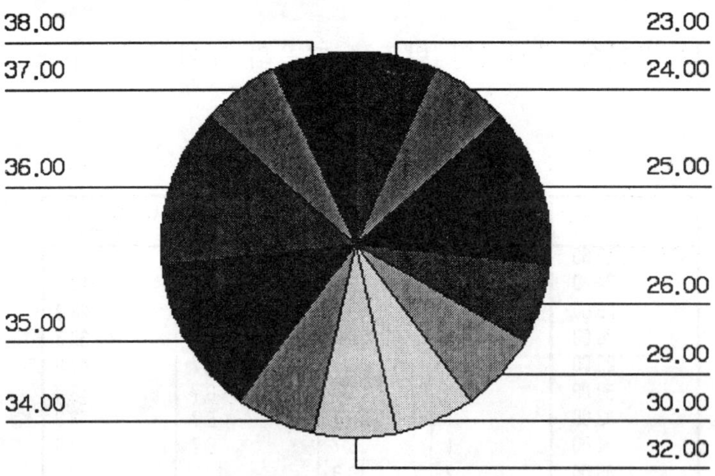

지능

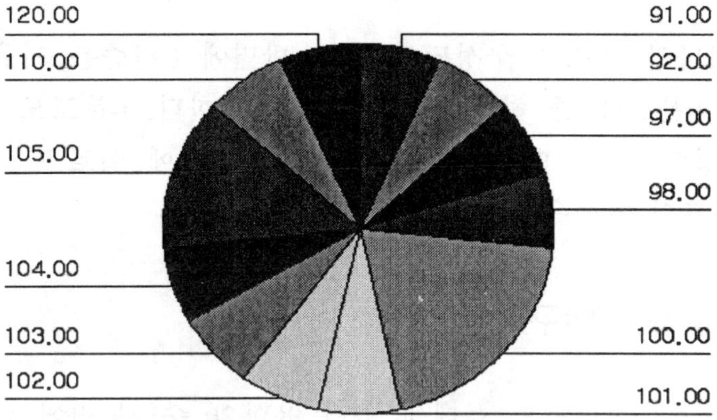

2. 독립표본 t-검정(t-test)

t-검증은 주로 두 집단간의 평균간에 차이가 있는지를 분석하기 위한 통계적 분석방법으로 비교하고자 하는 두 집단이 독립표본인 경우와 두 집단이 종속표본인 경우로 구별된다. 독립표본이란 한 집단에 속한 구성원이 동시에 다른 집단의 구성원으로 있을 수 없다는 가정을 한다. 예를 들어 수학성적에서 성별간 차이를 비교하고자 할 때 남학생은 남학생 집단에만 속하지 동시에 여학생 집단에도 속할 수는 없다. 종속표본이란 한 집단에 속한 구성원이 다른 집단에도 속할 수 있을 때를 말한다. 가령 사전검사를 치른 학생들이 실험절차가 마친 뒤 사후검사를 치고 이 사전검사와 사후검사를 비교할 때가 이 경우에 속한다. 흔히 반복측정의 경우가 종속표본의 전형적인 예이다.

t-검증을 시행할 때는 산출된 t값이 특정의 자유도하의 t-분포에서의 임계치와의 관계를 통해, 두 집단의 평균간에는 차이가 없다는 영가설을 기각하거나 기각하지 못하게 된다. 만약 주어진 유의미수준(흔히 α=.05 혹은 α=.01)에서 산출된 t값이 임계치보다 같거나 그 이상인 경우에는 집단간

차이가 없다는 영가설을 기각하고 대신에 대립가설을 받아들이게 된다. 반면에 산출된 t값이 주어진 t분포에서의 임계치보다 작다면 영가설은 기각되지 않는다.

Z분포가 하나의 분포로 구성되어 있는 반면에 t-검증은 자유도에 따른 엄청난 수의 t-분포를 중 하나를 선택하여 분석한다. t-분포도 정상분포와 같이 좌우대칭의 분포이며 자유도가 일정한 정도에 이르면 거의 정상분포와 같은 부포의 특성을 지닌다.

1) 연구문제와 연구가설

* 연구문제 : 수학수업의 형태에 따라 유아의 수학능력에 차이가 있을 것인가?

* 연구가설 : 컴퓨터를 활용한 집단의 수학능력은 전통적인 수업집단의 수학능력보다 높을 것이다.

2) 자료

집단1 : 컴퓨터를 활용한 수업형태

집단2 : 전통적인 수업형태

컴퓨터 활용 수업	전통적인 수업
41	36
52	29
40	38
57	36
36	45
48	42
51	25
55	40
52	41
39	36

3) 자료의 입력

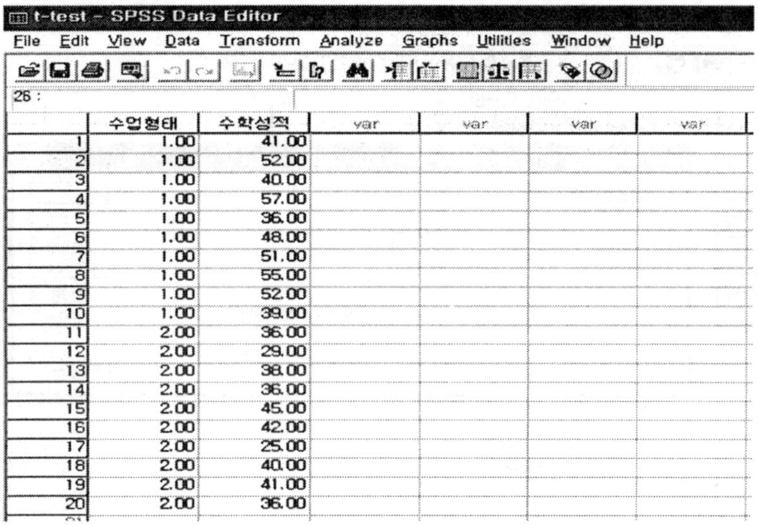

4) 통계분석

(1) SPSS의 >Analyze

>Compare Means

>Independent-Samples T-Test를 선택한다.

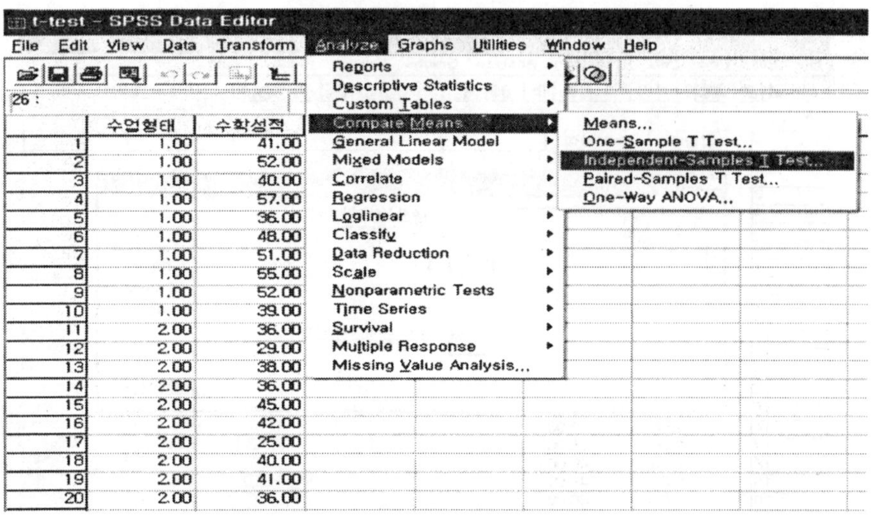

(2) 다음과 같은 대화상자가 나온다.

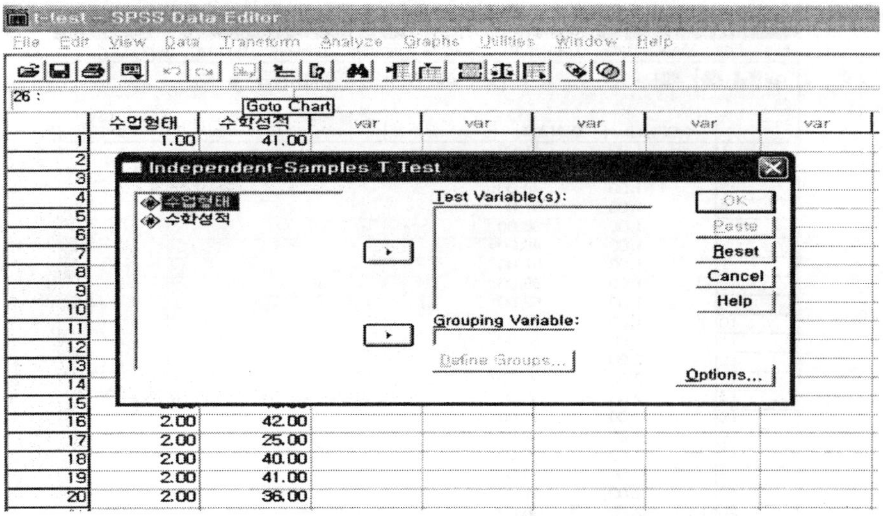

(3) 종속변인(검정변인: Test Variable)과 집단변인(Grouping Variable)을 지정한다. 본 예제에서는 '수업형태'를 집단변인으로 하고 '수학성적'을 종속변인, 즉 검정변인으로 한다. '수업형태'를 집단변인으로 선정하고 나면 '집단(? ?)'으로 표시되는데 이는 집단변인을 지정하라는 것으로, 바로 아래에 있는 집단정의하기(Define Groups...) 단추를 누른다.

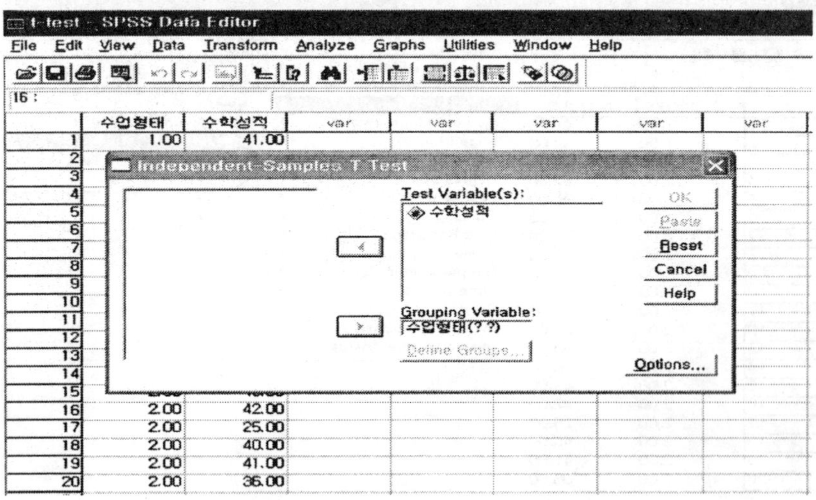

(4) '집단정의하기' 대화상자가 나오면 '집단 1'(Group 1)에 배당하고 싶은 집단의 번호를 기입하고 '집단 2'(Group 2)에도 배당하고 싶은 집단의 번호를 기입한다. 본 예제에서는 '수업형태'를 1과 2로 하였으므로 '집단 1' 에 1을 '집단 2'에 2를 기입한다. 집단번호를 기입하고 나면 '계속'(Continue) 단추를 누른다.

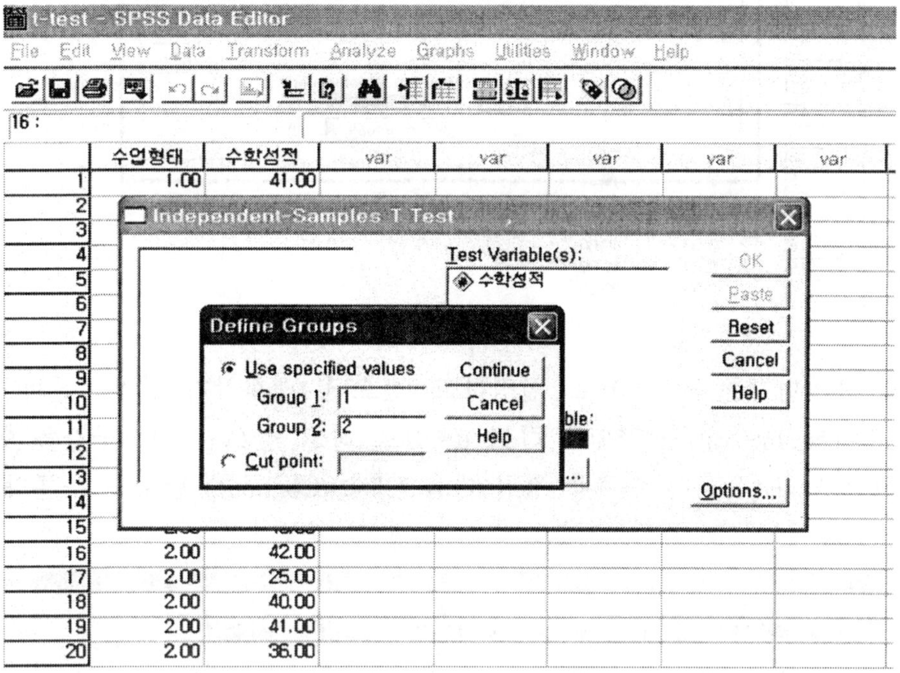

(5) 다음과 같은 화면이 나오면 'Options...' 단추를 눌러 유의미 수준을 정한다

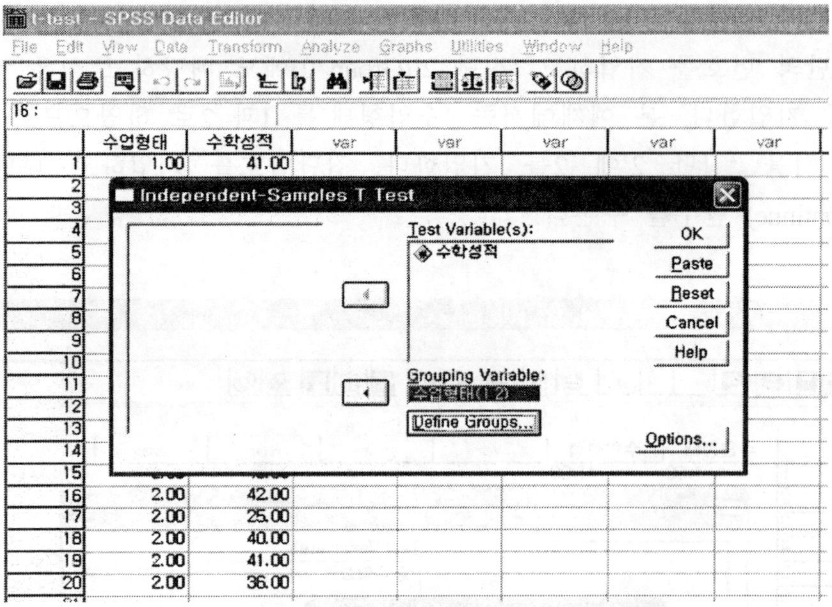

(6) 유의미수준을 α=.05로 설정하고 싶으면 대화상자 속의 신뢰구간(Confidence Interval)을 95%로 하고 α=.01로 하고 싶으면 신뢰구간을 99%로 하면 된다. 유의미 수준을 정한 다음 '계속'(Continue) 단추를 누른다.

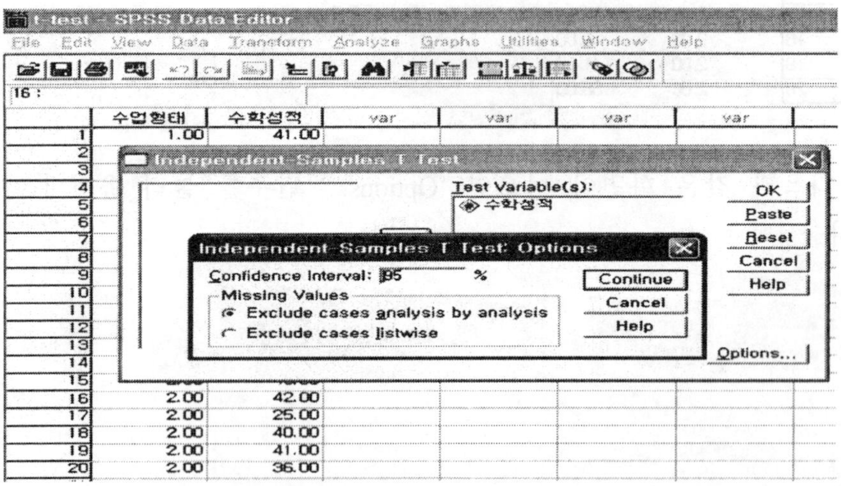

(7) 유의미 수준을 정한 다음 '계속'(Continue) 단추를 누르면 다음과 같은 화면이 나오는데 여기서 확인(OK) 단추를 누르면 바로 분석이 시행된다.

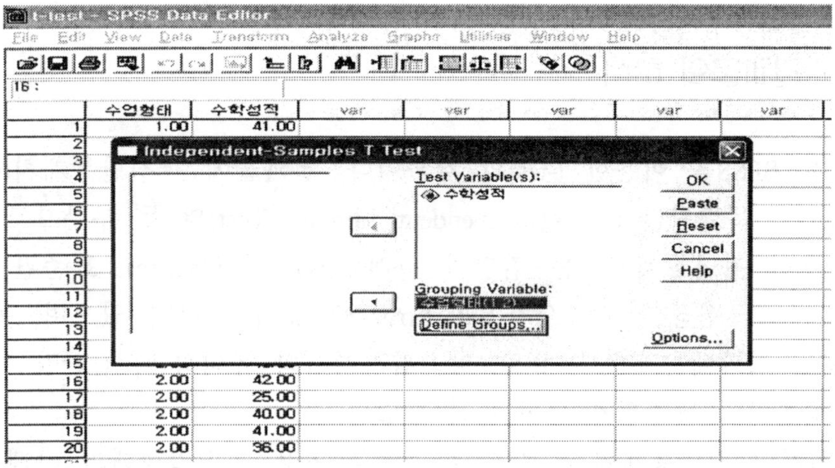

그런데 'Paste'를 누르면 이제까지 대화상자 속에서 행하였던 모든 내용들이 Syntax 파일로 자동으로 변환되어 나타난다. Syntax 파일에서도 분석을 실행할 수 있는데 메뉴의 '실행(Run)' 단추를 누르면 된다, Syntax 파일을 사용하면 저장한 후 나중에 불러오기를 통하여 다시 분석할 수 있는 편리함이 있다.

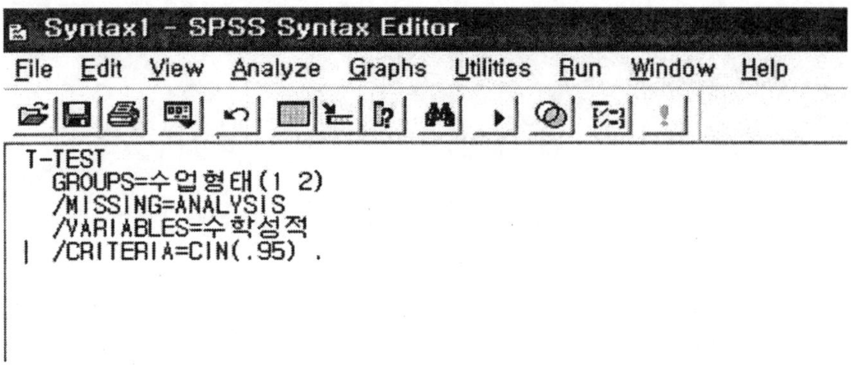

그러므로 SPSS에서는 통계분석을 원 data창에서 직접 실행하는 방법이 있고, Paste를 이용하여 syntax 파일을 만든 후 이 syntax 파일에서 실행하는 방법이 있다. 물론 어느 방법을 쓰든 결과물은 똑 같이 나오게 되어 있다.

5) 결과물의 해석

다음은 SPSS를 이용한 t-test의 결과이다. 결과물에는 집단통계치(Group Statistics)와 독립집단 t-검정(Independent Samples Test)의 두 부분으로 표시된다. 우선 집단통계치에는 집단의 사례수(N), 평균(Mean), 표준편차(Std. Deviation) 및 평균의 표준오차(Std. Error Mean)가 나타나 있으며, 독립집단 t-검정 결과에는 t값, 자유도, 양측검정에서의 유의확률, 집단간 평균의 차이, 평균차의 표준오차 등이 나타나 있다.

본 예제의 집단통계치를 보면, 컴퓨터를 활용한 수업형태의 사례는 10명, 평균은 47.10, 표준편차는 7.46이며, 전통적인 수업형태의 사례는 10명, 평균 36.80, 표준편차 6.01을 보인다. 컴퓨터를 활용한 수업집단이 전통적인 수업집단보다 10.30 높다.

또한 t-검정결과에 의하면 t=3.399(df=18)로 이는 수업형태에 따른 집단간의 수학능력에 있어서 통계적으로 유의미한 차이가 있음을 나타내는 것이다.

T-Test

Group Statistics

	수업형태	N	Mean	Std, Deviation	Std, Error Mean
수학점적	1,00	10	47,1000	7,46027	2,35914
	2,00	10	36,8000	6,01480	1,90205

Independent Samples Test

		Levene's Test for Equality of Variances		t-test for Equality of Means						
									95% Confidence Interval of the Difference	
		F	Sig,	t	df	Sig, (2-tailed)	Mean Difference	Std, Error Difference	Lower	Upper
수학점적	Equal variances assumed	1,828	,193	3,399	18	,003	10,3000	3,03040	3,93336	16,66664
	Equal variances not assumed			3,399	17,225	,003	10,3000	3,03040	3,91277	16,68723

3. 상관표본 t-검증

독립표본 t-검증은 두 집단에 속하는 구성원이 어느 한 집단에게만 속한 경우이어야 한다. 그러나 실험의 효과를 검증하는 경우 등에 있어서는 실험 전에 검사를 치른 구성원이 실험 후 다시 검사를 치러야 하는 경우가 생긴다. 이때에는 독립표본 t-검증을 사용하여서는 아니 되며 상관표본 t-검증을 사용하여야 한다. 상관표본 t-검증이란 전술한 예처럼 두 집단에 속한 구성원이 동일한 경우일 때 사용하는 t-검증법이다.

1) 연구문제와 연구가설

* 연구문제 : 유아를 위한 사회성발달 프로그램의 긍정적인 효과는 있을 것인가?

* 연구가설 : 사회성 발달 프로그램의 실시 후의 유아의 사회성발달 정도는 프로그램 실시 전의 그것에 비해 높을 것이다.

2) 자료

프로그램 실시 전의 사회성 발달	프로그램 실시 후의 사회성 발달
10	15
11	16
14	14
15	15
10	13
16	18
18	19
14	12
15	18
13	16

3) 자료의 입력

다음처럼 자료를 입력한다.

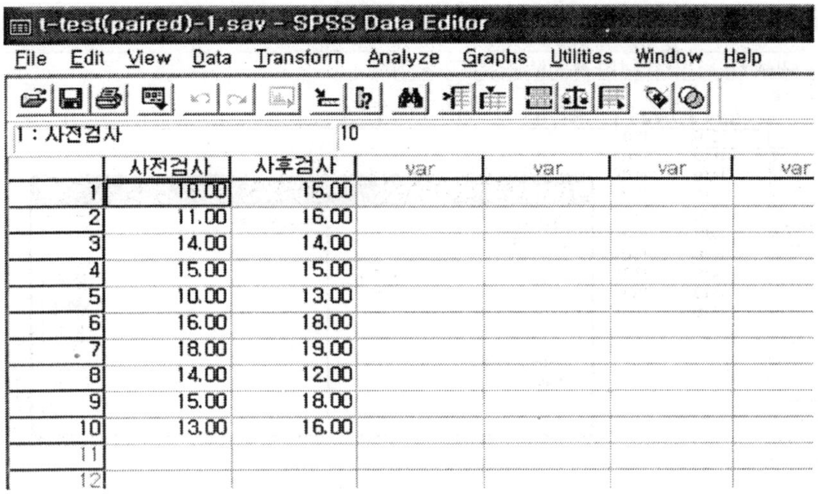

4) 통계분석

(1) SPSS의 >Analyze

>Compare Means

>Paired-Samples t-test를 선택한다.

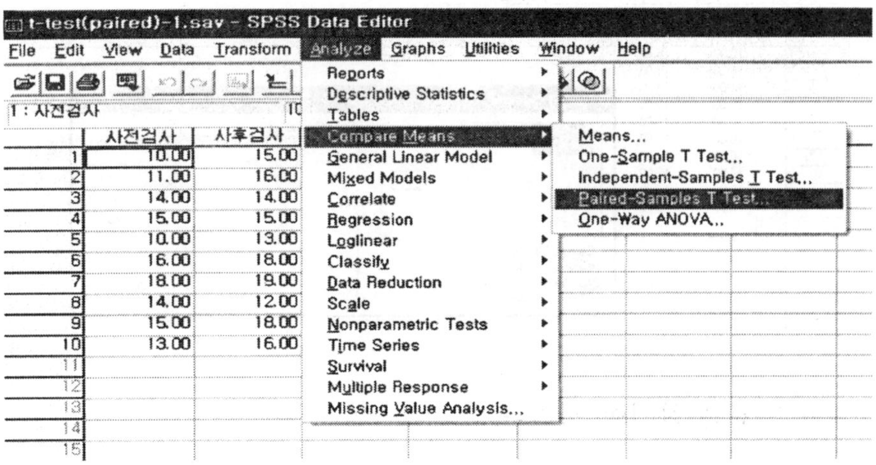

(2) 다음과 같은 대화상자가 나온다.

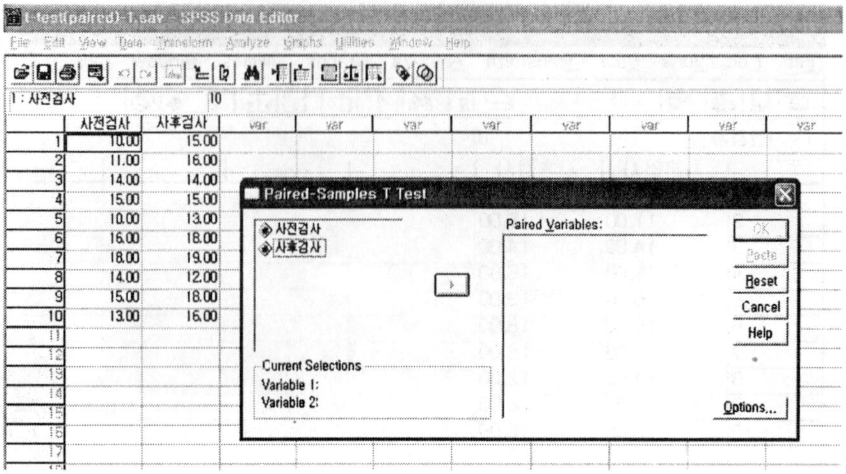

(3) '사전검사'를 를 선택하면 하단의 'Current Selections' 부위의 'Variable 1'에 '사전검사'가 기입된다. 마찬가지로 '사후검사'를 선택하면 'Current Selections'의 'Variable 2'에 '사후검사'가 기입된다. 선택된 '사전검사'와 '사후검사'를 'Paired Variables'로 옮긴다.

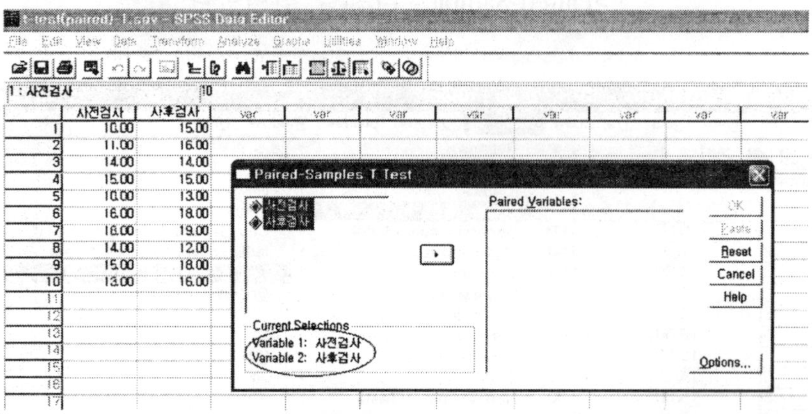

(4) 다음과 같은 화면이 생긴다.

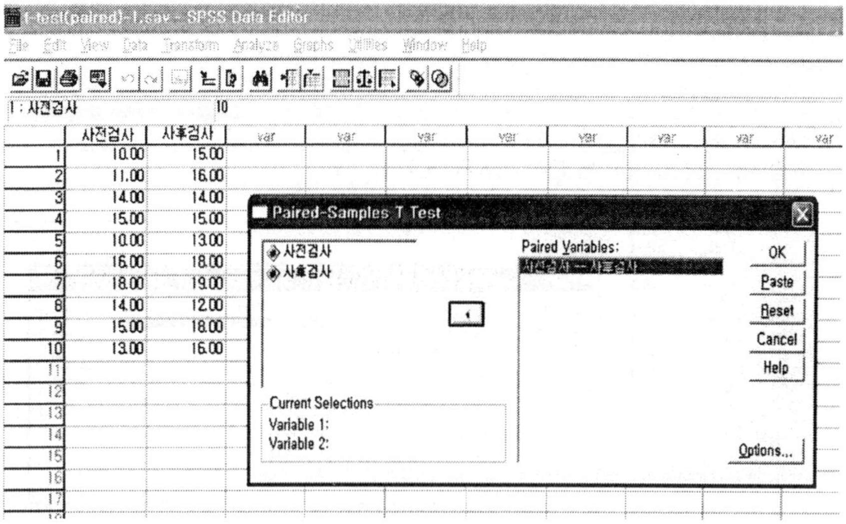

(5) 다음과 같은 화면이 나오면 'Option' 단추를 눌러 유의미 수준을 정한(95% 혹은 99%) 후에 '계속(Continue)' 단추를 누른다.

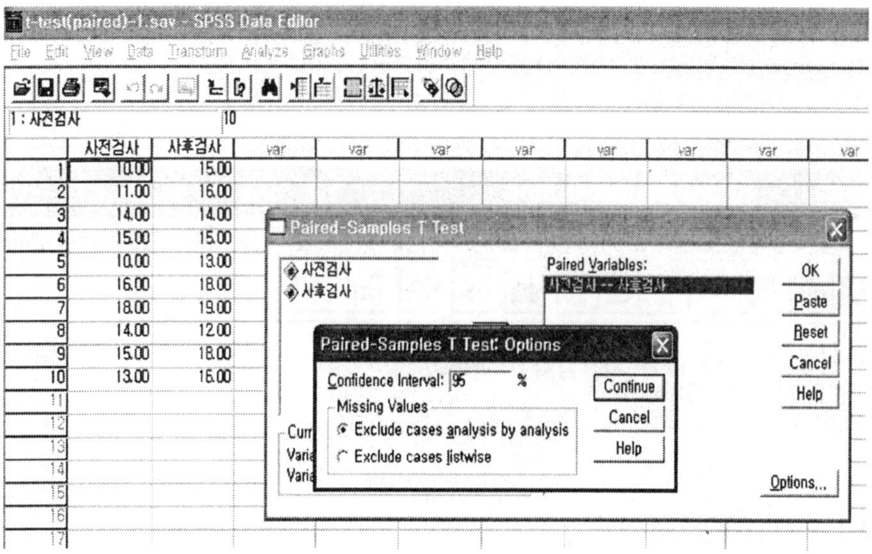

(6) 유의미 수준을 정한 다음 '계속(Continue)' 단추를 누르면 다시 다음과 같은 화면이 나오는데 여기서 바로 '확인(OK)' 단추를 누르면 분석이

시작된다.

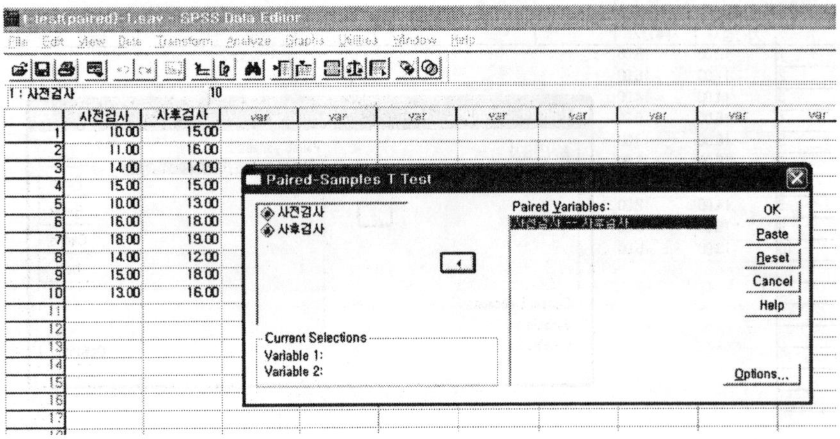

그런데 'Paste'를 누르면 이제까지 대화상자 속에서 행하였던 모든 내용들이 Syntax 파일로 자동으로 변환되어 나타난다. Syntax 파인에서도 분석을 실행할 수 있는데 메뉴의 '실행(Run)' 단추를 누르면 된다, Syntax 파일을 사용하면 저장한 후 나중에 불러오기를 통하여 다시 분석할 수 있는 편리함이 있다.

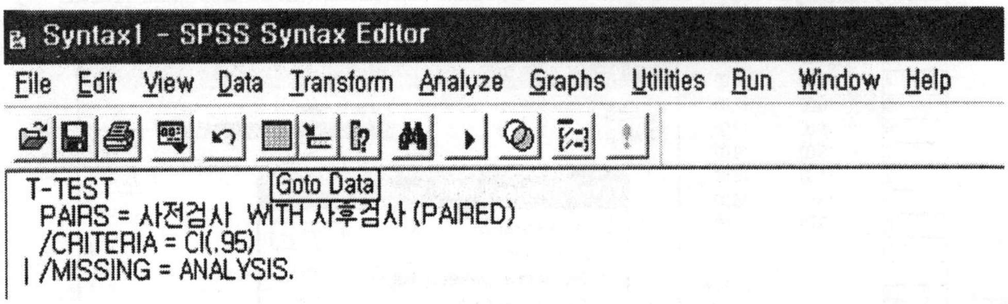

5) 결과물의 해석

다음은 SPSS를 이용한 상관표본 t-검증(Paired t-test)의 결과이다. 결과물에는 상관표본 통계치(Paired Samples Statistics), 상관표본 상관계수(Paired

Samples Correlations)및 상관표본 t-검정(Paired Samples Test)의 세 부분으로 표시된다. 우선 상관표본 통계치에는 사전검사 및 사후검사에서의 사례수(N), 평균(Mean), 표준편차(Std. Deviation) 및 평균의 표준오차(Std. Error Mean)가 나타나 있으며, 상관표본 상관계수(Paired Samples Correlations)에는 사전검사와 사후검사간의 상관관계가 나타나 있다. 상관표본 t-검정 결과에는 t값, 자유도, 양측검정에서의 유의확률, 사전검사와 사후검사간의 평균의 차이, 평균차의 표준오차 등이 나타나 있다.

본 예제의 상관표본 통계치를 보면, 사전검사의 사례는 10명, 평균은 13.60, 표준편차는 2.63이며, 사후의 사례는 10명, 평균 15.60, 표준편차 2.27을 보인다. 사후검사점수가 사전검사점수보다 높다. 또한 상관표본 t-검정결과에 의하면 t=-2.798(df=9)로 이는 유아의 사회성발달 프로그램의 실시에 따른 사전검사와 사후검사간의 사회성발달정도에 있어서 통계적으로 유의미한 차이가 있음(p=.021)을 나타내는 것이다.

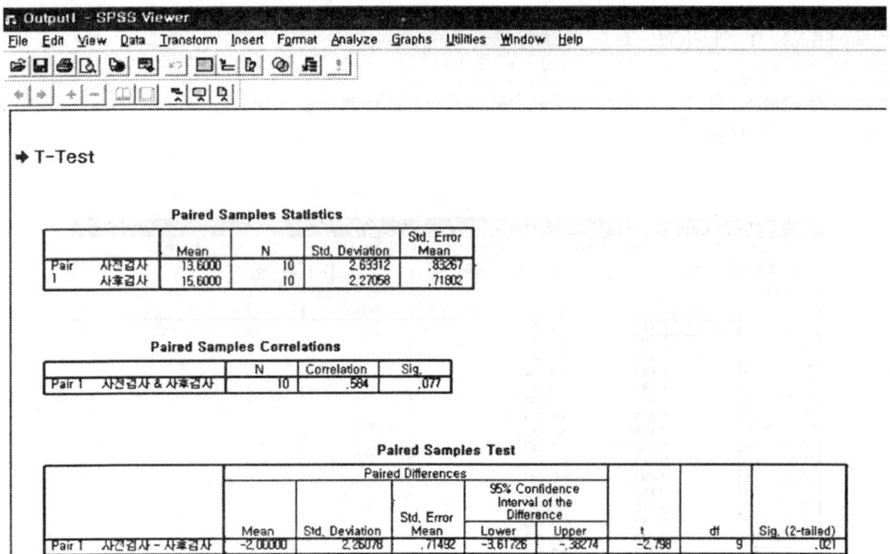

Paired Samples Statistics

		Mean	N	Std. Deviation	Std. Error Mean
Pair 1	사전검사	13.6000	10	2.63312	.83267
	사후검사	15.6000	10	2.27058	.71802

Paired Samples Correlations

		N	Correlation	Sig.
Pair 1	사전검사 & 사후검사	10	.584	.077

Paired Samples Test

		Paired Differences					t	df	Sig. (2-tailed)
		Mean	Std. Deviation	Std. Error Mean	95% Confidence Interval of the Difference: Lower	Upper			
Pair 1	사전검사 - 사후검사	-2.00000	2.26078	.71492	-3.61726	-.38274	-2.798	9	.021

4. 일원변량분석(One-way ANOVA)

변량분석이란 종속변인에 있어서의 독립변인의 하위집단간의 차이를 분석하는 것을 목적으로 한다. 독립변인이 하나이면 일원변량분석, 두 개이면 이원변량분석, 세 개이면 삼원변량분석이라 부른다.

일원변량분석이란 하나의 독립변인에 두 개 이상의 하위수준이 있는 경우 이들 하위집단 간의 종속변인에 있어서의 차이를 분석하고자 할 때 사용하는 통계절차이다. 흔히 집단의 수가 세 가지 이상일 때 사용하는데 두 집단 간의 차이를 분석하는 t-검증은 일원변량분석의 특수한 경우이다.

예로 수업형태에 따라 성적에 차이가 있을 것인가를 분석하려고 한다. 수업의 형태라는 하나의 독립변인 내에 컴퓨터이용 수업, 전통적 수업, 이들 둘을 혼용한 혼합 수업의 세 종류가 있다고 하면 이 경우 일원변량분석이 사용된다. 영가설은 '세집단간 성적이 같을 것이다'이며 대립가설은 '세집단간에 성적 차이가 있을 것이다'이다. 다음은 자료입력과 통계분석 절차에 대한 구체적인 설명이다.

1) 자료입력

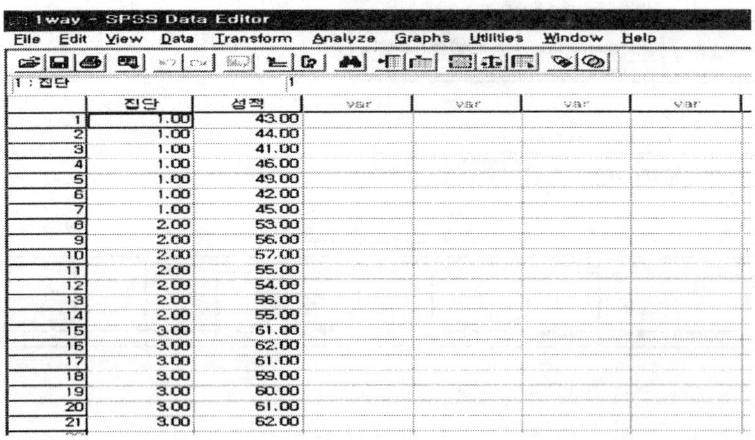

	집단	성적	var	var	var	var
1	1.00	43.00				
2	1.00	44.00				
3	1.00	41.00				
4	1.00	46.00				
5	1.00	49.00				
6	1.00	42.00				
7	1.00	45.00				
8	2.00	53.00				
9	2.00	56.00				
10	2.00	57.00				
11	2.00	55.00				
12	2.00	54.00				
13	2.00	56.00				
14	2.00	55.00				
15	3.00	61.00				
16	3.00	62.00				
17	3.00	61.00				
18	3.00	59.00				
19	3.00	60.00				
20	3.00	61.00				
21	3.00	62.00				

2) 분석절차

(1) SPSS의 >Analyze

>Compare Means

>One-Way ANOVA를 선택한다.

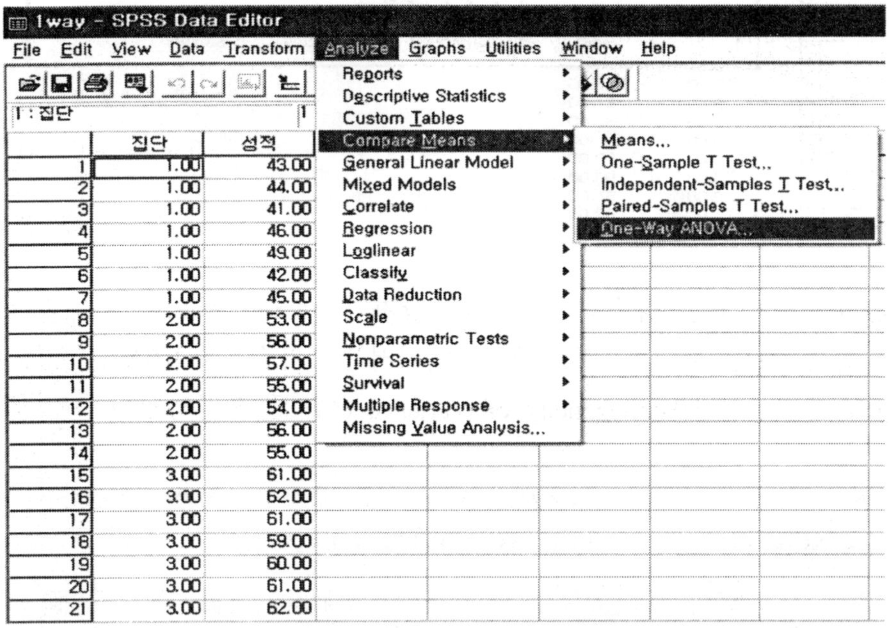

아래와 같은 대화상자가 나타나면 종속변수(Dependent List)에 '성적'을 선택하고 독립변인(actor)에 '집단'을 선택한다.

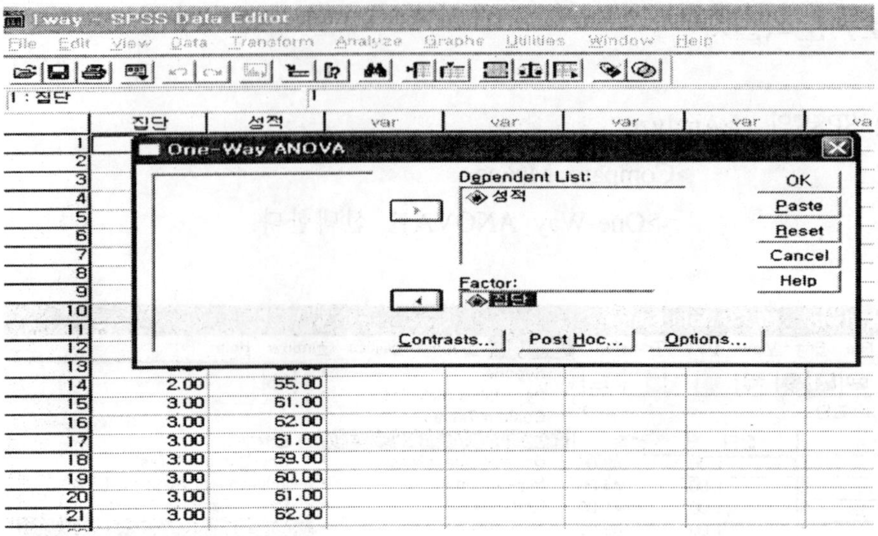

'Options'을 누르면 다음과 같은 대화상자가 나오며 필요한 통계치를 구하기 위해 해당 부분에 표시한다. 여기서는 '기술통계치(Descriptives)'와 '변량의 동질성검사(Homogeneity of Variance test)'를 표시하였다

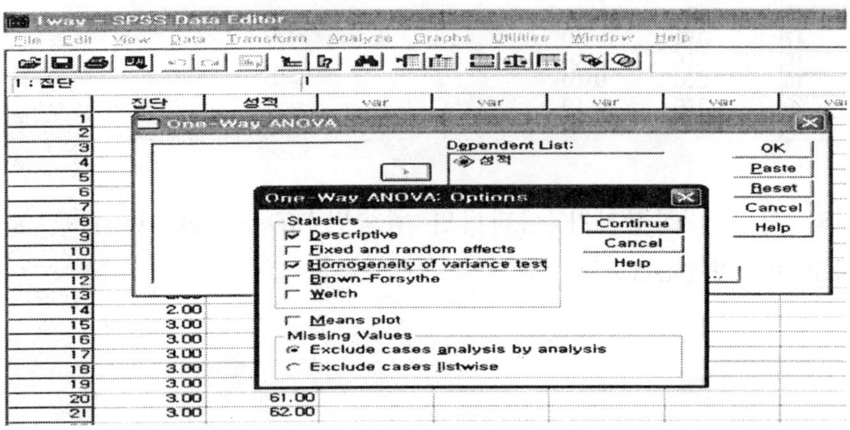

계속(Continue) 단추를 누르면 다음과 같은 화면이 다시 나온다.

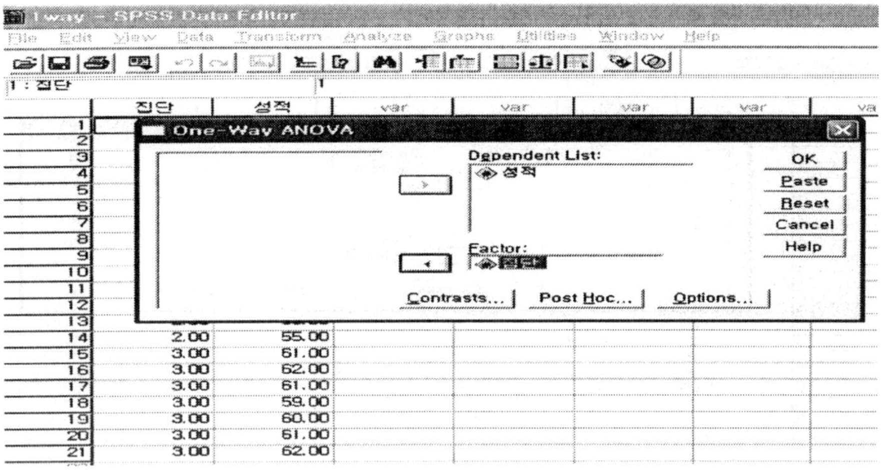

여기서 다시 'Post Hoc...'(사후검증) 단추를 누르면 다음과 같은 대화상자가 나타난다. 사후검증 방법은 여러 가지가 있으며 필요한 방법을 표시한다. 여기서는 Scheffe 검증을 선택하였다.

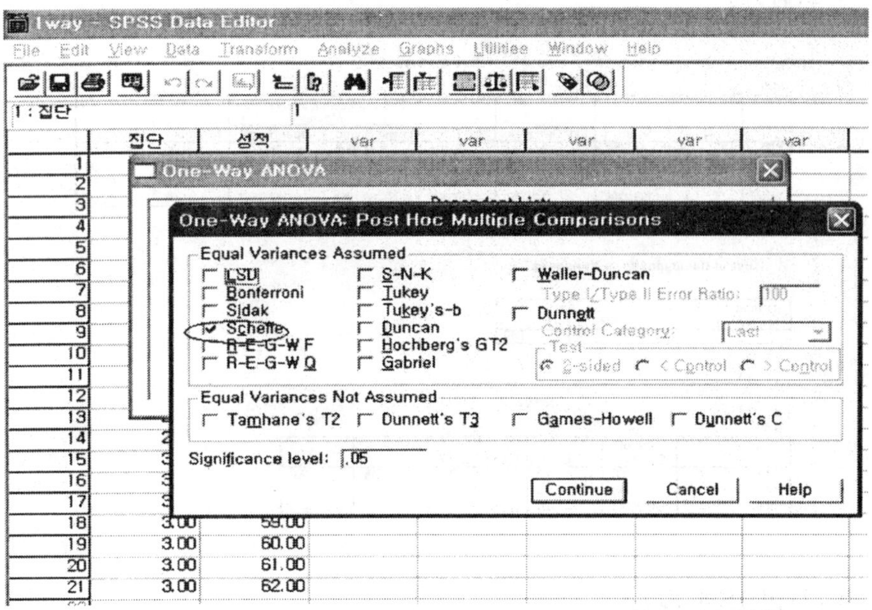

계속(Continue) 단추를 누르면 다시 이 화면이 나온다.

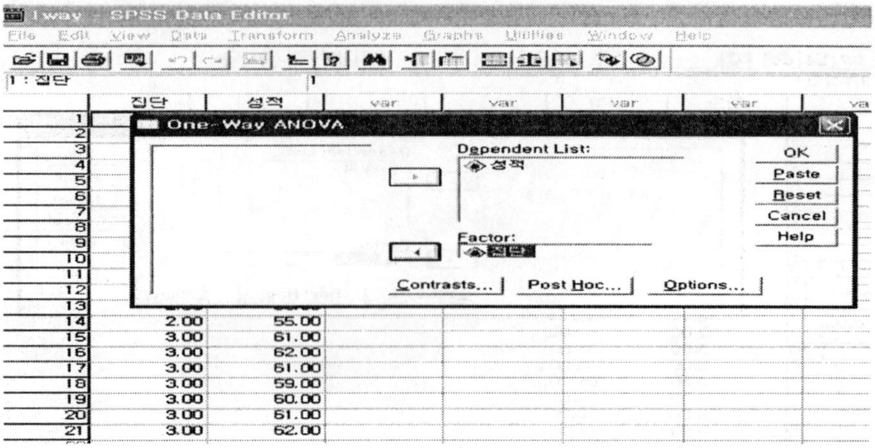

확인(OK)단추를 누르면 분석이 실행된다. 물론 Syntax 파일을 만들고, 만들어진 syntax 파일안의 실행(Run) 단추를 눌러 분석을 실행할 수도 있다. 실행결과물은 다음과 같다.

➔ Oneway

Descriptives

성적

	N	Mean	Std. Deviation	Std. Error	95% Confidence Interval for Mean Lower Bound	95% Confidence Interval for Mean Upper Bound	Minimum	Maximum
1.00	7	44.2857	2.69037	1.01686	41.7975	46.7739	41.00	49.00
2.00	7	55.1429	1.34519	.50843	53.8988	56.3869	53.00	57.00
3.00	7	60.8571	1.06904	.40406	59.8684	61.8458	59.00	62.00
Total	21	53.4286	7.25652	1.58350	50.1254	56.7317	41.00	62.00

Test of Homogeneity of Variances

성적

Levene Statistic	df1	df2	Sig.
2.769	2	18	.089

ANOVA

성적

	Sum of Squares	df	Mean Square	F	Sig.
Between Groups	992.000	2	496.000	146.019	.000
Within Groups	61.143	18	3.397		
Total	1053.143	20			

3) 결과물의 해석

결과물을 보면 우선 각 집단의 사례수는 7명씩이며 첫 번째 집단의 평균과 표준편차가 각각 44.285와 2.690이며, 두 번째 집단은 55.142와 1.345, 그리고 세 번째 집단이 60.8571와 1.069이었다. 또한 Levene의 검증을 통해서 알 수 있듯이 집단간 동변량성도 확인되었다(sig.=.089).

집단간 성적 비교를 위한 F값 146.019에 대한 유의도는 .000이며, 이는 유의미 수준인 .05보다 작다. 이는 집단간에 성적에 있어서 통계적으로 유의미한 차이가 있음을 나타내는 것이다. 그러나 이는 전체적인(overall) F-test의 결과이어서 세 집단을 짝을 지어서 각각 비교하면(예, 1-2, 1-3, 2-3 집단 비교), 적어도 어느 한 쌍에서는 집단간 차이가 있음을 나타내는 것일 뿐, 구체적으로 어느 집단의 비교에서 차이가 나는지를 말해주지는 않는다. 이를 위해서는 사후검증(Post Hoc test)를 실시하여야 한다. 사후검증은 실제로는 전반적 F검증의 결과가 유의미할 때에만 실시하나 컴퓨터가 발달하면서 사전에 미리 사후검증 절차를 입력할 수 있게 되었다. 우리는 자료분석의 절차에서 미리 사후검증에 관한 절차를 입력하였으므로 다음과 같은 결과가 산출되었다.

Post Hoc Tests

Multiple Comparisons

Dependent Variable: 성적
Scheffe

(I) 집단	(J) 집단	Mean Difference (I-J)	Std. Error	Sig.	95% Confidence Interval	
					Lower Bound	Upper Bound
1.00	2.00	-10.8571*	.98515	.000	-13.4838	-8.2304
	3.00	-16.5714*	.98515	.000	-19.1981	-13.9447
2.00	1.00	10.8571*	.98515	.000	8.2304	13.4838
	3.00	-5.7143*	.98515	.000	-8.3410	-3.0876
3.00	1.00	16.5714*	.98515	.000	13.9447	19.1981
	2.00	5.7143*	.98515	.000	3.0876	8.3410

*. The mean difference is significant at the .05 level.

Homogeneous Subsets

성적

Scheffe[a]

집단	N	Subset for alpha = .05		
		1	2	3
1.00	7	44.2857		
2.00	7		55.1429	
3.00	7			60.8571
Sig.		1.000	1.000	1.000

Means for groups in homogeneous subsets are displayed.
a. Uses Harmonic Mean Sample Size = 7.000.

사후검증 결과 1집단과 2집단, 1집단과 3집단, 그리고 2집단과 3집단 모두에서 유의미한 차이가 있는 것으로 나타났다. 동질집단군(Homogeneous Subsets)에서 알 수 있듯이 세 집단 모두 구별되어 집단군을 이루고 있음을 알 수 있다.

5. 이원변량분석(Two-way ANOVA)

이원변량분석은 독립변인이 두 개인 경우이다. 각 독립변인에는 두 개 이상의 하위수준이 있으며, 각 독립변인의 주효과와 두 독립변인의 상호작용효과를 산출할 수 있다.

1) 자료입력

연구주제 : 수업의 형태에 따른 수학성적에 차이가 있는지를 알아보기 위한 분석에서, 컴퓨터 선호도에 대한 성별의 차이가 있다는 선행연구의 결과에 근거하여 수학성적에 대한 성별과 수업형태의 상호작용을 알아보고자 한다.

첫 번째 칸에는 성별을, 두 번째에는 수업의형태, 세 번째에는 수학성적을 입력한다. 본 분석에서는 남학생은 1로, 여학생은 2로 입력한다. 또한 수업의 형태는 전통적인 수업(1), 컴퓨터를 활용한 수업(2), 전통적인 수업형태(3)에 컴퓨터를 활용한 혼합적 수업형태를 구분한다.

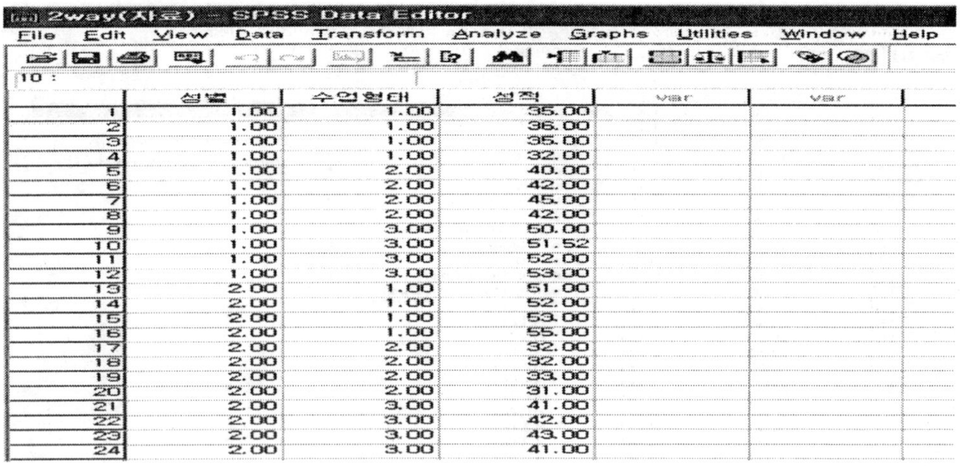

2) 자료분석

(1) SPSS의 > Analyze
　　　　　> General Linear Model
　　　　　　> Univariate 선택

일반선형모형(General Linear Model)이란 각 변인들의 효과를 덧셈의 형태로 결합한다는 즉, 선형적으로 결합할 수 있음을 상정하는 모형이다. 일반선형모형을 상정하는 분석의 다른 예로는 선형회귀모형(Linear Regression Model)을 들 수 있다. 그러므로 변량분석과 회귀분석의 결과해석은 동일한 의미를 지니게 된다.

본 연구주제를 위한 분석에서는 종속변인이 1개이므로 단변량분석(univariate)을 선택한다. 만약 종속변인이 2개 이상인 경우에는 다변량분석(Multivariate)을 선택한다.

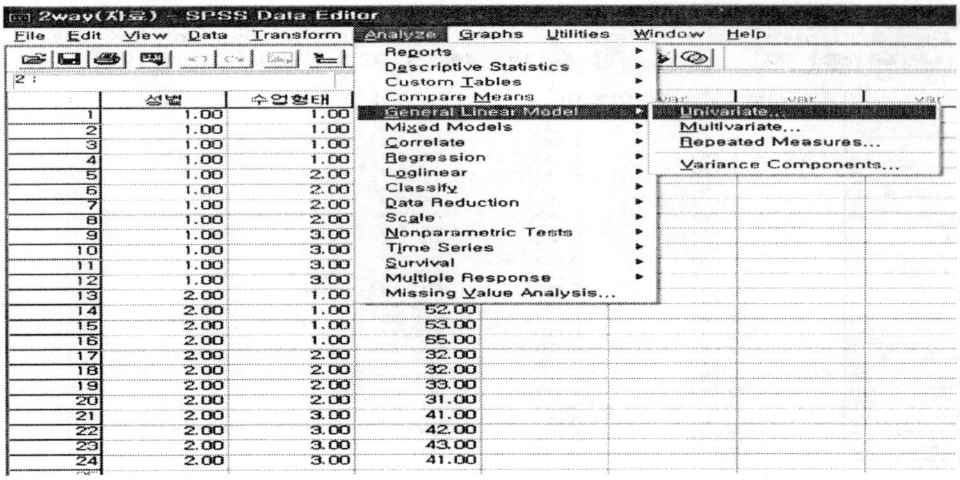

(2) 종속변인(Dependent Variable:)에 '성적'을, 독립변인(Fixed Factor(s):)에 '수업형태'와 '성별'을 입력한 다음 모형(Model...)을 선택한다.

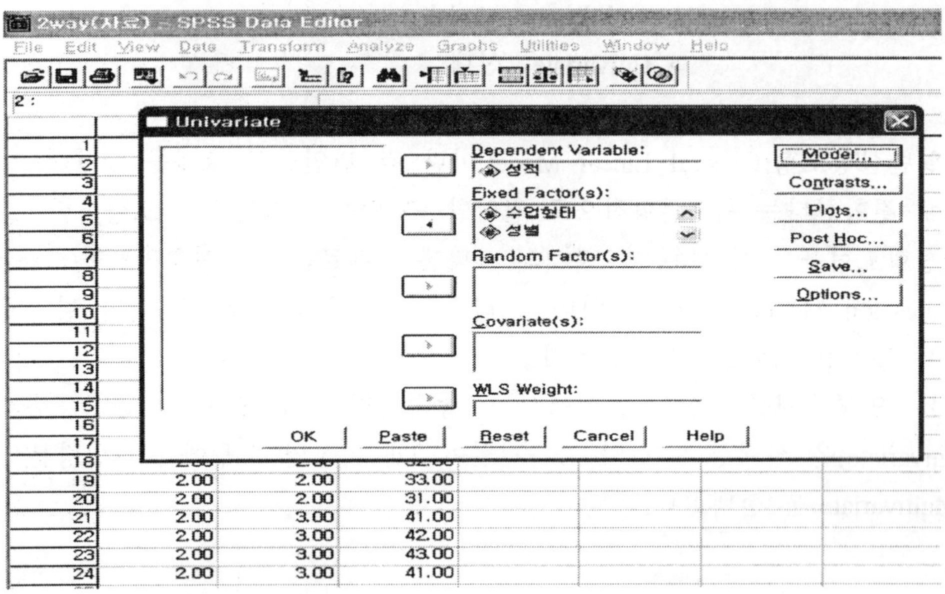

다음과 같은 '모형(Model)' 대화상자가 나오면 'Full factorial'을 선택한다. 'Full factorial'을 선택하여야 선택된 독립변인들의 주효과와 요인들간

의 상호작용효과를 알 수 있다. 계속(Continue) 단추를 누른다.

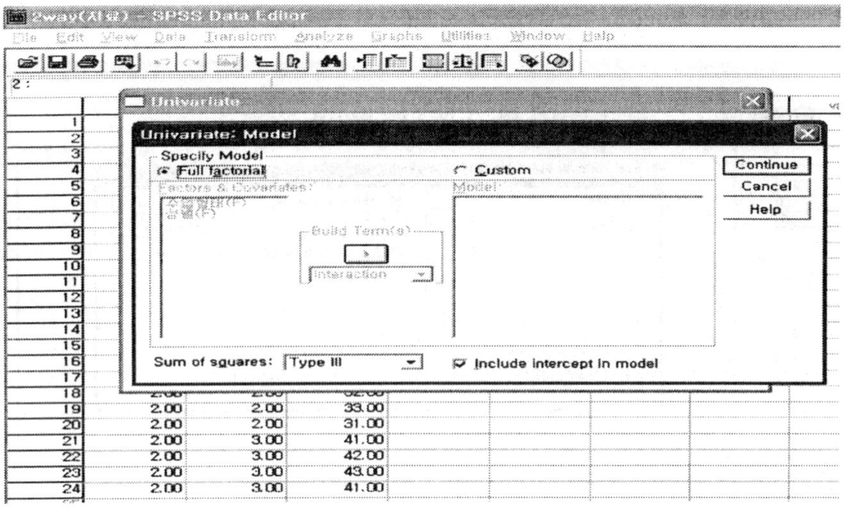

(3) 다시 다음과 같은 화면이 나오면 이번에는 상호작용효과를 알아볼 수 있기 위한 'Plot'을 선택한다.

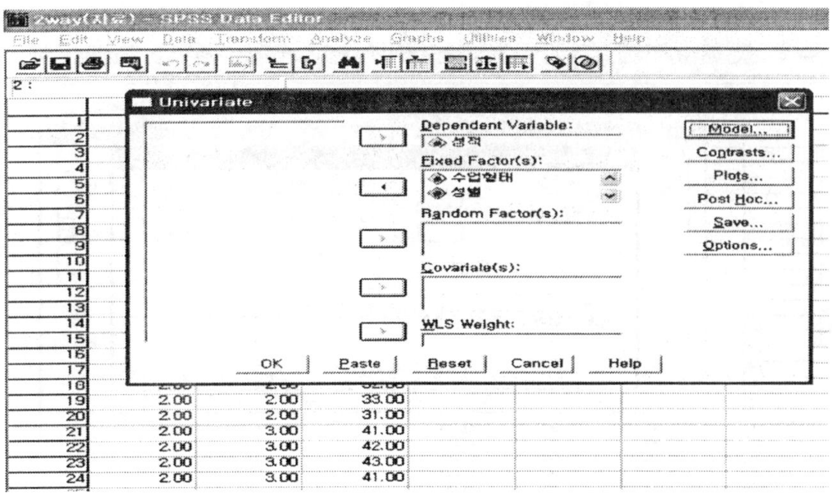

(4) 대화상자가 나타나면 수평축(Horizontal Axis:)에 '성별'을, 분리선

(Separate Lines:)에 '수업형태'를 입력한 다음 'Plots:'에 있는 'Add'단추를 선택한다.

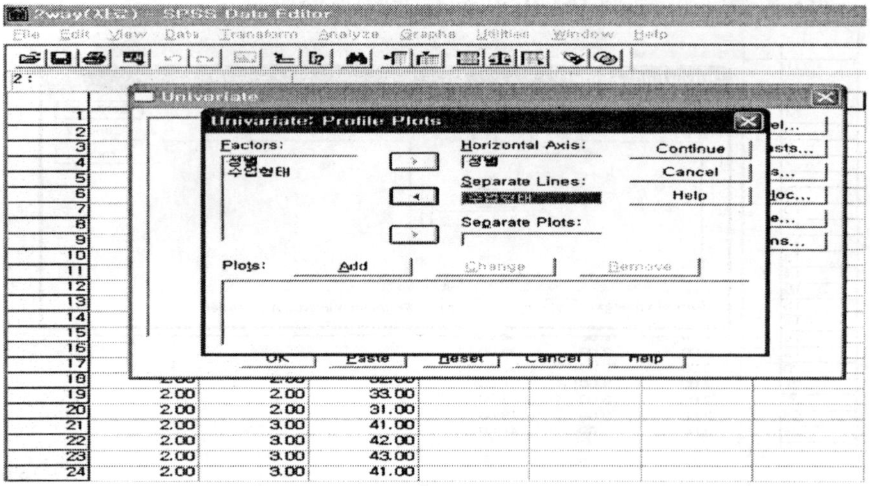

(5) 'Add'를 선택하고 나면 아래 그림과 같이 'Plots:' 하단부의 상자에 '성별*수업형태'가 입력된다.

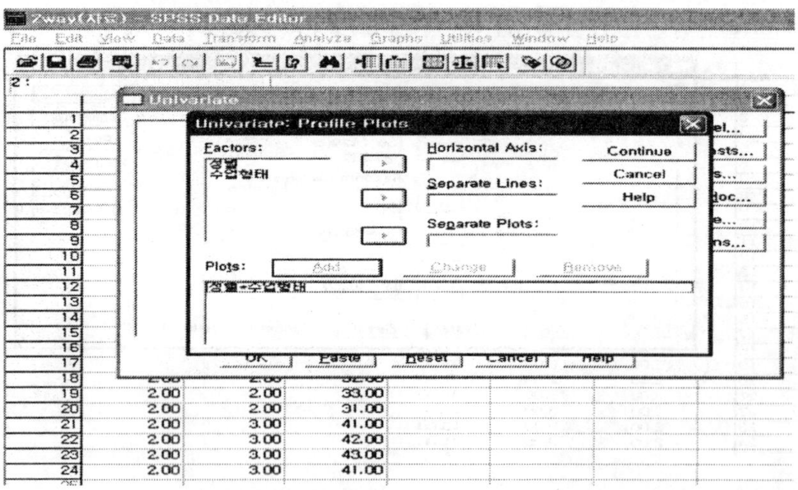

(6) 이번에는 수평축에 '수업형태'를, 분리선에 '성별'을 입력한 다음

'Add'를 선택한다.

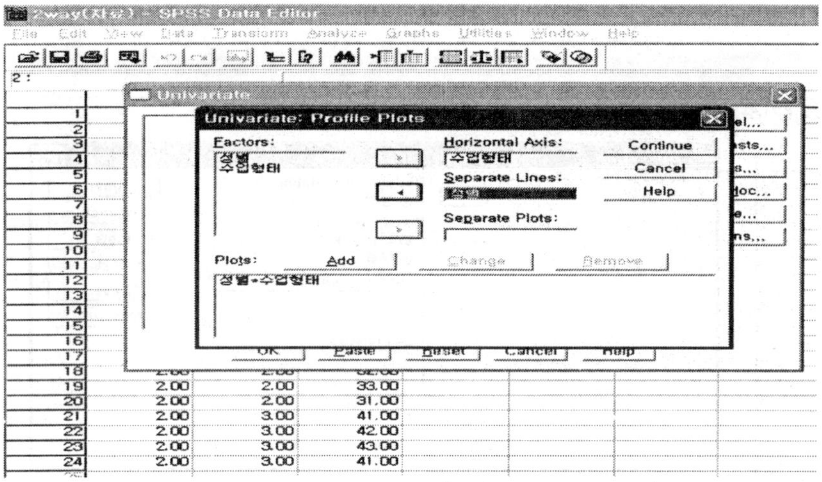

(7) 'Add'를 선택하고 나면 그림과 같이 'Plots:' 하단상자의 '성별*수업형태' 아래에 '수업형태*성별'이 입력된다. 그리고 계속(Continue)를 선택한다.

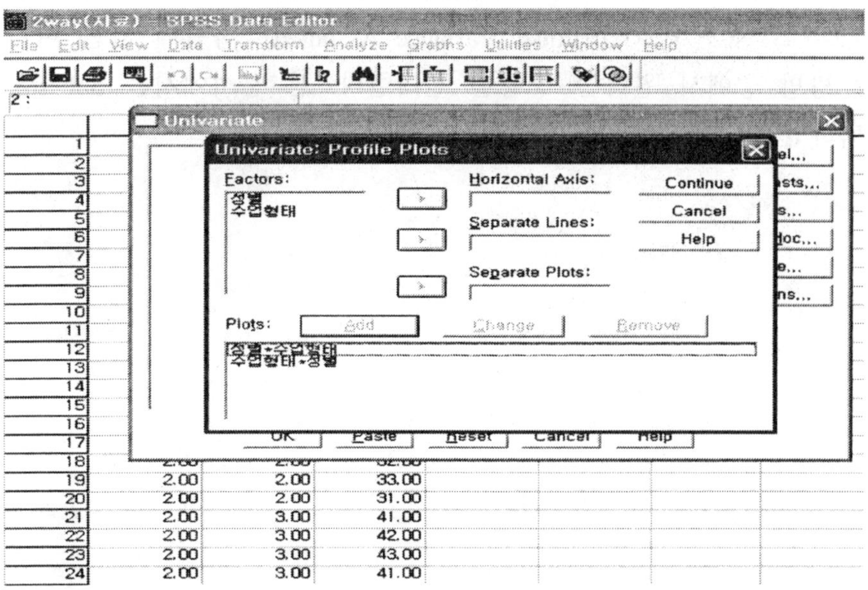

(8) 다시 아래의 그림이 표시되면 이번에는 사후검증을 실시하기 위해 'Post Hoc...'을 선택한다.

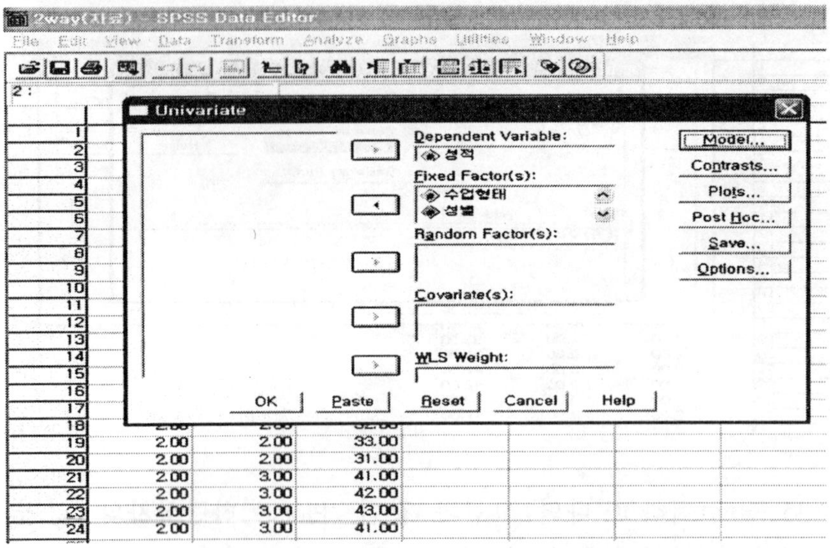

(9) 요인(Factor(s):)에 있는 독립변인 중 3개 이상의 하위 수준을 지닌 변인은 '수업형태'뿐이므로 사후검증(Post Hoc Test for:)에 '수업형태'를 옮긴다. 그리고 '동변량 가정(Equal Variance Assumed)' 하단에 있는 여러 사후검증 방법 중에서 원하는 방법을 선택한다. 본 분석에서는 Scheffe test를 선택하였다. 계속(Continue) 단추를 선택한다.

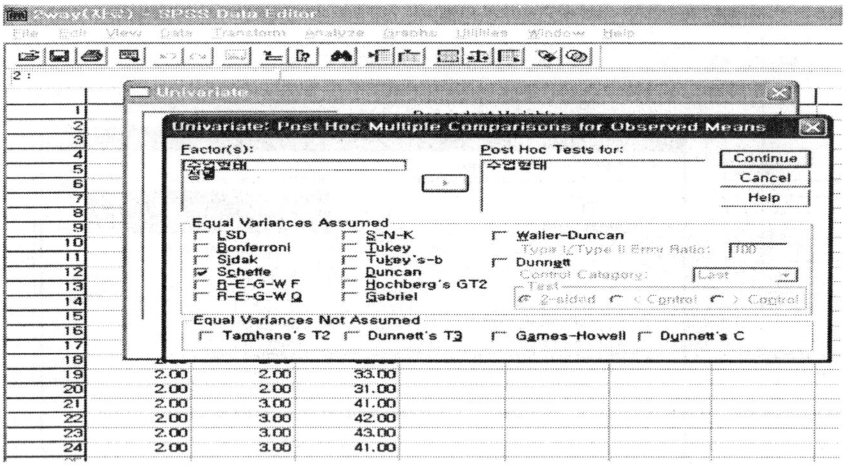

(10) 다시 아래의 그이 표시되면 이번에는 'Option'을 선택한다.

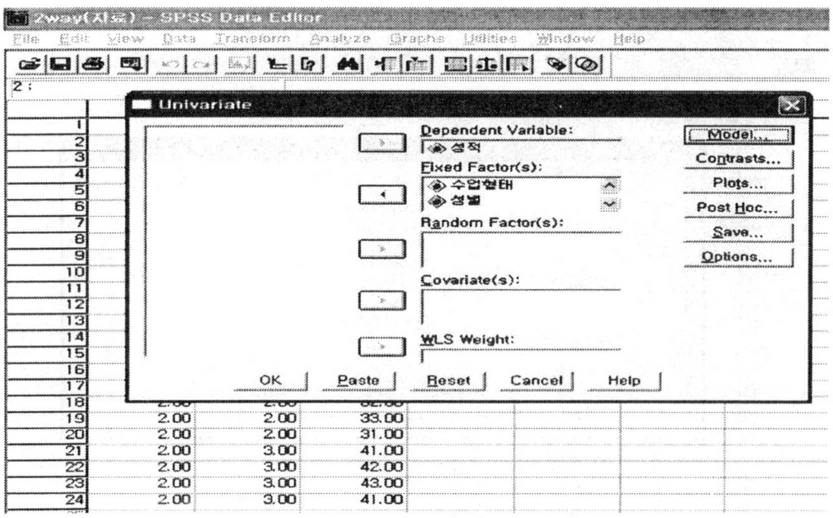

(11) Option에서는 각 cell 및 marginal 평균과 표준편차를 비롯하여 기술통계치(Descriptive statistics), 동변량성 검증(Homogeneity tests) 등을 실시할 수 있다. 계속(Continue)을 선택한다.

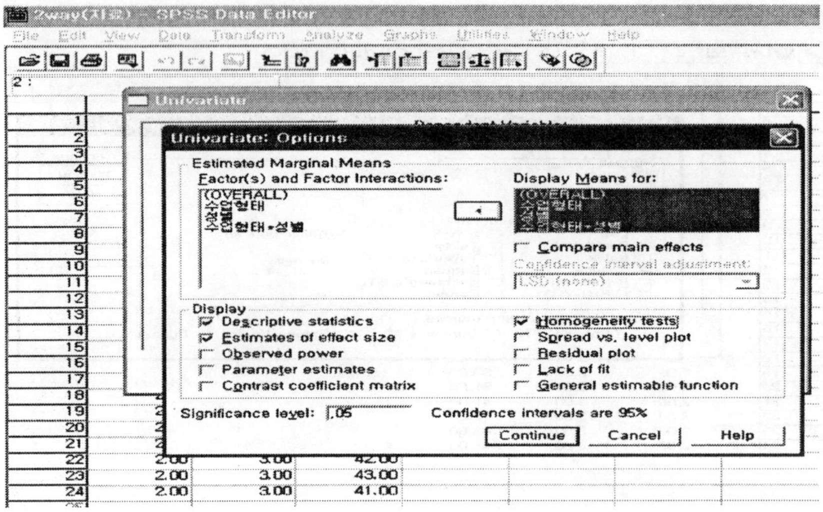

(12) 다시 아래 그림이 표시되면 OK를 선택하여 분석한다.

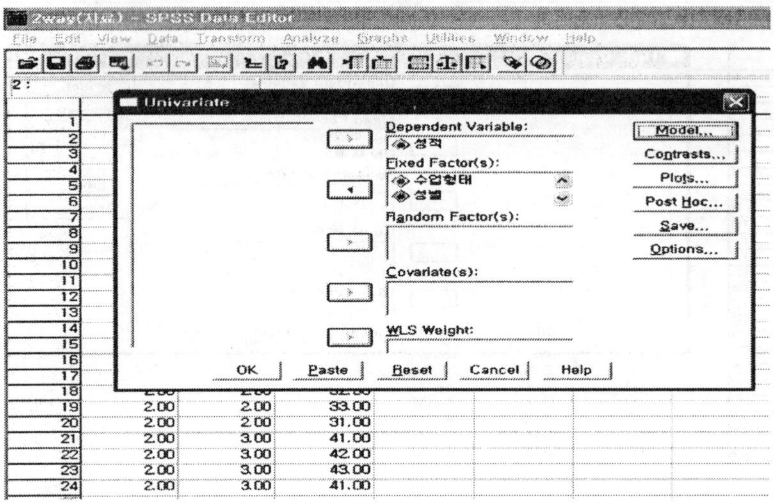

물론 ‘Paste’를 선택하여 syntax 파일을 통해 분석할 수도 있다. 아래 그림은 ‘Paste’를 선택하여 만들어진 syntax 파일이다. 실행(Run)을 누르면 분석이 실행된다.

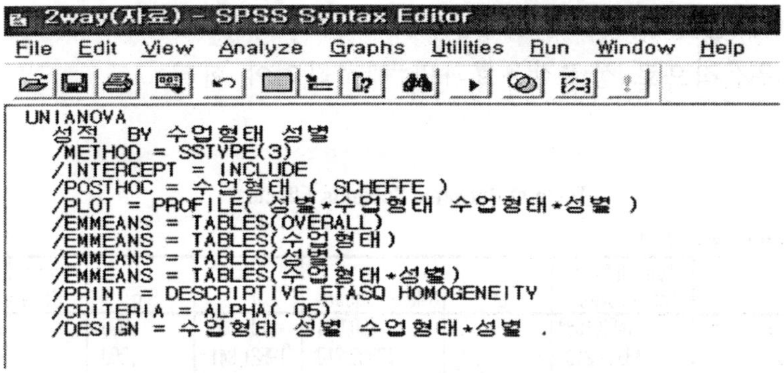

3) 결과물의 해석

아래의 그림에 각 수업형태에 따른 남녀의 성적이 나와 있다. 평균과 표준편차 사례수가 기술통계치(Descriptive Statistics)에 표시되어 있다. Levene의 동변량검사 결과에서는 유의도가 .679로서 동변량성을 가정할 수 있다.

Descriptive Statistics

Dependent Variable: 성적

수업형태	성별	Mean	Std. Deviation	N
1.00	1.00	34.5000	1.73205	4
	2.00	52.7500	1.70783	4
	Total	43.6250	9.88415	8
2.00	1.00	42.2500	2.06155	4
	2.00	32.0000	.81650	4
	Total	37.1250	5.66789	8
3.00	1.00	51.6300	1.24937	4
	2.00	41.7500	.95743	4
	Total	46.6900	5.38067	8
Total	1.00	42.7933	7.47771	12
	2.00	42.1667	8.92222	12
	Total	42.4800	8.05714	24

Levene's Test of Equality of Error Variances[a]

Dependent Variable: 성적

F	df1	df2	Sig.
.630	5	18	.679

Tests the null hypothesis that the error variance of the dependent variable is equal across groups.

a. Design: Intercept+수업형태+성별+수업형태 * 성별

이원변량분석표를 살펴보면 상호작용효과와 수업형태 주효과가 있음을

알 수 있다. 일반적으로 상호작용효과와 주효과가 동시에 유의한 것으로 나타나면 우선적으로 상호작용효과만 해석하여야 한다.

Tests of Between-Subjects Effects

Dependent Variable: 성적

Source	Type III Sum of Squares	df	Mean Square	F	Sig.	Partial Eta Squared
Corrected Model	1453.168[a]	5	290.634	131.005	.000	.973
Intercept	43309.210	1	43309.210	19521.941	.000	.999
수업형태	381.689	2	190.845	86.025	.000	.905
성별	2.356	1	2.356	1.062	.316	.056
수업형태 * 성별	1069.123	2	534.561	240.957	.000	.964
Error	39.933	18	2.218			
Total	44802.310	24				
Corrected Total	1493.101	23				

a. R Squared = .973 (Adjusted R Squared = .966)

사후검증결과를 보면 1과 2집단, 2와 3집단, 1과 3집단각 각에서 통계적으로 유의미한 차이가 있음을 알 수 있다.

Post Hoc Tests

수업형태

Multiple Comparisons

Dependent Variable: 성적
Scheffe

(I) 수업형태	(J) 수업형태	Mean Difference (I-J)	Std. Error	Sig.	95% Confidence Interval Lower Bound	95% Confidence Interval Upper Bound
1.00	2.00	6.5000*	.74473	.000	4.5143	8.4857
	3.00	-3.0650*	.74473	.003	-5.0507	-1.0793
2.00	1.00	-6.5000*	.74473	.000	-8.4857	-4.5143
	3.00	-9.5650*	.74473	.000	-11.5507	-7.5793
3.00	1.00	3.0650*	.74473	.003	1.0793	5.0507
	2.00	9.5650*	.74473	.000	7.5793	11.5507

Based on observed means.

*. The mean difference is significant at the .05 level.

다음은 상호작용효과를 나타낸 그림들이다.

Profile Plots

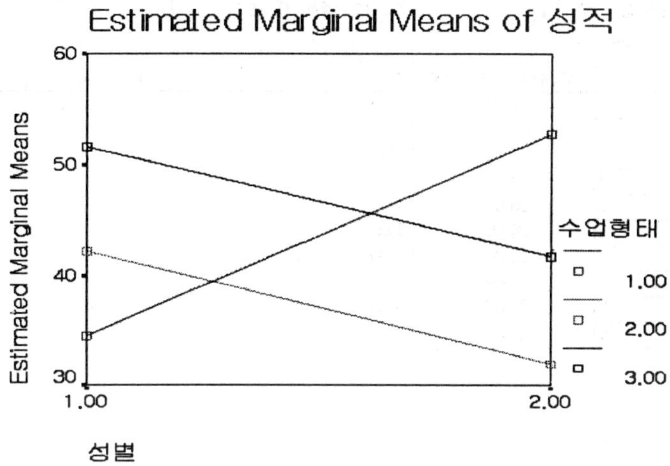

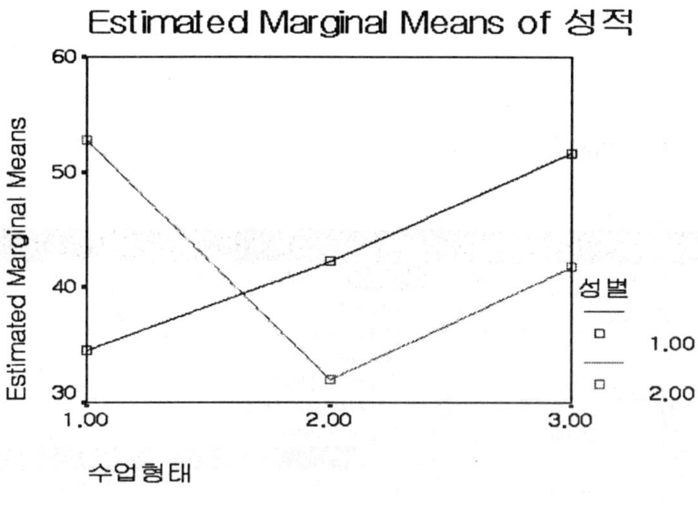

6. 상관분석(Correlation Analysis)

1) 자료입력

단순상관분석을 위한 원자료는 영어성적과 수학성적이다.

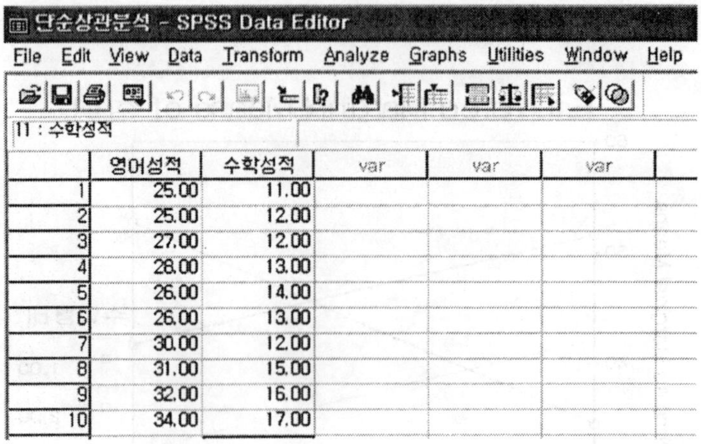

2) 자료분석

(1) Analyze

>Correlate

>Bivariate를 선택한다.

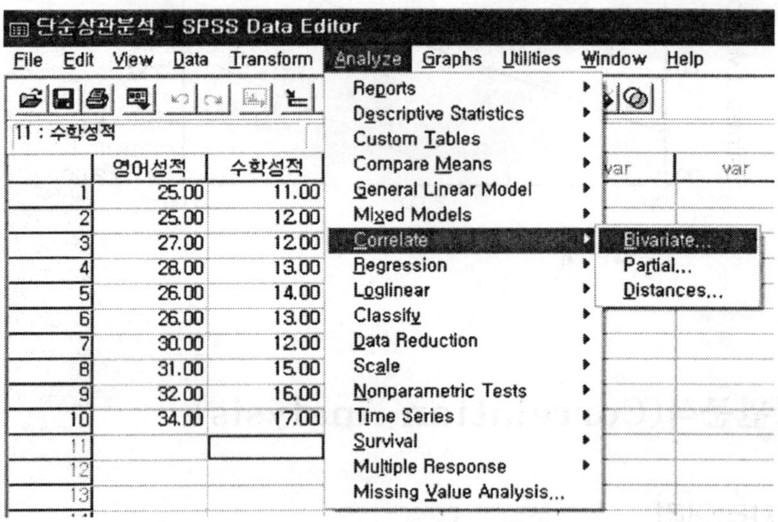

(2) 다음과 같은 대화상자가 나타난다.

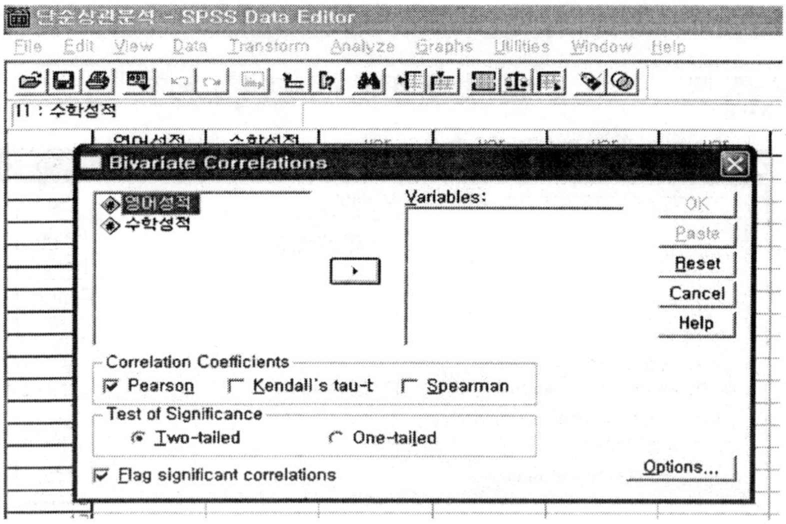

(3) Bivariate Correlations 대화상자에서 좌측의 '영어성적'과 '수학성적'을 우측의 '변인(Variables)' 부분으로 옮긴다. 상관계수(Correlation Coeeficients)는 default로 Pearson의 적률상관계수가 지정되어 있다. 분석목적에 따라 Kendall's tau나 Spearman의 상관계수를 지정할 수 있다.

'Flag significant correlation'은 통계적으로 유의미한 상관계수에 대하여 '*'로 표시할 것인지를 묻는 항목이다. 지정할 경우, α=.05 수준에서 통계적으로 유의미한 상관계수는 '*'로 표시되며, α=.01 수준에서 유의미한 상관계수는 '**'로 표시된다. 'Test of Significance'에서는 양측검증인지 단측검증인지를 선택할 수 있다. 모두 선택하고 난 후에는 Option 단추를 누른다.

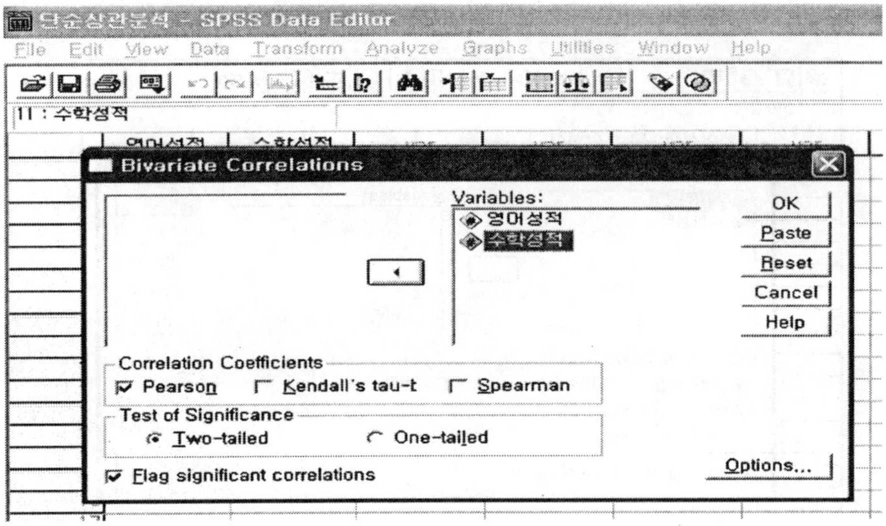

(4) Option을 선택하면 다음과 같은 대화상자가 나타난다. Statics에서 표집치에 대한 평균과 표준편차 등의 기술통계치를 구하기 위해서는 'Means and standard deviations'를 선택한다. 결측치에 대한 처리유형을 결정하기 위해서는 'Missing Values'의 선택항목을 선정한다. 계속(Continue)을 누른다.

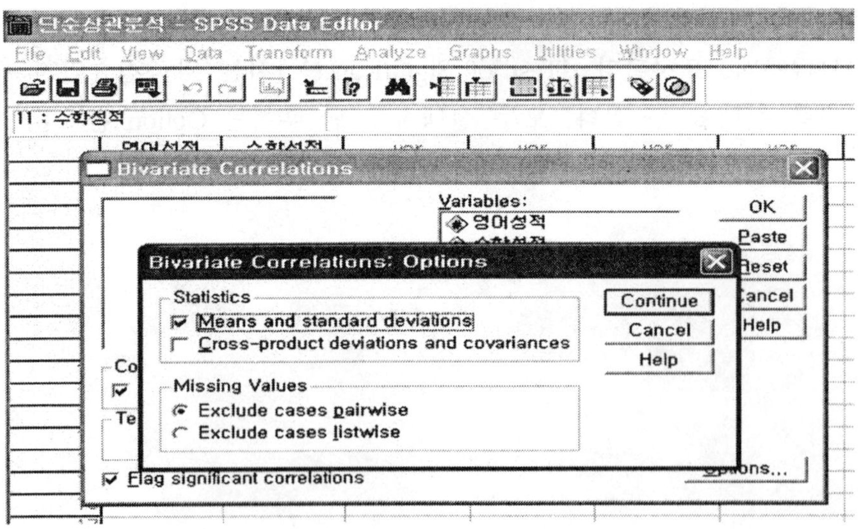

(5) 아래의 그림이 다시 나오면 OK를 누른다. 물론 syntax 파일을 만들고 Run을 시행하여 분석하는 방법도 있다.

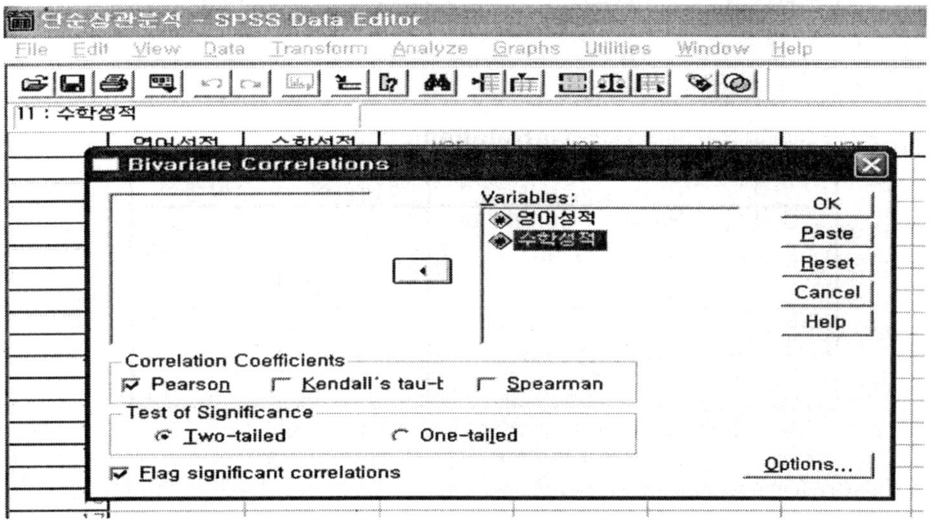

3) 결과의 해석

기술통계치를 볼 것 같으면 영어성적과 수학성적의 평균(표준편차)은 각각8.4(3.17)와 13.5(1.96)이다. 단순상관의 분석결과는 α=.05수준에서 영어성적과 수학성적 두 변인은 통계적으로 유의미한 상관(r=.824, p=.003)이 있는 것으로 나타났다. 그러므로 영어성적이 높은 학생이 수학성적도 높은 것으로 나타났다.

Descriptive Statistics

	Mean	Std. Deviation	N
영어성적	28.4000	3.16930	10
수학성적	13.5000	1.95789	10

Correlations

		영어성적	수학성적
영어성적	Pearson Correlation	1	.824**
	Sig. (2-tailed)	.	.003
	N	10	10
수학성적	Pearson Correlation	.824**	1
	Sig. (2-tailed)	.003	.
	N	10	10

**. Correlation is significant at the 0.01 level

7. 회귀분석(Regression Analysis)

회귀분석이란 독립변인들로 이루어진 함수모형으로 종속변인을 설명하거나 예측하는 통계방법이다. 예측함수를 자료에 적합시키고, 회귀계수를 추정하며, 모집단에서의 종속변인과 독립변인 간의 관련성에 관한 가설검증 등이 주요 관심사이다. 자료에 적합시킨 함수를 회귀식이라 하고, 회귀방정식에서 각 독립변인의 계수를 회귀계수라한다. 독립변인이 하나인 경우를 단순회귀, 여러 개인 경우를 중다회귀라 한다(교육평가연구회, 1995).

1) 자료입력

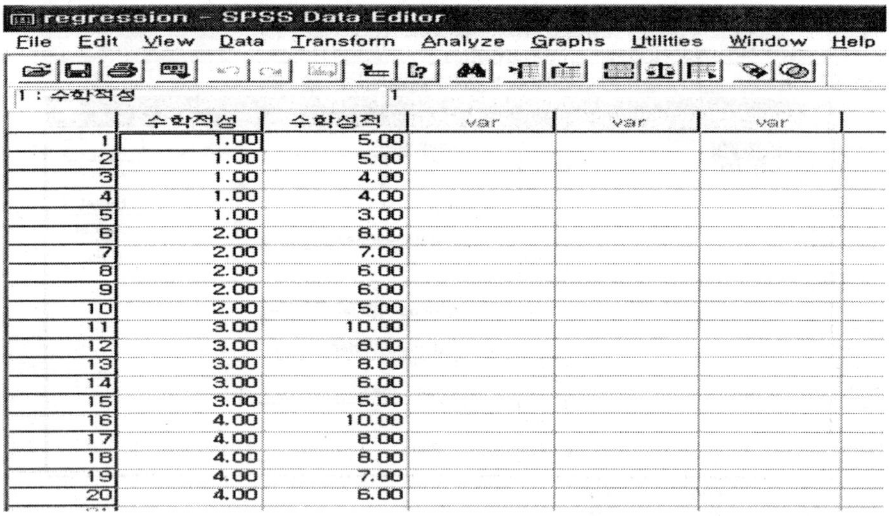

2) 자료분석

(1) Analyze

>Regression

>Linear를 선택한다.

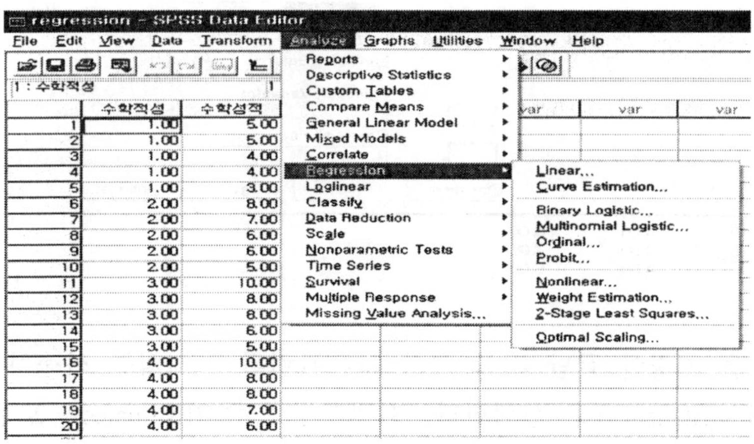

(2) 다음과 같은 대화상자가 나오면 '종속변인(Dependent:)'에 수학성적을, '독립변인(Independents:)'에 수학적성을 기입한다.

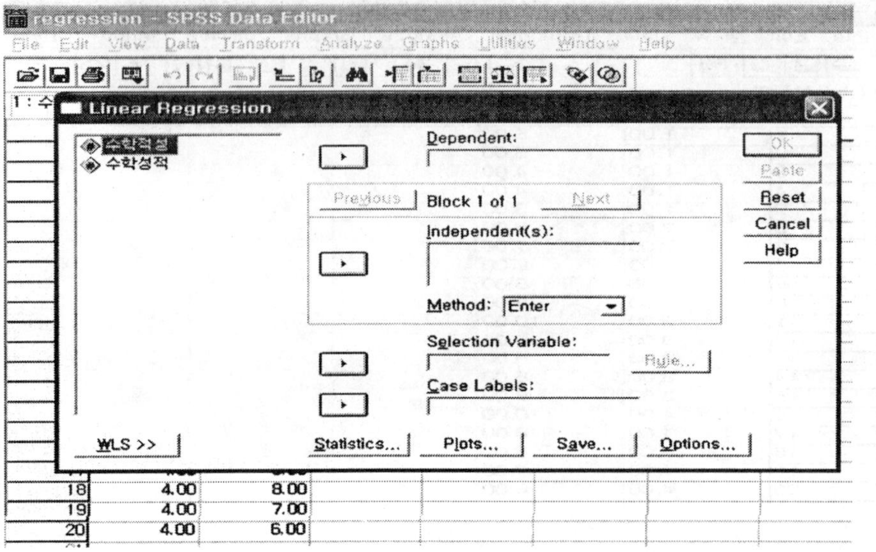

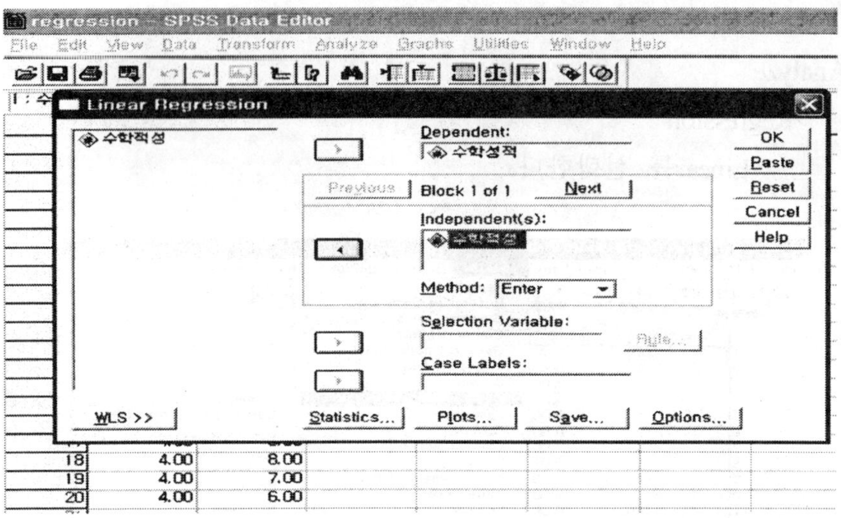

(3) 변인들 지정이 끝난 후 회귀분석과 관련된 통계치를 산출하기 위해서는 통계치(Statistics)를 선택한다. 회귀계수추정치(Estimates), 모형적합도(Model fit), 변화된 결정계수(R squared change)를 선택한 뒤 계속(Continue) 단추를 누른다.

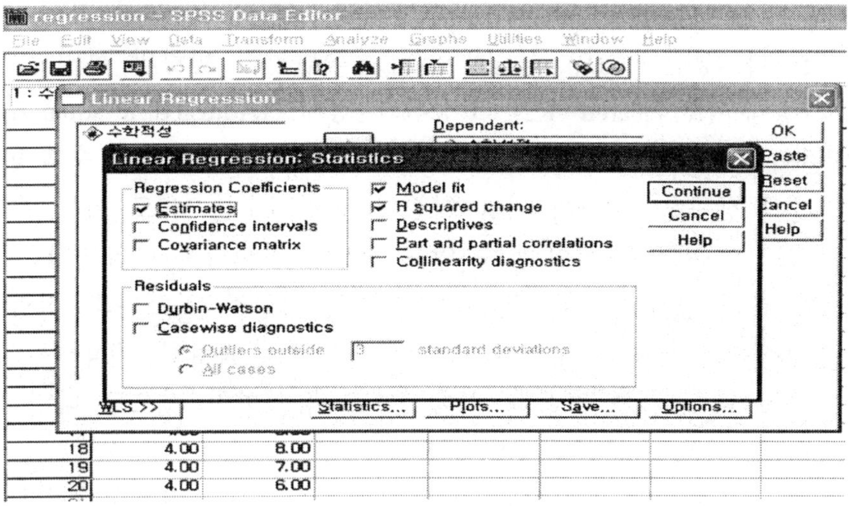

3) 자료해석

Regression

Model Summary

Model	R	R Square	Adjusted R Square	Std. Error of the Estimate	Change Statistics				
					R Square Change	F Change	df1	df2	Sig. F Change
1	.700[a]	.491	.462	1.41696	.491	17.338	1	18	.001

a. Predictors: (Constant), 수학적성

ANOVA[b]

Model		Sum of Squares	df	Mean Square	F	Sig.
1	Regression	34.810	1	34.810	17.338	.001[a]
	Residual	36.140	18	2.008		
	Total	70.950	19			

a. Predictors: (Constant), 수학적성

b. Dependent Variable: 수학성적

Coefficients[a]

Model		Unstandardized Coefficients		Standardized Coefficients	t	Sig.
		B	Std. Error	Beta		
1	(Constant)	3.500	.776		4.510	.000
	수학적성	1.180	.283	.700	4.164	.001

a. Dependent Variable: 수학성적

첫 번째 표인 'Model Summary'는 선형회귀분석모형을 통한 분석효과를 요약한 것이다. 상관계수(R), 독립변인의 종속변인의 변량의 설명량을 나타내는 결정계수(R squared: R2), 조정된 결정계수(Adjusted R squared), 추정의 표준오차(Std. Error of the Estimate) 등이 표시되어 있다. 수학적성과 수학성적간의 상관은 .70이며 이를 자승한 결정계수는 .49로 이는 수학적성이 수학성적의 변량을 설명할 수 있는 정도는 49%임을 나타낸다.

두 번째 표인 'ANOVA'는 회귀분석모형과 경험적 자료와의 적합성에 관련된 정보를 제공한다. 즉, 선택된 분석모형으로 자료를 분석하는데 적합한가를 알아보기 위한 것이다. 통계적으로 유의미한 것으로 나타나 선택된 모형으로 자료를 분석하기에 적합함을 알 수 있다.

세 번째 표는 회귀계수에 관한 통계치로서 비표준회귀계수(B: Unstandardized Coefficients)와 표준오차(Std. Error), 그리고 표준회귀계수(β: Standardized Coefficients)가 표시되어 있다.

상수(Constant)는 3.50(표준오차 .776)이고 수학적성 독립변인의 비회귀계수(B)는 1.18(표준오차 .283)이며, 표준회귀계수(β)는 .70이다. 그러므로 표집의 회귀방정식은 3.50 + 1.18*(수학적성)로 나타낼 수 있다.

8. 중다회귀분석(Multiple Regression Analysis)

중다회귀분석이란 독립변인의 수가 두 개 이상일 때 종속변인과의 관계를 분석하기 위한 통계적 절차이다. 예로 수학성적에 대한적성, SES, 동기의 영향력을 알아보고자 하는 경우가 이에 해당된다. 다음은 실제로 수학성적을 종속변인으로 적성, SES, 동기를 독립변인으로 하여 이들의 관계를 구체적으로 살펴본 것이다.

1) 자료입력

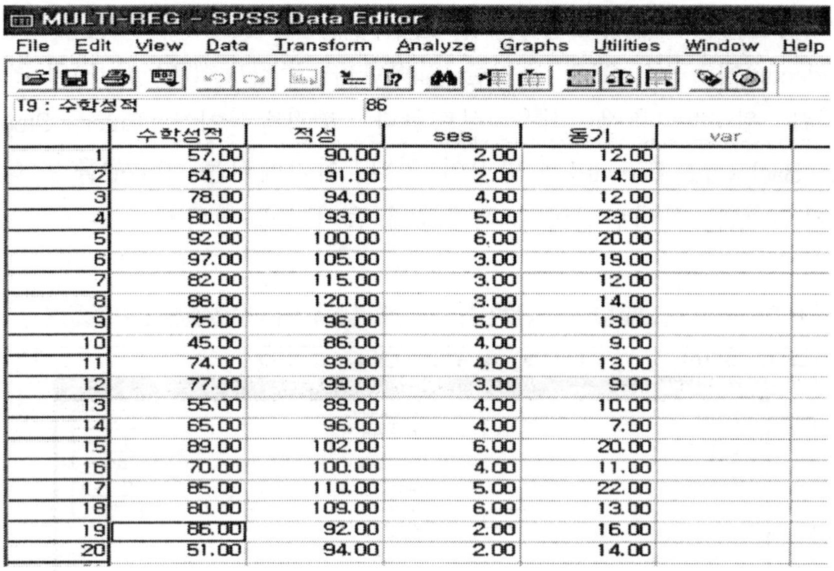

MULTI-REG - SPSS Data Editor

	수학성적	적성	ses	동기	var
1	57.00	90.00	2.00	12.00	
2	64.00	91.00	2.00	14.00	
3	78.00	94.00	4.00	12.00	
4	80.00	93.00	5.00	23.00	
5	92.00	100.00	6.00	20.00	
6	97.00	105.00	3.00	19.00	
7	82.00	115.00	3.00	12.00	
8	88.00	120.00	3.00	14.00	
9	75.00	96.00	5.00	13.00	
10	45.00	86.00	4.00	9.00	
11	74.00	93.00	4.00	13.00	
12	77.00	99.00	3.00	9.00	
13	55.00	89.00	4.00	10.00	
14	65.00	96.00	4.00	7.00	
15	89.00	102.00	6.00	20.00	
16	70.00	100.00	4.00	11.00	
17	85.00	110.00	5.00	22.00	
18	80.00	109.00	6.00	13.00	
19	86.00	92.00	2.00	16.00	
20	51.00	94.00	2.00	14.00	

2) 자료분석

(1) Analyze

>Regression

>Linear를 선택한다.

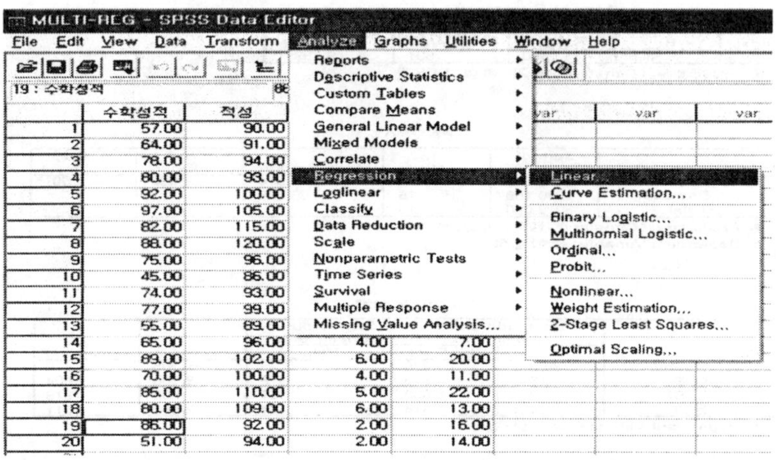

(2) 대화상자가 열리면 종속변인(Dependent:)에 수학성적, 독립변인(Independents:)에 적성, SES, 동기를 입력한다. 추정방식(Method:)의 스크롤바를 통해 원하는 추정방식을 선택한다. 추정방식에는 Enter, Stepwise, Romove, Backward, Forward의 방식이 있다. 여기에서는 'Enter'를 선택하였다. 이 경우 모든 독립변인이 분석과정에 들어가게 된다.

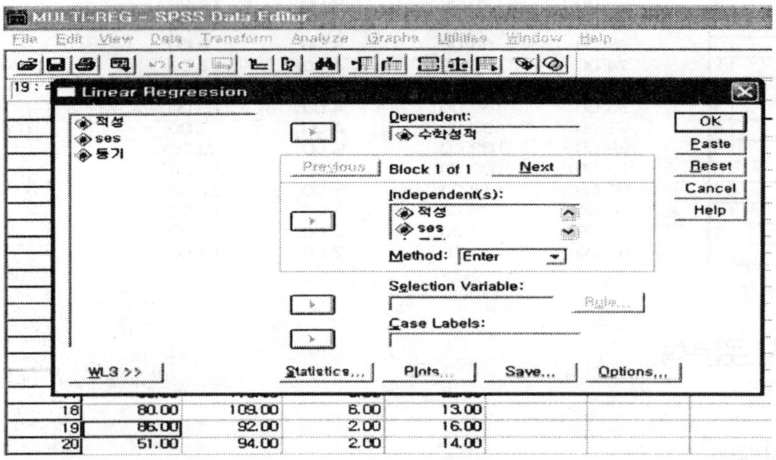

3) 자료해석

Model Summary

Model	R	R Square	Adjusted R Square	Std. Error of the Estimate
1	.806a	.650	.584	9.25391

a. Predictors: (Constant), 동기, 적성, SES

ANOVAb

Model		Sum of Squares	df	Mean Square	F	Sig.
1	Regression	2542.842	3	847.614	9.898	.001a
	Residual	1370.158	16	85.635		
	Total	3913.000	19			

a. Predictors: (Constant), 동기, 적성, SES

b. Dependent Variable: 수학성적

Coefficientsa

Model		Unstandardized Coefficients B	Unstandardized Coefficients Std. Error	Standardized Coefficients Beta	t	Sig.
1	(Constant)	-30.326	23.239		-1.305	.210
	적성	.816	.243	.516	3.360	.004
	SES	.857	1.692	.081	.506	.619
	동기	1.481	.514	.464	2.880	.011

a. Dependent Variable: 수학성적

수학성적을 종속변인으로 하고 동기, 적성, SES를 독립변인으로 한 중다회귀분석의 결과에서 종속변인과 독립변인들과의 중다상관은 .806이며, 세 독립변인의 종속변인의 변량에 대한 설명량은 65%를 이루고 있다.

한편 모형적합성을 검증한 결과인 ANOVA에서는 선택된 선형회귀모형이 자료를 분석하기에 적합함을 나타내고 있다(sig=.001>.05).

회귀계수에 관한 유의성 검증결과 SES를 제외한 적성과 동기와 관련된 회귀계수들이 유의미한 것으로 나타났다. 회귀계수표를 통해 적성, SES, 동기와 수학성적간의 회귀방정식은 다음과 같다.

$$\underline{수학성적=-30.326+.816*적성+.857*SES+1.481*동기}$$

한편 Z점수를 이용한 회귀방정식은 다음과 같다.

$$\underline{Z_{수학성적}=.516*Z_{적성}+.081*Z_{SES}+.464*Z_{동기}}$$

9. χ^2-검증(χ^2-test)

χ^2-검증은 자료가 빈도일 때 적용할 수 있는 통계적 검증법이다. χ2-검증은 (1) 정규모집단으로부터 무선표집하여 얻은 표본의 변량이 마리 정해 두었던 변량과 같은지 다른지를 검증하는 즉, 변량의 동질성을 다루는 동변량성검증, (2)주어진 분포 즉 경험적 자료가 선험적 원리에서 기대하는 분포, 즉 이론적 모형에서 도출된 분포와 같은가를 다루는 적합도검증, 그리고 (3)유관표에 의한 변인간의 독립성을 다루는 유의성검증 등에 이용된다(김영채, 1989). 여기서는 유관표에 의한 독립성 검증을 다룬다.

1) 연구문제

연구문제 : 도시의 지역(region)에 따라 부모교육에의 참여도(participation)

는 차이가 있을 것인가?

2) 자료의 입력

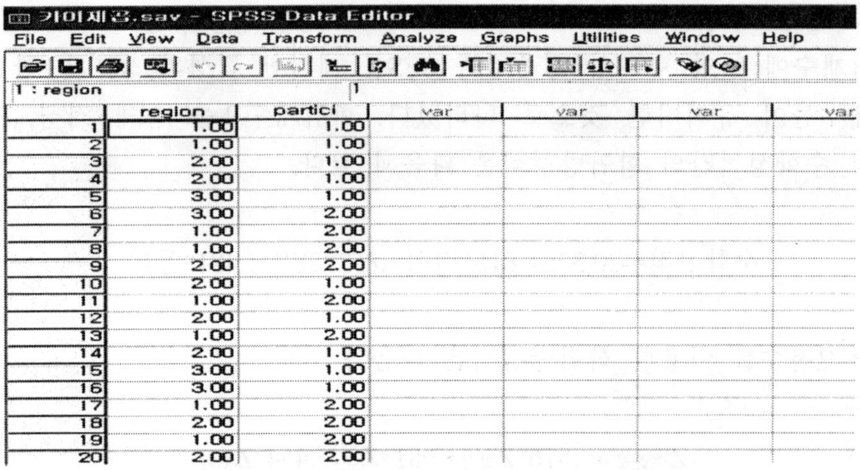

	region	partici	var	var	var	var
1	1.00	1.00				
2	1.00	1.00				
3	2.00	1.00				
4	2.00	1.00				
5	3.00	1.00				
6	3.00	2.00				
7	1.00	2.00				
8	1.00	2.00				
9	2.00	2.00				
10	2.00	1.00				
11	1.00	2.00				
12	2.00	1.00				
13	1.00	2.00				
14	2.00	1.00				
15	3.00	1.00				
16	3.00	1.00				
17	1.00	2.00				
18	2.00	2.00				
19	1.00	2.00				
20	2.00	2.00				

3) 통계분석

(1) SPSS의 > Analyze

>Descriptive Statistics

> Crosstabs를 선택한다.

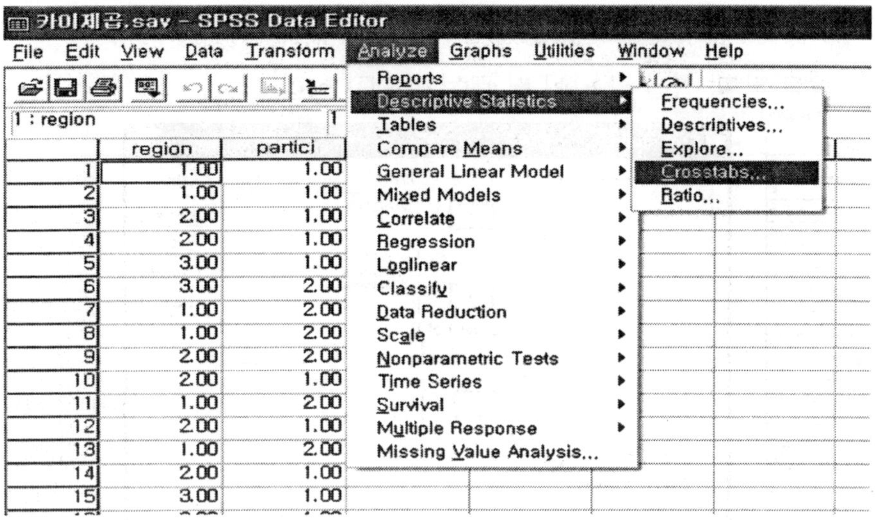

(2) 다음과 같은 대화상자가 나온다.

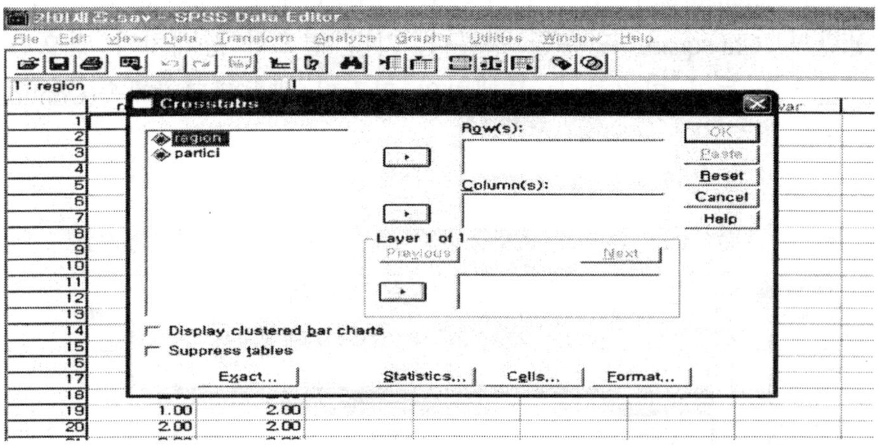

(3) '열(Row(s))'과 '행(Column(s)'에 독립변인 하나씩을 지정한다. 여기서는 'Row(s)에 지역(region)을 'Column(s)'에 참여도(partici)를 지정한다. 그리고 '통계치(statistics...)' 단추를 누른다.

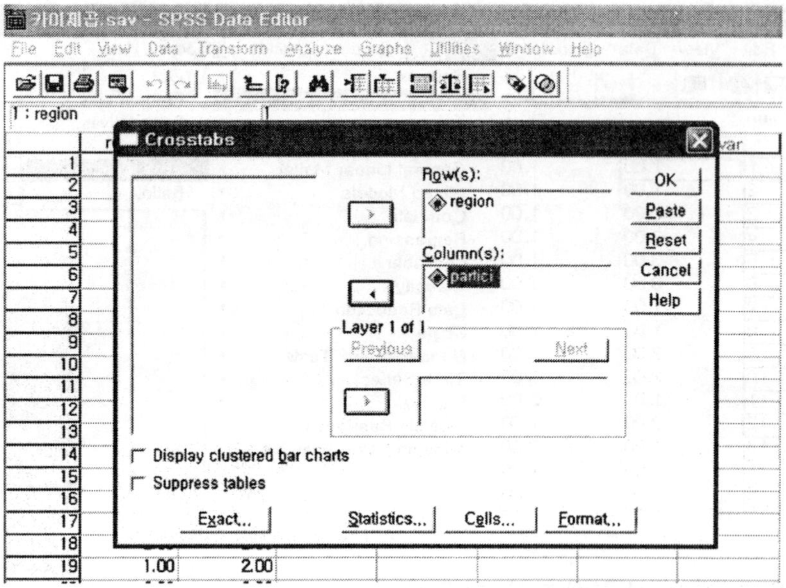

(4) '통계치(statistics...)' 단추를 누르면 다음과 같은 대화상자가 나온다. 왼쪽 상단의 'Chi-square' 단추를 누른다. 기타 필요한 통계치가 있으면 해당되는 단추를 눌러 지정한다. 통계치의 지정이 완료되면 '계속(Continue)' 단추를 누른다.

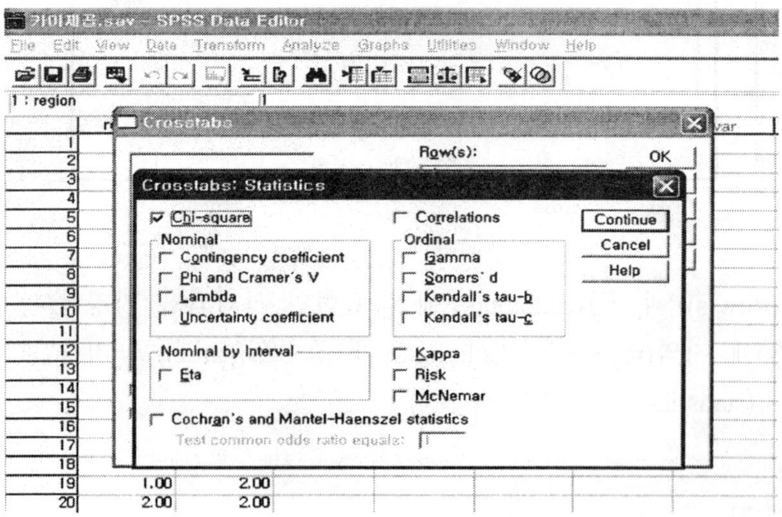

(5) 다시 다음과 같은 대화상자가 나오면 이번에는 '셀(Cells...)'단추를 누른다.

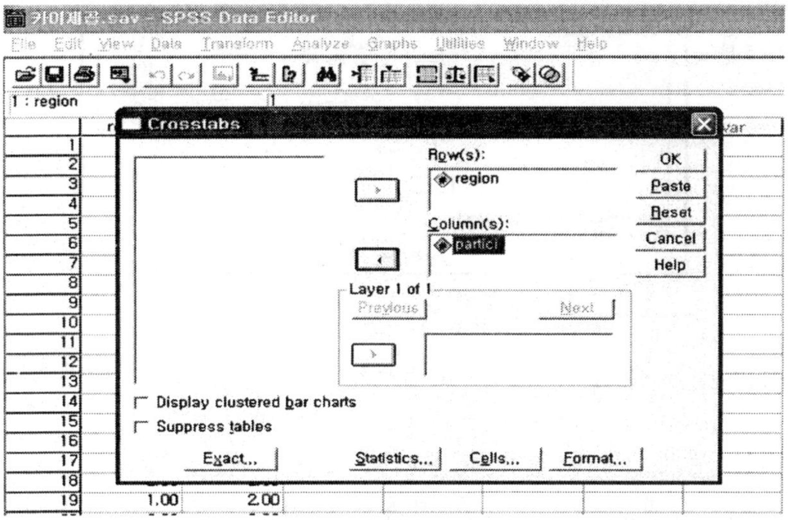

(6) '셀(Cells)' 대화상자에서 왼쪽 상단의 'Counts'의 '관측빈도(Observed)'를 지정한다. 만약 '기대빈도(Expected)'를 보고 싶다면 '기대빈도(Expected)' 단추를 누른다. 완료하였으면 '계속(Continue)' 단추를 누른다.

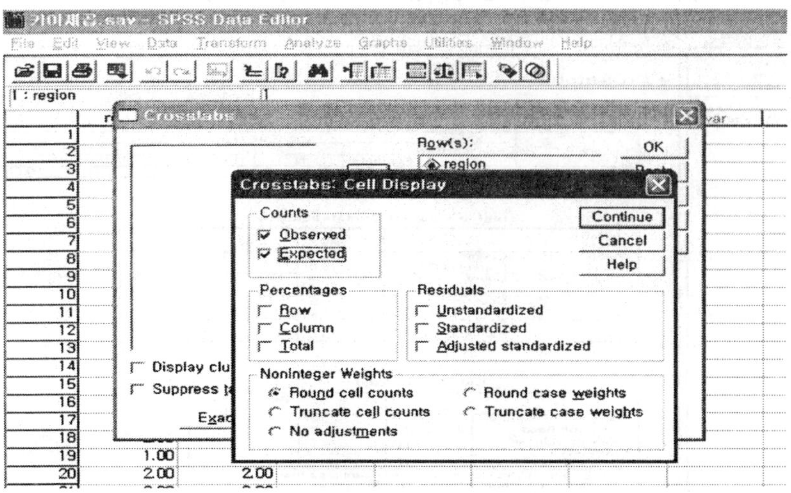

(7) 다시 다음과 같은 대화상자가 나오면 'OK'단추를 누른다.

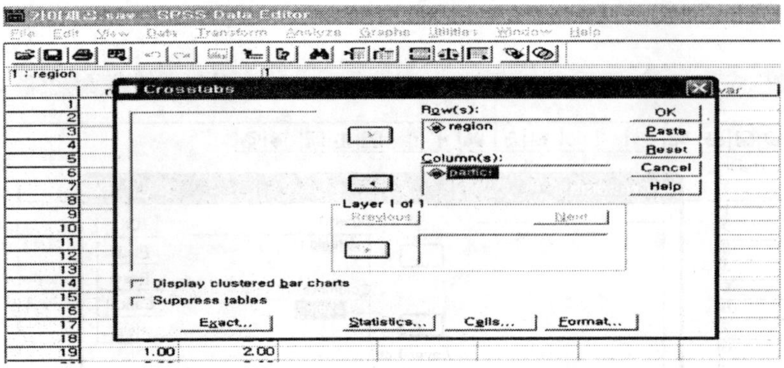

4) 결과물의 해석

결과물에는 통계분석에 사용된 사례에 관한 요약과 관찰빈도와 기대빈도를 나타내는 유관표 및 χ^2-검증 결과가 나타나 있다. 총 30명의 사례가 사용되었으며 Pearson χ^2-검증의 값은 2.43(df=2)이다. 이는 통계적으로 유의미한 결과가 아니므로 지역과 참여도에는 독립적인 관계를 지닌다고 할 수 있다. 즉 지역에 따라 부모교육의 참여도에 차이가 있는 것이 아님을 알 수 있다.

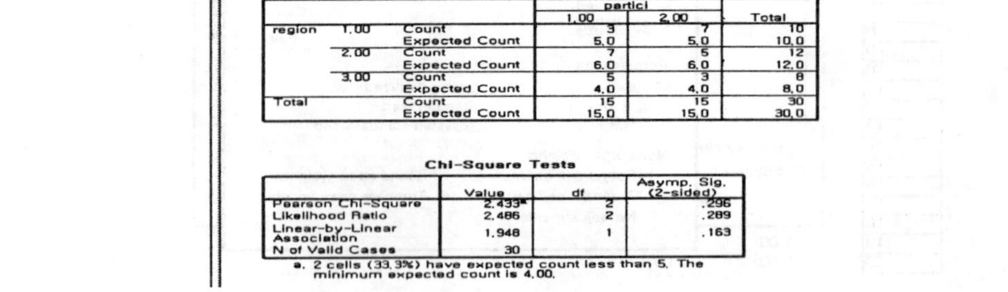

5) 빈도수와 가중치를 이용한 χ^2-검증의 실시 방법

χ^2-검증에는 빈도수가 각 셀마다의 빈도수가 미리 알려진 자료를 이용하여 분석할 수도 있다. 이 경우 빈도에다 가중치(weight)를 주어 계산하여야 한다. 다음은 이 처럼 각 셀의 빈도를 알고 가중치를 이용하여 χ^2-검증을 실시하는 방법을 설명한 것이다.

(1) 자료의 입력

유관표에 상응하도록 행과 열을 구성한다. 그리고 '빈도'변인에 실제 자료의 각 셀의 빈도를 기입한다.

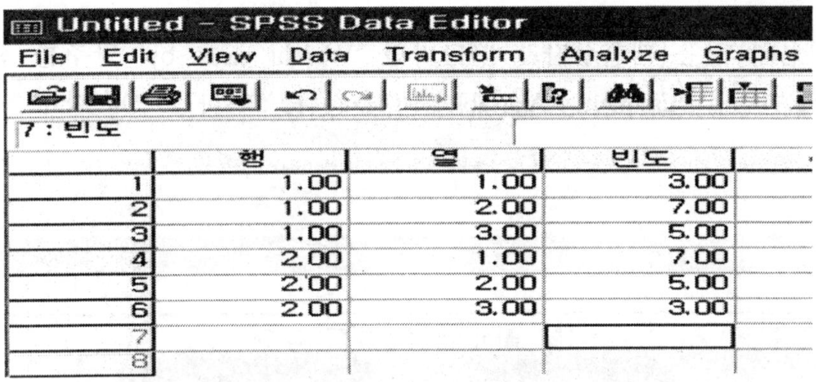

(2) 가중치 부여

'빈도'변인의 빈도수에 가중치를 부여하기 위해

>SPSS

>Data

>Weight Cases를 선택한다.

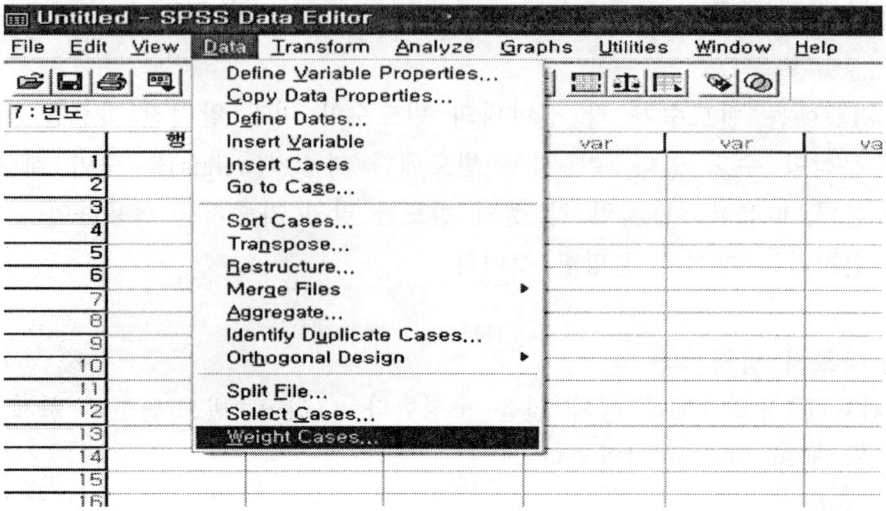

(3) 다음과 같은 대화상자가 나타나면 'Weight cases by' 단추를 선택하고 '빈도'변인을 'Frequency Variable:'로 옮긴다. 그 다음 'OK'단추를 누른다.

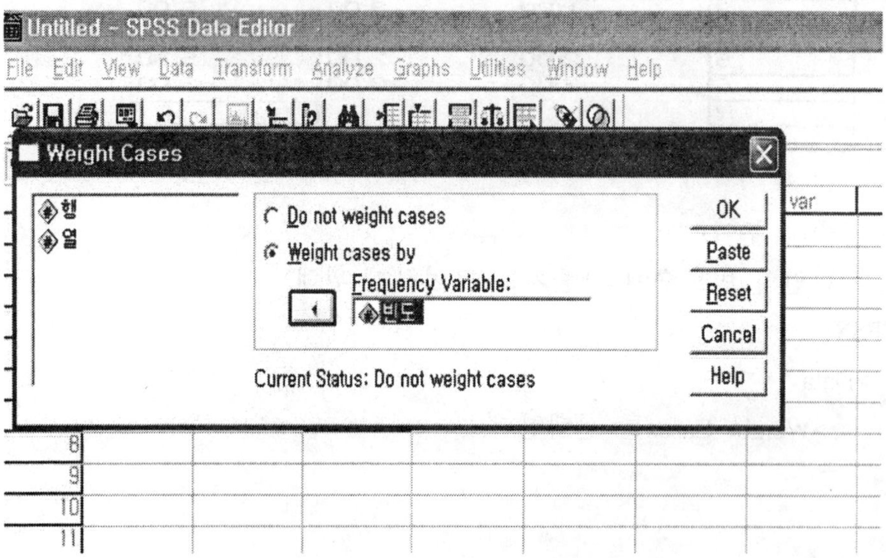

(4) 이 후로는 원자료를 사용하여 χ^2-검증을 실시한 것과 같은 순서에

따라 분석을 실시한다.

우선 SPSS의 > Analyze

>Descriptive Statistics

> Crosstabs를 선택한다.

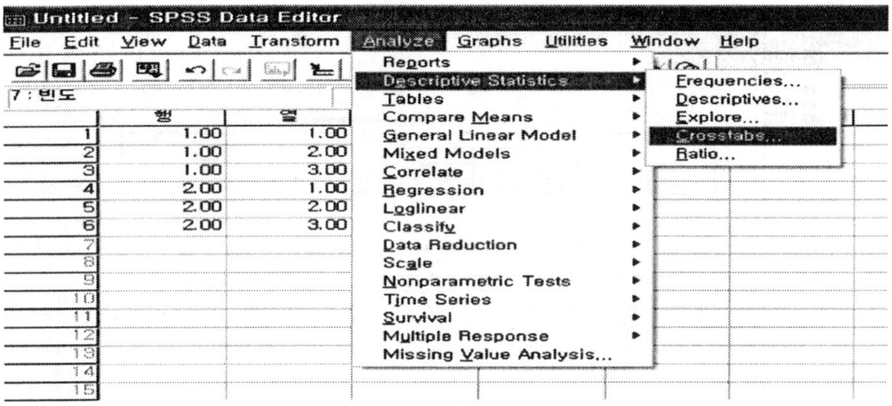

그 다음 'Row(s)'에 '행'변인을 선정하고 'Column(s)'에 '열'변인을 선정한 후 'OK'단추를 누른다.

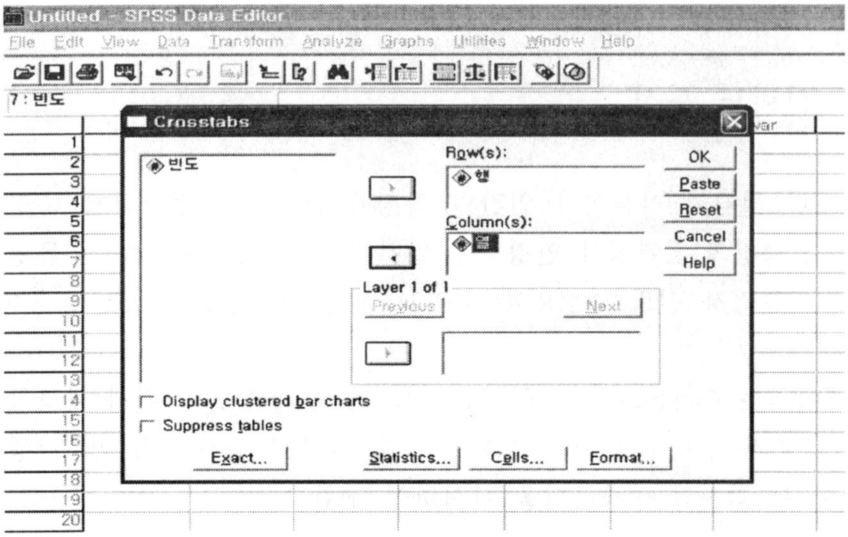

분석결과는 원자료의 경우와 동일하나 유관표에서의 변인이름이 원자료의 'region'과 'partici'와 달리 '행'과 '열'로 나타나 있다.

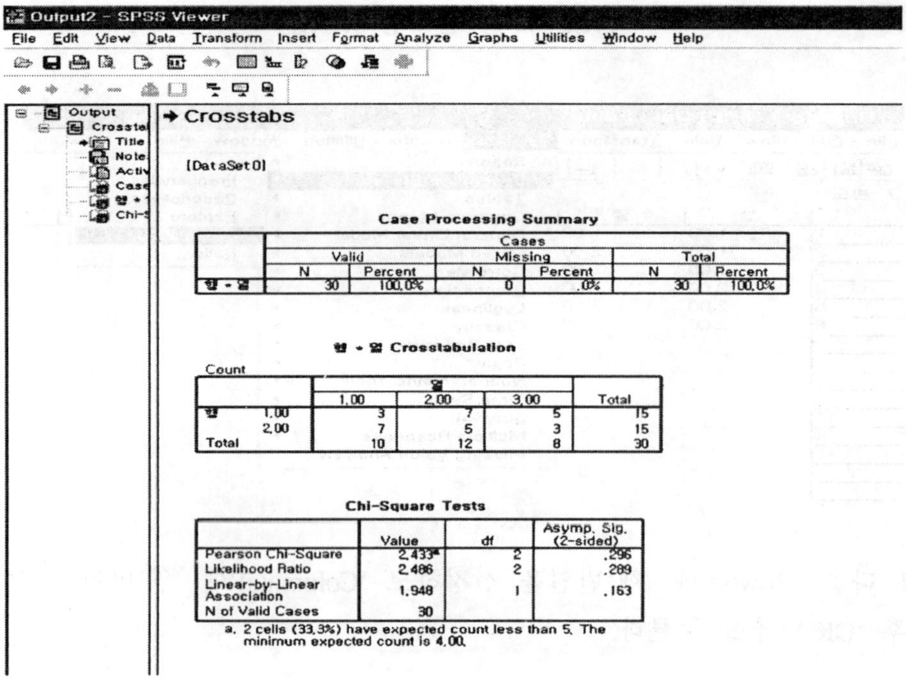

Case Processing Summary

	Cases					
	Valid		Missing		Total	
	N	Percent	N	Percent	N	Percent
행 * 열	30	100.0%	0	.0%	30	100.0%

행 * 열 Crosstabulation

Count

		열			Total
		1.00	2.00	3.00	
행	1.00	3	7	5	15
	2.00	7	5	3	15
Total		10	12	8	30

Chi-Square Tests

	Value	df	Asymp. Sig. (2-sided)
Pearson Chi-Square	2.433[a]	2	.296
Likelihood Ratio	2.486	2	.289
Linear-by-Linear Association	1.948	1	.163
N of Valid Cases	30		

a. 2 cells (33.3%) have expected count less than 5. The minimum expected count is 4.00.

10. 신뢰도 분석

신뢰도란 검사가 사물이나 인간의 특성을 오차없이 정확하게 측정하는 정도로서, 측정의 일관성과 안정성을 말하며, 검사-재검사신뢰도, 동형검사신뢰도, 반분검사 신뢰도, KR-20, KR-21, Hoyt 계수, Cronbach α 등이 있다.

본 예에서는 Cronbach α를 구하는 절차를 소개하였다. 검사-재검사신뢰도나 동형검사 신뢰도는 하나 혹은 동일한 형태의 검사를 두 번 시행하고 난 후 이 두 검사간 상관분석을 실시하여 구한다.

1) 자료입력

사용된 자료는 부모의 양육태도검사의 일부분이다. 실제 자료는 273명을 대상으로 구해진 것이다.

	양육1	양육2	양육3	양육4	양육5	양육6	양육7
1	4.00	4.00	1.00	3.00	4.00	3.00	1.00
2	3.00	3.00	3.00	3.00	3.00	3.00	2.00
3	3.00	3.00	1.00	1.00	2.00	1.00	1.00
4	3.00	3.00	2.00	3.00	3.00	3.00	2.00
5	3.00	3.00	2.00	2.00	3.00	3.00	2.00
6	3.00	4.00	3.00	3.00	3.00	3.00	1.00
7	3.00	4.00	3.00	1.00	3.00	3.00	1.00
8	3.00	4.00	3.00	1.00	4.00	3.00	3.00
9	3.00	4.00	1.00	3.00	3.00	1.00	2.00
10	3.00	4.00	1.00	2.00	2.00	2.00	1.00

2) 자료분석

(1) Analyze

> Scale

> Reliability Analysis...를 선택한다.

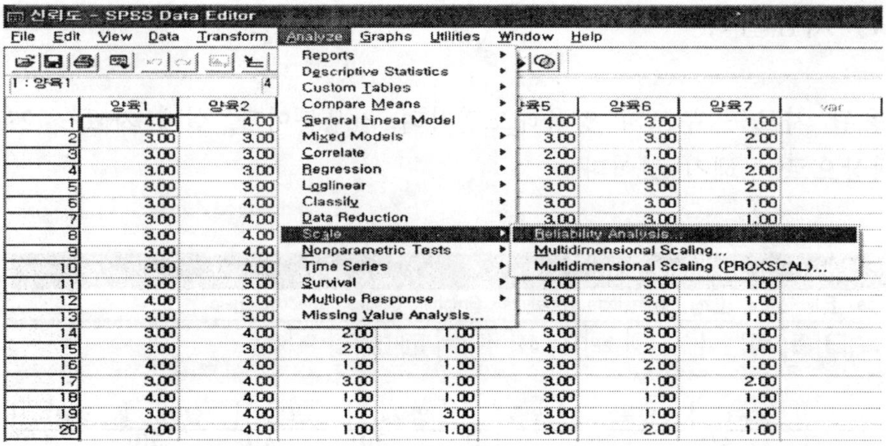

(2) 다음과 같은 대화상자가 나오면

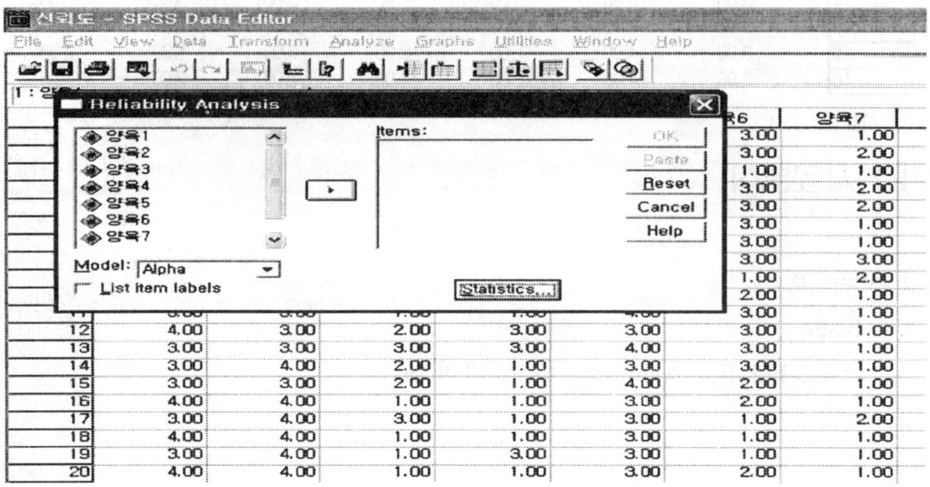

(3) 신뢰도분석 대화상자에서 분석할 문항을 Items로 이동한다. Cronbach α 계수를 추정하기 위해서는 Model에서 Alpha를, 반분신뢰도 계수를 추정하고 싶으면 Split-half를 선택한다. 여기서는 Alpha를 선택한다. 다음으로 Statistics 단추를 누른다.

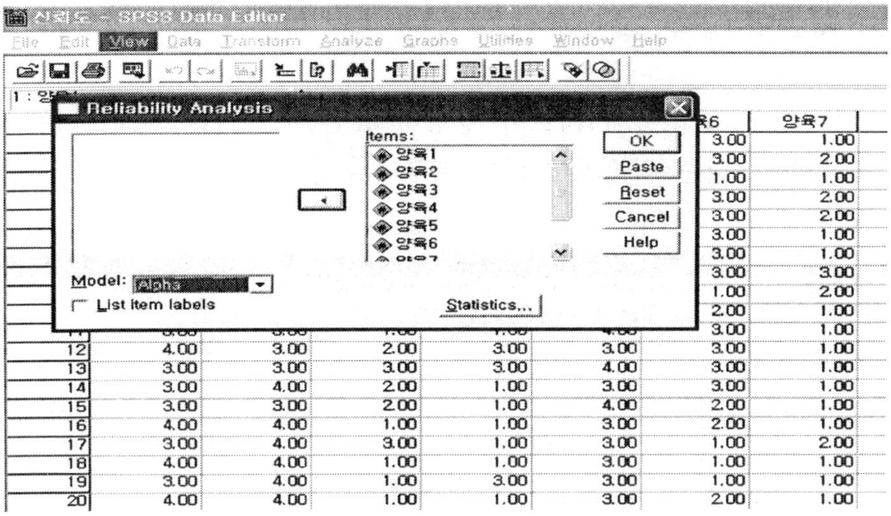

(4) Statistics 단추를 누르면 다음과 같은 대화상자가 나타난다. 이 대화상자는 각 문항의 기술통계치에 관한 것이다. 필요한 항목만 지정한 다음 계속(Continue) 단추를 누른다. 그러면 다시 아래의 그림이 나타나며 다시 계속(Continue) 단추를 누르면 분석이 실행된다.

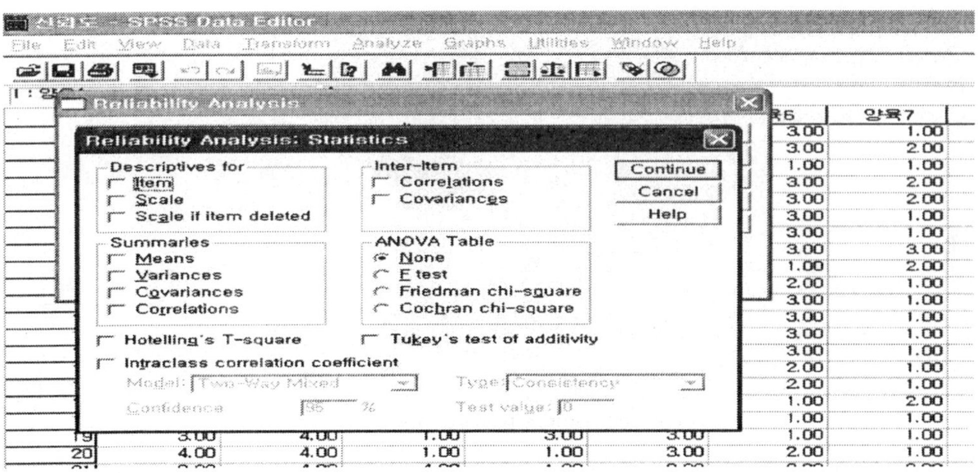

3) 자료의 해석

추정된 Cronbach α는 .1414로서 상당히 낮은 수치이다. 이러한 수치는 거의 사용할 수 없는 수준의 신뢰도 계수이다.

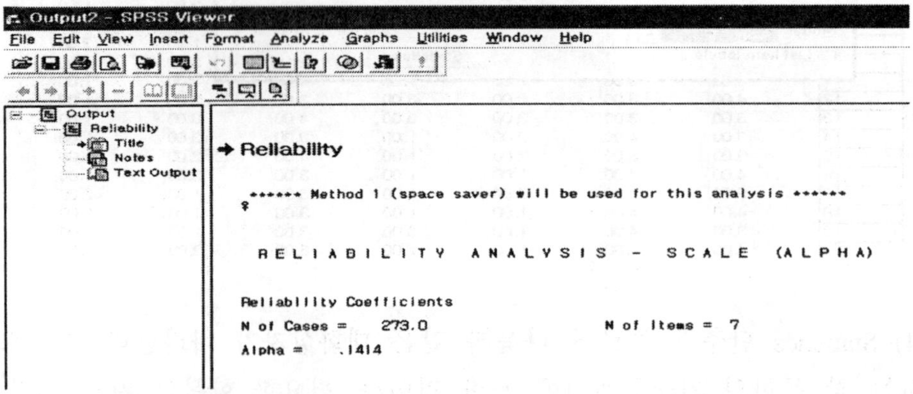

제5부 연구보고서 작성법

제 10 장 학위논문보고서 작성

제10장 학위논문보고서 작성

학위논문의 양식은 전반부, 본문, 후반부로 크게 세 부분으로 나뉜다. 전반부에는 논문의 겉표지, 감사의 글, 목차, 표목차 등을 포함한다. 본문 부분에서는 서론, 문헌고찰, 연구방법, 연구결과, 논의 및 결론 등이 진술되며, 후반부에는 참고문헌, 초록, 부록 등이 포함된다.

학위논문의 양식은 각 대학마다 다른 양식을 사용한다. 일반적으로 학위논문을 위한 연구보고서의 작성에 대한 구체적인 설명은 다음과 같다.

1. 서론

서론은 연구자가 연구를 행하게 된 직접적인 이유를 진술하는 부분이다. 선행연구의 고찰을 통해 왜 이 연구가 지금 이 시기에 필요한가를 밝히는 것이 서론의 주된 기능이다. 서론에서는 연구문제와 연구가설이 진술되며, 이 때 연구문제의 도출에 대한 이론적 근거가 충분히 제시되어야 한다. 물론 연구문제 도출에 있어서의 이론적 근거는 선행연구의 고찰을 통해서 이루어진다.

학위논문에는 여러 개의 연구문제가 진술되는 경우가 허다한데 각 진술된 연구문제는 합당한 이론적 배경이 반드시 제시되어야 한다. 또한 실험연구의 경우 연구문제와 관련된 가설의 진술이 있어야 하며, 이 때 특정 연구가설을 지지할 수 있는 논리적인 이론적 근거가 반드시 제시되어야 한다.

연구문제는 의문문의 형식으로 진술되어야 하며, 하나의 연구문제는 하위에 여러 개의 세분된 연구문제를 둘 수 있다. 실험연구의 경우 진술된 문제들은 가설설정과 직접적인 관계를 지닌다.

흔히 논문을 처음 써보는 학부생이나 대학원생들 중에 서론 부분 중 '문제의 진술'에서 선행연구의 고찰을 통한 본 연구의 수행의 필요성을 진술하는 내용과 실제로 도출된 연구문제가 사뭇 다른 경우를 보는데 이는 연구문제의 도출의 논리성에 심각한 우려를 나타나게 하는 것이다. 가장 범하기 쉬운 예로 특정 변인들간의 관련성을 보는 연구(예, 유아의 기질과 어머니의 양육태도와의 관계)에서 문제의 제기 부분에서는 이들 유아의 기질과 어머니의 양육태도라는 두변인간의 관련성만을 진술하고 이들 변인들간의 관계분석의 필요성을 역설하다가, 실제 연구문제의 진술에서는 느닷없이 유아의 성별에 따른 이 두 변인간의 관련성의 차이를 보겠다는 연구문제가 나타나는 경우가 있다.

만약 성별에 따른 이 두 변인간의 관련성의 차이를 보아야 할 것 같으면 문제의 제기 부분에서 두 변인간 관련성의 성별간 차이를 보아야 하는 이유가 반드시 제시되어야 한다. 대부분의 경우 이런 인구통계학적 변인에 있어서의 집단간 차이를 분석하겠다는 것을 이론적 근거 없이 연구문제로 제시하는 경우가 많은데 이는 상당히 잘못된 연구문제의 진술이라 하겠다.

각 연구문제는 여러 개의 가설을 둘 수 있다. 가설의 진술에 있어서 의문문 형태의 연구문제를 평서문으로 전환하여 진술하는 경우를 볼 수 있는데, 엄밀히 말해 잘못되었다고는 할 수 없지만, 가설은 분석하고자 하는 변인들간의 관련성을 구체적으로 표현해주는 것이 낫다고 하겠다. 예를 들어 연구의 문제가 '아버지의 양육태도와 아동의 사회성은 관련이 있을 것인가?'라는 연구문제를 '아버지의 양육태도는 아동의 사회성과 관련이 있을 것이다'라고 가설로 표현하는 것보다는 아버지의 양육태도에 관한 이론적 배경을 통해 밝혀진 구체적인 양육태도를 언급하고 이들 양육태도에 근거한 아동의 사회성 정도의 차이를 언급하는 것이 보다 고급스러운 가설진술이 될 것이다. 전술한 가설을 달리 표현하면 '권위적인 양육태도의 아버지의 아동은 허용적인 아버지의 아동에 비해 사회성이 낮을 것이다.'라는 가설이 보다 구체성을 지닌 표현이 될 것이다.

가설의 진술에 있어서 흔히 볼 수 있는 문제점은 여러 개의 가설을 한 문장 안에 통합하여 진술하는 경우이다. 각 가설은 하나의 관계만을 포함하여야 한다. 예로 '권위적인 양육태도의 아버지의 아동은 허용적인 아버지의 아동에 비해 사회성이 낮을 것이며, 허용적인 아버지의 아동은 방임적인 아버지의 아동에 비해 사회성이 높을 것이다'라는 가설에는 두 개의 가설이 포함되어 있으므로 각각을 분리하여 진술하여야만 한다. 즉, '권위적인 양육태도의 아버지의 아동은 허용적인 아버지의 아동에 비해 사회성이 낮을 것이다'라는 하나의 가설과 '허용적인 아버지의 아동은 방임적인 아버지의 아동에 비해 사회성이 높을 것이다'라는 다른 하나의 가설로 분리하여 진술하여야 한다.

서론 부분에서 진술되어야 할 또 다른 중요한 내용은 '연구의 중요성'이다. 이는 왜 이 연구가 꼭 이루어져야 하는지, 이 연구가 관련 분야에 어떠한 공헌을 할 수 있는지, 교육적 시사점은 어떠한 것들이 가능할 것인지를 진술하는 것이다. 만약 아무런 공헌도 할 수 없는 논문이라면 이는 시간 낭비에 불과할 것이기 때문이다.

'용어의 정의' 부분은 초심자들에게 상당히 혼란스러운 부분이다. '용어의 정의'란 연구문제에서 진술된 변인들에 대한 조작적 정의(operational definition)를 의미한다. 조작적 정의란 연구자가 특정의 용어를 어떻게 다룰 것인가 대한 즉, 연구절차와 관련된 것이다. 예를 들어 지능이라고 할 때 연구자는 지능에 대한 교과서적 혹은 사전적 의미를 갖고서는 연구를 진행할 수 없다. 이 경우 연구자는 지능의 일반적인 개념을 특정 개념으로 한정시킴으로써 연구절차를 구체화 할 수 있다. 즉 '지능이란 합목적적이며...' 식의 Wechsler의 정의 보다는 '본 연구에서의 지능이란 WPPSI-III에서의 전체 IQ를 의미한다.'고 지능의 의미를 구체적으로 한정시킴으로써 조작적 정의를 내린다. 이처럼 조작적 정의란 어떤 특정의 연구를 위해서 한정지워지는 제한된 그러면서도 구체적인 절차적 개념을 유도하기 위한 것이다.

2. 문헌고찰(이론적 배경)

문헌고찰은 연구자가 연구하려고 하는 논제와 관련된 선행된 연구를 살펴보는 것이다. 시간 계열상으로 보면 연구의 진행에 있어서 가장 앞서는 부분이 문헌고찰부분이다. 문헌고찰을 통해 연구자가 선행연구에서 아직 연구되지 않은 부분을 찾아내고 이를 연구의 주제로 삼게 된다.

그러나 논문을 쓸 때는 이 부분은 서론 다음에 온다. 이 부분이 먼저 나오는 것보다는 연구의 의의나 연구문제 등이 먼저 진술되는 것이 논문을 논리적으로 이해하기 쉬울 수 있으므로, 서론 부분에서는 문헌고찰에서 밝혀진 여러 연구들의 결과를 간략히 제시하고 이들 선행연구들의 경향성이 연구자가 연구하려는 논제와 어떠한 관련성을 지니는지를 밝히게 된다. 물론 서론부분에서 간략히 밝힌 선행연구의 내용은 문헌고찰 부분에서 상세히 기술되어 있어야 한다. 즉, 시간계열 상 먼저 이루어진 문헌고칠의 내용을 서론부분에서 모두 진술할 수는 없으므로 서론부분에서는 누가, 어떤 대상을, 어떤 결과가 나타났는지를 간략히 기술하며, 자세한 내용은 문헌고찰 부분에서 이루어진다.

선행연구에 대한 내용은 연구 제목 속의 주요 명사(연구의 변인)와 관련된 부분들이며, 대체적으로 전반 부분에서는 이들 각 변인에 관한 내용들이, 그리고 후반 부분에서는 이들 변인들간의 관련성을 분석한 선행연구들의 경향성이 진술된다.

흔히 범하는 실수로 서론부분에 있는 참고문헌의 내용이 문헌고찰에서는 없는 것이 있는데 이는 잘못된 것이다. 서론에 나타나는 참고의 대상은 문헌고찰을 바탕으로 진술된 것이므로 문헌고찰 부분에는 서론부분에서 언급된 모든 참고문헌들이 진술되어 있어야 한다.

같은 맥락에서 서론에서 인용된 참고문헌은 문헌고찰부분에서 반드시 언급되어 있어야 하며, 이들 인용문헌은 또한 논문의 참고문헌 부분에 반드시 나타나 있어야 한다. 서론부분에 인용되어 있으나 참고문헌에 빠져있다거나 혹은 문헌고찰 부분에 언급되어 있는 인용문헌이 참고문헌에 기재되어 있지 않다면 연구자의 선행연구의 고찰에 대한 진솔성을 의심할 수도 있게 된다. 간혹 논문 심사위원 중에는 참고문헌과 본문 인용문헌과의 일치성만으로도 논문의 질을 가늠하는 경우가 있기 때문에 참고문헌과 본문 인용문헌과의 일치성의 중요성은 아무리 강조해도 지나치지 않다.

3. 연구방법

연구방법은 연구와 관련해 가장 중요한 부분 중의 하나이다. 연구문제가 아무리 심오하고 연구가설이 아무리 잘 진술되어 있다고 해도 연구문제와 가설의 논리적 타당성을 증명할 수 있는 도구적 방법론에 결함이 있다면 이는 심각하게 편향된 결과를 도출할 수 있기 때문이다. 논문 작성 과정에서 어느 부분이 중요하지 않다고 할 수 있겠냐마는 연구방법 부분은 서론과 결론의 논리적 일관성을 보장해줄 수 있는 연결고리라고 할 수 있다.

연구방법의 첫 부분은 연구대상과 관련된 진술이 일반적으로 나온다. 이 때 특히 연구 대상의 모집단의 성격이 반드시 진술되어야 한다. 연구자가 연구를 행하는 이유는 모집단으로부터 표집된 표본집단 그 자체가 아니라 표본집단을 대상으로 하여 도출된 결과를 모집단에 일반화하여 모집단의 특성을 밝혀낼 수 있을 것인가에 관한 것이 때문에 연구대상으로서의 모집단의 특성에 대한 설명은 필수적인 것이다.

그리고 표집절차가 진술되어야 하며 또한 특정의 표집절차를 사용한 이유를 설명하는 것도 연구의 결과를 이해하고 평가하는데 도움이 될 수 있다. 또한 선정된 표집절차에 의해 표집된 표본집단의 특성을 진술하고 이들 표본집단의 특성이 모집단의 특성을 충실히 대표하는지를 알 수 있게 하여야 한다.

다음으로 만약 실험처치의 경우라면 실험처치의 특성이 구체적으로 진술되어야 한다. 실험처치 내용의 본 연구주제와의 합치성, 실험 처치의 기간, 대상, 구체적 방법 등이 이에 해당된다.

실험처치와 관련하여 프로그램 효과를 보는 실험연구에서 흔히 보는 연구자의 실수로 다음의 예를 들 수 있다. 연구자가 주 관심을 두고 있는 특정 변인이 있다고 하자. 이를 위해 특정 프로그램을 일정 기간 투여한 다음 특정 변인의 향상 정도를 측정하여, 프로그램 시행 전과 후의 차이를 비교하여 프로그램의 효과를 알아본다. 이 경우 연구절차는 문제가 없다. 문제는 프로그램의 내용이 특정변인의 정도를 향상시키는데 영향력을 미치는 내용이 전혀 없는 프로그램을 선정하는 경우이다. 가령 유아의 과학태도향상을 위해 실시된 프로그램의 내용이 과학태도와는 전혀 상관이 없는 토론식 친사회적 문제해결능력과 관련된 프로그램일 경우, 이는 연구과정에 있어서 심각한 문제점을 보이는 것이다.

다음으로 연구설계에 대한 개관이다. 연구자가 행하는 연구가 어떤 설계모형에 입각한 것인지를 밝혀주는 부분이다. 이는 나중의 통계적 검증절차와 직접적으로 관련된 부분이며, 연구의 논리적 일관성과 타당성의 확보 가능성을 미리 살펴볼 수 있는 시건 장치와도 같은 부분이다. 연구설계가 잘못되었다면 아무리 많은 노력과 시간을 투자한다고 해도 사용할 수 없는 결과를 산출할 가능성이 많기 때문에 연구설계를 정확히 검토하고 이를 진술하여야 한다.

다음으로 독립변인과 종속변인에 대한 간략한 설명을 곁들이는 것도 연구내용을 이해하는 것을 용이하게 한다. 독립변인과 종속변인은 고정되어 있는 것이 아니라 연구문제에 따라 달라질 수 있다. 연구문제 1에서는 독립변인이었던 것이 다른 연구문제에서는 종속변인으로 사용되기도 하기 때문에 각 연구문제에 있어서의 독립변인과 종속변인을 분명히 해주는 것이 좋다.

한편 연구방법에 있어서 연구도구의 진술에 관한 부분만큼 중요한 부분은 없다고 해도 과언이 아니다. 논문계획서 발표의 경우 대부분의 연구자들이 가장 많은 지적을 받는 곳 중의 하나가 바로 이 연구도구에 관련된 부분이다.

연구도구의 심리측정학적 특성의 적절성에 대한 담보는 연구계획서 심사에 있어서 통과결정과 직접적으로 연결되어 있다. 서론의 연구문제에서 나타난 변인들간의 관련성을 분석할 수 있게 하는 자료산출의 근거로서의 도구가 적절성에 있어서 뒤진다면 산출된 자료의 내용이 분석될 변인들간의 관계를 충분히 반영할 수 있다는 주장을 할 수가 없게 된다.

연구도구의 심리측정학적 특성 중 가장 주의를 기울여야 할 것이 도구의 신뢰도와 타당도이다. 본서의 신뢰도와 타당도 부분에서도 언급하였지만, 신뢰도와 타당도는 특정 검사도구가 특정 연구에 사용되기 위해서 반드시 갖추어야 할 기본 조건이다.

흔히 범하는 실수로 연구자가 신뢰도만 제시하는 경우가 있는데 이는 연구결과의 경험적 타당성을 입증함에 있어 경우에 따라서는 심각한 비난을 불러일으키게 할 수 있는 행동이다. 본래 신뢰도란 측정치의 일관성과 안정성에 해당되는 부분일 뿐, 측정 대상의 특성과 연구 목적 특성과의 일치성에 대한 부분은 제외되어 있다. 물론 후자의 부분은 타당도와 관련된 것이다. 신뢰도만 제시할 경우의 문제는 다음의 예로서 설명될 수 있다. 키를 재기 위해 체중계를 사용하는 경우를 들자. 고장이 나지 않았다면 이 체중계는 --키를 측정한다고 가정하고-- 측정할 때마다 일관성 있는 수치를 보일 것이며, 이 경우 이 체중계는 키를 재는데 신뢰할 수 있는 도구라고 할 수 있다.

방금 전술한 예시의 경우를 읽는 많은 이들이 답답함을 느낄 것이다. 체중계가 어떻게 신장을 재는데 신뢰로운 것이냐고? 그러나 안타깝게도 이 경우 체중계는 키를 재는데 분명 신뢰로운 도구이다. 왜냐하면 재고자 하는 특성이 무엇이든지 간에(체중계의 IQ로는 자기가 지금 키를 재는지 몸무게를 재는지 잘 모른다.) 측정할 때마다 일관성 있는 수치가 산출되면 그 도구는 신뢰로운 도구이기 때문이다. 답답함의 원인은 바로 타당도와 관련되어 있다. 결국 이 체중계는 '체중'라는 특성을 측정하여야 함에도 불구하고 '키'라는 엉뚱한 특성을 아주 일관성 있고 안정적으로 재고 있기 때문에 신뢰도는 확보하겠지만, 측정하려고 하는 특성을 재는 능력에 해당되는 타당도가 결여되어 있다고 하겠다.

지금까지의 예는 우리들이 눈으로 확인할 수 있는 특성의 측정에 관한 것이다. 문제는 연구자가 행하는 대부분의 연구들은 이처럼 눈으로는 확인 할 수 없는 소위 잠재적 변인에 관한 경우라는 것이다. 연구자가 부모의 양육태도가 아동의 사회성발달에 미치는 영향을 연구한다고 할 때, 부모의 양육태도라는 것이 어떤 것이며, 어떻게 측정하여야 되는가의 문제에 봉착하게 된다. 부모의 양육태도란 보이지 않는 잠재변인이기 때문에 연구자가 개발한 (혹은 사용하는) 양육태도검사가 정말로 부모의 양육태도를 측정하는 것인지를 증명하여야 한다. 연구자가 사용하는 부모의 양육태도 설문지가 연구자가 생각하기에는 양육태도를 측정하는 것으로 알고 있을 수도 있지만 실제로 그 질문지가 부모의 사고양식을 측정하는 도구인지도 모르기 때문이다.

전술한 것처럼 이러한 선정된 측정도구의 측정 내용 실패 가능성은 교육연구에 있어서의 변인이 대부분 눈에 보이지 않는 잠재적 변인이기 때문이다. 이러한 문제를 사전에 방비할 수 있는 시건장치가 바로 연구도구의 심리측정학적 특성의 적절성을 담보하는 절차로서의 신뢰도와 타당도, 특히 타당도의 확보인 것이다.

그러므로 연구자가 제작하여 새로운 측정도구를 만든 경우에는 신뢰도와 타당도를 반드시 명시하여야 한다. 대부분의 경우 신뢰도 계수는 측정하려는 변인의 특성이 안정적인 경우 검사-재검사 신뢰도를 밝혀 두는 것이 좋으며 이 때 Cronbach α 계수를 같이 밝히는 것도 좋다. 타당도의 경우 내용타당도, 준거관련타당도, 구인타당도의 세 종류의 타당도를 모두 밝히는 것이 바람직하지만 경우에 따라서는 세 종류 중 하나만 밝히는 때도 있으나, 중요한 것은 신뢰도와 타당도를 꼭 진술하여야 한다는 인식을 반드시 가져야 한다는 것이다.

한편 표준화검사 등 기존에 이미 만들어진 연구도구를 사용하려는 경우에 조심하여야 부분이 있다. 신뢰도와 타당도는 특정 측정도구에 내재되어 있는 개념이 아니다. 특정도구의 신뢰도와 타당도는 그 도구가 쓰이는 상황과 맥락에 따라 달리 나타날 수 있다.

간혹 연구자가 선행연구에서 밝혀진 신뢰도를 그대로 인용하여 신뢰도를 진술하는 경우가 있는데 이는 명백히 잘못된 것이다. 가령 중학교 남학생을 대상으로 어떤 측정도구의 신뢰도가 .90이 나왔다면 이 계수가 다른 대상에 적용될 때에도 똑같은 정도의 신뢰성을 지닌다고 할 수 없다.

만약 중학교 여학생에게 적용된다면 더 높은 신뢰도가 나올 수도 있고 아니면 상당히 낮은 수준의 신뢰도가 산출될 수도 있다. 그러므로 기존의 측정도구를 사용할 때는 연구대상을 대상으로 하여 신뢰도를 반드시 다시 분석하여야 하며 연구 대상으로부터 새롭게 산출된 신뢰도 계수에 근거하여 측정도구의 신뢰성을 평가하여야 한다.

타당도도 마찬가지이다. 특정 표본집단을 대상으로 산출된 타당도 지수는 모든 표본집단에 동일하게 적용된다는 보장을 할 수가 없다. 어떤 특정집단을 대상으로 하여 시행된 특정 측정도구의 구인타당도가 잘 확보되었더라도 만약 그 동일한 도구가 다른 집단에 사용되어 타당도가 구해진다면 동일한 구인타당도가 나올 수 있다는 확실한 보장은 없는 것이다.

가령 Wechsler의 지능검사들이 2요인 모형을 근거로 구인타당도를 확보하고 있지만, 특정의 특수아동들에게 적용할 때는 2요인모형이 아닌 3요인모형이 산출될 수도 있는 것이다. 이 경우 그 특정의 특수아동들에게 2요인모형에 의한 구인타당도를 제시한다면 이는 명백히 결함이 있는 절차가 될 것이다. 다시 말하지만, 측정도구의 신뢰도와 타당도를 비롯한 심리측정학적 특성은 측정도구 그 자체에 내재되어 있는 것이 아니라 사용되는 맥락에 의존한다는 것을 명심하여야 한다.

다음으로 자료수집 과정에 대한 기술이다. 자료가 어떠한 방법으로 배분되고 어떠한 방식으로 수집되었는가를 기술하여야 한다. 또한 최초에 연구에 참여하려했던 대상자가 몇 명이었으며, 최종적으로 회수된 응답지는 몇 장이었는지를 밝혀야 한다. 설문지의 경우 만약 회수되지 못한 설문지의 양이 많다면 그 원인을 분석하여야 한다.

가령 특정 가치나 태도를 묻는 질문지라면 자기의 성향을 드러내 놓지 않으려는 응답자는 설문지에 응답하지 않거나, 하였더라도 제출하지 않을 가능성이 높다. 이 경우 설문지를 제출한 사람과 제출하지 않은 사람들간에는 단순한 무선적인 오차로 설명될 수 없는, 체계적인 변수로 인해 반응경향성에 차이가 발생하게 되며, 결국 이는 분석 대상의 편향성을 가져오게 된다.

다음으로 통계적 분석절차에 대한 부분이다. 이 부분은 연구자들이 가장 힘들어하는 부분 중의 하나이다. 통계의 절차는 연구문제를 분석하는데 도구적 장치로 이용된다. 그러므로 연구문제에 적합하고 일치하는 통계적 검증 절차를 사용하여야 한다. 이를 위해서는 연구자의 통계학에 대한 깊이 있는 지식이 요구된다. 간혹 연구문제와 통계적 검증절차가 전혀 맞지 않아 그릇된 결과를 산출하는 경우가 있는데, 연구자는 연구문제를 가장 잘 분석할 수 있는 통계분석절차가 어떤 것인가를 선정할 수 있는 통계학적 지식을 반드시 갖추어야 할 것이다.

통계적 검증절차를 설명할 때는 가능한 한 각 연구문제 혹은 연구가설 각각에 따라 적용되는 통계적 분석의 종류를 기술하여야 한다. 예로 가설 1과 3이 두 집단간의 차이검증을 요하는 것이라면 t-검증을 실시한다는 내용을, 가설 2와 4가 세집단간 평균간 차이를 보는 것이라면 F-검증을 실시한다는 것을 구체적으로 기술하여야 한다. 간혹 초심의 연구자들이 통계적 분석 부분에서 전체적으로 가설검증 절차를 기술하는 것을 볼 수 있는데, 예를 들어 '본 연구에의 통계적 검증절차를 위해서 t-검증과 F-검증을 실시한다'는 식의 기술은 어느 가설에 어느 검증을 사용한다는 것이 생략된 구체성이 결여된 기술이다.

흔히 주의를 두지 않는 부분이 있는데 통계적 분석의 유의미 수준과 양,단측 검증의 종류를 기술하지 않는 경우이다. 이는 매우 기본적이서 흔히 기술하지 않아도 되는 것처럼 여기나, 이 부분은 반드시 기술되어야 한다. 유의미 수준과 양, 단측 검증의 종류는 엄격하게는 모든 단위 가설을 위한 통계적 분석절차를 기술할 때 반드시 언급되어야 한다. 즉, '가설 1을 위해 t-검증을 실시하며, α=.05수준에서 양측검증을 한다.'는 식의 진술이 모든 가설에 언급되어야 한다.

4. 결과

결과부분은 연구문제나 연구가설의 통계적 검증을 통해 얻어진 분석 결과를 기술하는 곳이다. 결과부분의 처음에는 앞의 장들에서 이루어진 것들을 요약하는 것으로 시작하는 것이 좋다. 즉, 간략히 연구대상, 연구목적, 통계분석방법 등을 기술하고 또한 본 장의 전체적인 구조를 기술한다.

결과부분에서는 각각의 연구문제나 연구가설에 대한 통계적 분석결과를 표나 그림과 함께 진술한다. 분석결과 통계적으로 유의미한 차이가 있는지 혹은 통계적으로 유의미한 상관이 있는지를 기술한다. 또한 이러한 통계적 분석 결과의 기술과 함께 이에 대한 해석을 해야 한다. 예를 들면 '숙달성취목표성향을 지닌 교사와 수행-회피성취목표성향을 지닌 교사간에 교사효능감에 있어서 차이가 있는지를 알아보기 위한 t-검증결과로부터 이들 두 집단 간에는 교사효능감에 있어 통계적으로 유의미한 차이가 있다.'라는 통계적 분석결과와 이에 대한 해석 즉, '그러므로 숙달성취목표성향을 지닌 교사가 수행회피 성취목표성향을 지닌 교사에 비해 높은 교사효능감 수준을 보인다.'가 기술되어야 한다. 통계적 분석결과와 해석의 기술은 모든 연구문제나 연구가설에 해당된다.

결과의 진술에서 통계적 검증 결과를 표로 나타낼 때 흔히 지적받는 것으로 유의미한 통계검증치를 표시하는 방법이다. 흔히 *는 .05수준, **은 .01수준, ***은 .001수준으로 고정된 것으로 알고 있는데 이들은 하나의 상징이므로 연구자가 *을 .05로 사용하든, .01로 사용하든 실제로는 문제가 되지 않는다. 그러나 관습적으로 오랫동안 이러한 표기를 해왔기 때문에 대부분의 연구자나 심사자들이 이들을 고정된 것으로 간주하고 일반적으로 통용하고 있다.

요사이는 통계적 검증결과의 분석표의 하단부분에 '* p<.05' 혹은 '** p<.01'이라는 통계적 유의미성을 표시하는 대신에 표에다 직접 'exact probability (p)'을 기입하는 경향을 보이고 있다. 간혹 초심자의 논문의 분석결과표에 통계적 유의미성을 표시하기 위해 하단부분에 '* p<.05'의 표시를 하고 또한 표 안에 통계적 검증치와 함께 'p값'을 함께 사용한 경우를 보는데 이처럼 중복되는 표시를 할 필요가 없다. 하단에 '* p<.05'로 표시하든지 아니면 표 안에 'p값'을 표시하든지 둘 중 하나만 하여도 충분한다.

이 외에 보충적 분석(supplementary analyses)이 있다. 이는 연구계획 시에는 계획되지 않았던 것이었으나 분석과정에서 연구문제에 대한 해답을 용이하게 할 수 있는 사항들에 대한 분석이다.

5. 논의

연구결과에 대한 분석결과를 진술하고 나면 이들 선행연구의 여러 이론과 결과들을 근거로 결과에 대한 논의를 하여야 한다. 논의란 본 연구를 통해서 얻어진 결과들의 산출배경에 대한 설명이다. 즉, 특정 결과가 나타났다면 왜 본 연구에서 이러한 결과가 나타났는지를 이때까지 알려진 선행 지식을 근거로 그 이유를 설명하는 과정이다. 누구의 이론에 근거해 볼 때 본 연구의 결과가 설명이 가능한지, 만약 이론적 배경으로 삼은 선행지식과 본 연구의 결과가 다른 것으로 나타났다면 왜 선행 지식과 본 연구의 결과가 다르게 나타났는지, 본 연구의 결과와 관련해 해석을 가능하게 하는 이론적 선행 지식은 무엇인지, 그리고 그 선행지식은 어떤 면에서 연구결과를 지지 혹은 부정할 수 있는지를 밝혀야 한다.

그런 다음, 본 연구결과들이 어떤 선행연구와 유사한 결과를 보이는지 혹은 어떤 선행연구와는 다른 결과를 보이는지를 밝혀준다. 만약 선행연구들과 다른 결과들을 보인다면 그러한 이유는 무엇 때문인지 연구자의 논리로 진술하여야 한다.

흔히 선행지식이나 선행연구의 결과들과 다른 연구결과가 산출되면 일부 연구자들 중에는 당황하여 연구가 잘못된 것으로 인식하는 경우를 보는데 이는 상당히 잘못된 태도이다. 특정 이론에 대한 구체적인 개별 연구는 항상 동일한 결과를 보일 것이라는 생각은 잘못된 것이다. 이론이란 항상 부정되기 위해 존재하는 것이다. 특정이론이 계속해서 진리라고만 할 수는 없다. 오히려 어떤 연구가 선행연구나 이론적 배경과 다르다면 그것은 그 이론의 예외성을 입증하는 놀라운 발견일 수도 있다. 이러한 예외성이 계속해서 쌓이면 그 이론은 폐기될 수 있다.

그러므로 산출된 연구결과가 선행지식과 상이하더라고 상이하다는 그것이야 말로 연구로서의 가치를 지닐 수도 있는 것이다. 간혹 이러한 경우 자료를 변조한다거나 연구문제를 바꾼다거나 하는 어리석은 짓을 하는 경우가 있는데 이는 왜 연구를 행하는 지에 대한 근본적인 인식이 없는 이들이 행하는 짓이다. 선행연구와 다르면 다른 대로, 일치하면 일치하는 대로 각 연구들은 가치를 지닌다.

실제로 전 연구과정을 통해 연구자의 주장을 펼칠 수 있는 유일한 곳이 바로 이 논의 부분이다. 문제의 제기, 문헌고찰, 연구방법, 연구결과 부분은 선행지식과 방법적 절차를 그대로 따라 하는 부분이다. 비로소 논의부분에서 연구결과를 소재로 연구자의 학문적 지식을 밝힐 수 있는 것이다. 또한 이 부분은 연구자들간의 학문적 깊이를 측정할 수 있는 부분인데, 특정 결과 사태에 대한 해석의 깊이와 해석을 위한 관점의 다양성 등이 이 부분에서 차이를 보이기 때문이다.

다음은 논의의 진술을 구체적으로 설명하는 방식에 관한 것이다, 우선 전체적인 틀을 본다면 연구문제나 연구가설과 상응하는 논의 부분이 있어야 하겠다. 즉, 연구문제의 개수와 논의의 개수가 일치하는 것이 논리상 적합하다고 하겠다. 각 연구문제의 결과에 대한 해석에서는 전술한 바와 같이 산출된 결과가 나타난 이유를 선행 이론이나 지식을 통해 설명하여야 하겠고, 그 다음 산출된 결과의 선행연구들과의 관련성을 진술하여야 한다. 간혹 결과에 대한 설명 없이 선행연구와의 관련성만을 진술하는 경우가 있는데, 이는 보충되어야 할 부분이다. 또한 본 논의의 과정을 통해 교육적 시사점들을 진술하여야 한다.

6. 결론

결론 부분에서는 이제까지의 연구절차들을 간략히 진술한 요약부분과 연구의 결과와 논의를 통한 결어부분 즉, 결론으로 구성된다.

요약부분은 연구목적, 연구문제, 연구가설 등 문제의 제기, 문헌고찰에 대한 통합적 내용, 연구방법과 절차, 연구결과 및 해석, 논의에 대해 간략하게 요약을 하는 부분이다.

다음으로는 본 연구의 결과 및 논의를 바탕으로 연구자가 결어를 맺고자 하는 결론부분이다. 흔히 결론과 결과부분을 혼동하여 결과를 다시 한 번 진술하고 결론으로 대신하는 경우가 있는데 이는 잘못된 것이다. 결과란 통계적 분석 내용의 사실적 기술인데 비하여 결론이란 결과의 사실적 기술과 논의라는 해석의 추론적 과정을 걸친 논리적인 귀결부분이다.

7. 참고문헌

참고문헌은 연구자가 관심을 덜 가질 수도 있는 부분이다. 그러나 참고문헌은 본문의 내용만큼이나 주요한 부분이다. 우선 논문의 본문에 있는 모든 인용문헌은 참고문헌에 모두 기재되어 있어야 한다. 단 한 개의 인용문헌이라도 참고문헌에서 빠져 있다면 이는 잘못된 것으로 여기는 인식이 필요하다.

참고문헌을 표기하는 방법은 각 학문영역마다 다를 수 있다. 흔히 교육학이나 심리학에서는 미국심리학회(APA) 방식을 따르고 있다. 그러나 학위논문에 있어서의 참고문헌 표기법은 각 대학의 고유한 표기법이 있으므로 연구자들은 해당 대학의 연구법 관련 책자를 참고하여야 할 것이다.

이상의 내용들을 토대로 논문(혹은 최종보고서)을 작성하면 다음의 <그림 10-1>과 같은 형식으로 이루어진다.

한편 최종보고서를 평가할 때는 주로 ① 논문의 독창성, ② 연구내용의 충실성, ③ 연구방법 및 결과 해석의 타당성, ④ 논문 구성과 표현의 명료성, ⑤ 지적 정직성, ⑥ 학문 발전의 기여도 등을 평가 준거로 활용한다(백순근, 2004). 연구의 수행 및 연구결과를 읽고 평가하는데 도움이 되는 기준을 연구절차에 따라 소개하면 <표 10-1>과 같다(홍순정, 1993).

〈그림 10-1〉 논문작성 형식

논문제목
감사의 글(필요한 경우)
목차
표목차

I. 서론
1. 문제의 진술
2. 연구문제
3. 연구가설
4. 가설설정의 근거
5. 연구의 중요성
5. 용어의 정의
6. 연구의 제한점

II. 문헌고찰
1. 선행연구에 대한 검토

III. 연구방법
1. 연구대상
  1) 모집단 진술
  2) 표집의 특성
  3) 표집절차
2. 연구설계
3. 연구도구
  1) 적절성
  2) 개발절차
  3) 타당도
  4) 신뢰도
4. 실험처치의 진술
5. 자료수집절차
6. 통계분석절차

〈그림 10-1〉 논문작성 형식 -계속-

III. 연구결과
1. 통계적 절차의 개관
2. 각 연구문제, 가설, 목적의 결과 진술
3. 추가 분석

IV. 논의 및 결론
1. 요약
2. 논의 및 함의
  1) 연구발견의 해석
  2) 해석의 문헌적 근거
3. 연구의 한계
4. 후속 연구의 제안

참고문헌
초록
부록

출처 : Gall, Gall & Borg(2003)

〈표 10-1〉 연구수행 및 연구결과 평가기준

(1) 연구 문제의 선정	① 문제가 얼마나 명료하고 분명하게 진술되었는가? ② 연구문제가 실제로 연구에 적합하게 규정되어 있으며 실질적인 가치가 있는가? ③ (역사적 · 기술적 유형의 연구 일부에는 관계되지 않겠지만) 일반적으로 관련변인들간의 관계가 잘 표현되어 있는가? ④ 이론적 합리성을 가지고 있는가? ⑤ 해당문제가 전에 연구된 적이 있는가? 그렇다면 다시 반복할 가치가 있는가?
(2) 문헌 정리	① 관련연구 및 문헌들이 충분히 조사되었는가? ② 문헌조사가 연구의 중요한 과정으로서 이루어졌는가? ③ 원자료가 사용되었는지? 간접자료가 이용되었는지? ④ 문헌정리가 사전연구들을 비판적으로 평가하고 있는가? 아니면 단지 종합 · 정리에 그치고 있는지? ⑤ 문헌연구가 연구문제의 필요성을 뒷받침해주고 있는가? ⑥ 문헌연구가 문제의 이론적 틀을 제공해 주고 있는가?
(3) 가설 설정	① 가설에 관련된 전제들이 있는가? 있다면 그 전제들은 분명히 명시되어 있는가? ② 설정된 가설은 이론과 밝혀진 사실들과 일관성이 있는가? ③ 검증가능한 것인가? ④ 문제에 대한 암시적 대답을 제공해 주고 있는가? ⑤ 모든 용어들이 적절하게 정의되고 규정되어 있는가? (조작적 정의에 의해)
(4) 자료수집과 절차	① 연구의 절차, 설계, 사용된 측정도구 등이 다른 연구자들이 그대로 반복할 수 있을 정도로 구체적으로 명료하게 진술되어 있는가? ② 연구대상 집단이 충분히 설명되어 있는가? 연구에서 전체 대상이 모두 사용되었는지 아니면 표집되었는지? 만일 표집되었다면 그 표집은 전체 모집단을 잘 반영하고 대표하도록 표집되었는지(표집의 방법과 표집의 크기는 연구결과에 크게 영향을 미칠 수 있다.)?

〈표 10-1〉 연구수행 및 연구결과 평가기준 -계속-

(4) 자료수집과 절차	③ 측정도구들이 연구자에 의해 만들어진 것이라면 도구들의 타당도와 신뢰도에 관한 자료들이 제시되어 있는가? ④ 활용된 측정도구나 방법들은 최선의 것인가?(경제적 타당도, 신뢰도, 실행가능성의 측면에서) ⑤ 사전검사가 활용되었는가? 사전탐색연구가 이루어졌는가? 그렇다면 그 이유는 무엇이며 그 결과는 어떠하였는가? 연구의 문제나 가설, 절차들이 사전탐색 연구결과 변화·수정되었는가? 그렇다면 이러한 수정은 합리적이고 바람직한 것이었나? ⑥ 전체 연구의 설계에 뚜렷한 결점이나 모순점은 없는가?
(5) 분석과 결과	① 자료를 분석하는 데 필요한 통계적 기법이 있는가? ② 가장 적절하고 의미 있는 통계적 방법이 적용되었가? ③ 특정 통계방법의 활용이 제한되는 어떤 전제가 있는가? 만일 그렇다면 그러한 사실이 결과에 어떻게 작용하고 있는가? ④ 결과는 적절한 형태로 제시되고 있는가?
(6) 결론, 시사점, 일반화의 문제	① 결론과 일반화는 구체적으로 밝혀진 결과와 일관성이 있는가? ② 연구자가 연구의 한계점에 대해 언급하고 있는가? ③ 결과에 영향을 주었을지도 모르는 다른 외적인 요인들이 있는가? 이러한 점이 연구자에 의해 고려되고 있는가? ④ 결론은 이론과 사실들과 일관성 있게 제시되고 있는가? ⑤ 결론은 가설과 발견 전 결과를 적절하게 제시하고, 논의되고 있는가?

출처: 홍순정(1993). pp.18-19.

참 고 문 헌

강병재(2005). 아동연구방법론. 서울: 서현사.

곽금주(2002). 아동심리평가와 검사. 서울: 학지사.

교육평가연구회(1995).교육측정·평가·연구·통계 용어사전. 서울: 중앙교육진흥연구소.

교육학용어사전(1981). 교육학용어사전. 서울: 배영사.

김아영, 백화정, 설인자, 정명숙(2003). 교육심리학. 서울: 박학사.

김영채(1989). 현대통계학. 서울: 박영사.

김병선, 이윤옥, 김청송(2000). 아동연구방법. 서울: 양서원.

김수지, 신경림(역)(1996). 근거이론의 이해. 서울: 한울 아카데미.

김재은(1992). 교육 · 심리 · 사회 연구방법(개정판). 서울: 교육과학사.

김정환(1999). 교육연구 및 통계방법. 서울: 원미사.

김종서(1980). 교육연구의 방법. 서울: 배영사.

김현철(2000). 표본의 추출과 분석. 서울: 교육과학사.

김호권, 임인재, 변창진, 김영채(1978). 현대교육평가론. 서울: 교육출판사

박도순(1992). 교육연구방법론. 서울: 문음사.

백순근(2002). 교육연구와 자료분석의 이해. 서울: 가람문화사.

백순근(2004). 학위논문 작성을 위한 교육연구 및 통계분석. 서울: 교육과학사.

변창진, 최진승, 문수백, 김진규, 권대훈(1996). 교육평가. 서울: 학지사.

성태제(1998). 교육연구 방법의 이해. 서울: 학지사.

신명희, 박명순, 권영심, 강소연(1998). 교육심리학의 이해. 서울 : 학지사.

신옥순(1994). 유아교육학개론. 서울: 학지사

양옥승(1997). 유아교육연구방법. 서울: 양서원.

이소현, 박은혜, 김영태(2000). 교육 및 임상현장 적용을 위한 단일 대상연구. 서울: 학지사.

이은해(1985). 아동연구방법. 서울: 교문사.

이정환, 박은혜(1995). 교사들을 위한 유아관찰 워크북. 서울: 한국어린이육영회

이종승(1989). 교육연구법. 서울: 배영사.

임인재(1995). 아동연구. 서울: 양서원.

임인재, 김신영, 박현정(2003). 심리측정의 원리. 서울: 학연사.

장휘숙(1999). 아동연구방법. 서울: 창지사

전경원(1999). 창의성을 중심으로 한 유아연구방법론. 서울: 창지사.

전남련(1999). 유아 관찰 및 평강의 실제. 서울: 창지사.

조흥식, 정선욱, 김진숙, 권지성(역)(2005). 질적연구방법론: 다섯 가지 전통. 서울: 학지사.

홍순정(1993). 아동연구. 서울: 한국방송대학교출판부.

황해익(2000). 유아교육평가. 서울: 양서원.

Anastasi, A. (1988). Psychological testing(6th ed.). NY: Macmillan.

Anderson, J. F., & Niebuhr, M. A. (1986). Questionnaires: Design and use(2nd ed.). Metuchen, NJ: Scarecrow Press.

Best, J. W.(1981). Research in education(4th ed.). New Jersey: Prentice Hall.

Bracht, G. H., & Glass, G. V. (1968). The external validity of experiments. American Educational research Journal, 5, 437-474.

Campbell, D. T., & Stanley, J. C. (1963). Experimental and quasi-experimental design for research on testing. In N. Gage(Ed.), Handbook of research on teaching(pp. 171-246). Chicago: Rand McNally.

Cook, T. D., & Campbell, D. T. (1979). Quasi-Experimentation: Design and analysis issues for field settings. Chicago: Rand McNally.

David, R., Thyer, B. A., Padgett, D. K., & Logan, T. K.(2001). Program evaluation: An introduction(3rd ed.). CA: Wadsworth.

Evertson, C. M., & Green, J. L. (1986). Observation as inquiry and method.

In M. C. Wittrock (Ed.), Handbook of Research on Teaching(3rd ed.). N.Y.: MacMillan. 162-213.

Frick, T., & Simmel, M. I. (1978). Observer agreement and reliabilities of classroom observational measures. Review of Educational Research, 48, 157-184.

Gall, M., Borg, W., & Gall, J. (1996). Educational research: An introduction(6th ed.). Longman publisher.

Gall, M., Gall, J., & Borg, W. (2003). Educational research: An Introduction(7th ed.).Boston: Allyn & Bacon.

Harter, D. P.(1982). Using observers to study behavior. San Francisco: Jossey-Bass.

Kaplan, A. (1964). The conduct of inquiry. San Francisco: Chandler.

Kerlinger, F. (1986). Foundations of behavioral research(3rd ed.). NY: Holt, Rinehart & Winston.

Patton, M. (1990). Qualitative evaluation and research methods(2nd ed.). Newbury park, CA: Sage.

Permut, J. E., Michel, A. J., & Joseph, M. (1976). The researcher's sample: A review of the choice of respondents in marketing research. Journal of Marketing research, 13, 278-283.

Spearman, C. (1910). Correlations calculated from faulty data. British Journal of Psychology, 3, 271-295.

Standards for Educational and Psychological Testing (1966). AERA, APA, NCME.

찾 아 보 기

· 저자소개 - 문태형

Wayne State University(Ph. D)
대구대학교 사범대학 유아교육과 교수
<저서> 교육심리학의 이해(2001), 공저
학교학습극대화를 위한 교육심리학(2004), 공저
영재학생을 위한 교육(2004), 공저

<논문> The validity study of K-WPPSI
한국판 K-ABC의 심리학적 조명
학습장애영재의 이해와 교육적 중재 외 다수

유아교육연구법

발행일— 2006년 9월 25일
지은이 —문 태 형
펴낸이 —이 용 두
펴낸곳 —대구대학교출판부
주소 —경북 경산시 진량읍 내리리 15번지
전화 —(053)850-5661～4
팩스 —(053)850-5669
찍은곳 —명성기획인쇄
등 록 —경산 제11호

정가 11,000원

ISBN 89-7794-392-2-93370

대구대학교출판부의 책은 홈페이지에서도 구매할 수 있습니다.
http://dubookstore.daegu.ac.kr/